中国研究译丛 | 003

POLITICS AND CONSERVATISM IN NORTHERN SONG CHINA

THE CAREER AND THOUGHT OF SIMA GUANG (1019-1086)

冀小斌—著

北宋政治

与

保守主义

司马光的 从政与思想

（1019~1086）

彭华—译

社会科学文献出版社
SOCIAL SCIENCES ACADEMIC PRESS (CHINA)

中文版序

　　本书英文本出版近二十年以后，社会科学文献出版社竟主动为我出中文版，令我在惊喜之余，不免深感惶恐。写英文版的时候，我在美国学界还算新生代；而收到中文版校样的时候，我已经有点老了。老一点以后，当然对时间的流逝更有感触。所以这篇序就谈一谈阅读司马光时所需要的时间意识。

　　近年来国内对司马光的研究有很大的进展。例如在政治史、思想史方面，赵冬梅教授的《司马光和他的时代》《大宋之变，1063-1086》《宽容与执拗：迂夫司马光和北宋政治》① 这三部书对司马光和他所处的时代做出了非常精彩的分析。现在如果要研究司马光，这三部书是必读的。但是何以我写论文写书的时候完全没有参考？关键当然在于那时这些书还没有出版。因此要了解本书为何缺乏某些东西，时间因素是需要考虑的。

　　了解二十年前的书要注意时间因素，那么要了解九百多年前的古人就更是如此。我在美国和读者、同行交流过程中，有时就会遇到因为无视时间因素而造成的误解。例如，我博士论文刚完成的时候，因为"保守派"在美国政治上影响很大，有人看我写保守主义，就以为我一定是美国某些"保守派"政治家的铁粉。问题是，

---

① 见氏著，《司马光和他的时代》（北京：生活书店出版有限公司，2014）、《大宋之变，1063-1086》（桂林：广西师范大学出版社，2020）、《宽容与执拗：迂夫司马光和北宋政治》（北京：中信出版集团股份有限公司，2024）。

司马光在九百多年前在中国的土地上要"保"、要"守"的那些东西，跟当代美国政治家要保要守的东西，怎么会是完全一样的？如果把两造混为一谈，实在对了解这两者都没有帮助。

西方史学界流传一句话，大意是：过去属于另一个国度，那里的行事方式跟我们不同。就是说，我们不该轻易把现在的理想、利益、渴望、思维模式等等往历史人物身上套。虽然我们可以用历史书写拉近和古人之间的距离，虽然我们可以对古人充满了温情和敬意，但是我们和古人之间在时代上的巨大鸿沟还是不宜忽视的。

2024 年 7 月 3 日

致　谢

　　如果没有这些个人与机构的慷慨相助，我不可能在学术生涯中抵达这一阶段。

　　当我还是个普林斯顿大学的本科生时，余英时教授的课唤起了我对中国史的兴趣，使我决定以研习中国史为志业。他后来成为我的博士生导师，对我的帮助难以计数。我在普大读本科和博士期间，杜希德（Denis Twitchett，国内往往称他崔瑞德）教授教过我。他对我很好，给予我的比我应得的多得多。我在普林斯顿读博期间，裴德生（Willard Peterson）老师在历史学习和研究方法上都给我很多教诲。当我获得更多的教学与研究经验时，我对他的教诲也越来越感珍惜。如果没有他们的指导，我很难完成博士学位论文。我的博士论文是本书的基础。1998 年我获得博士学位后，仍持续得益于他们的帮助与教诲。

　　我还要感谢田浩（Hoyt Cleveland Tillman）教授，当我读他的史学硕士时，他教了我许多宋史以及其他知识。从那以后，他对我的关心一直没有断过。

　　写作本书的时候，我从余英时教授、崔瑞德教授和田浩教授的评论和提点中学到了很多。此外，我也从其他同行处得到了有用的建议。包安乐（Anne Birdwhistell）、包弼德（Peter K. Bol）、柏文莉（Beverly Bossler）、罗德尼·卡黎索（Rodney Carlisle）、贾志扬（John W. Chaffee）、邓广铭老先生、邓小南、伊沛霞（Patricia

Ebrey）、欧立德（Mark Elliott）、何瞻（James Hargett）、蔡涵墨（Charles Hartman）、黄俊杰、黄启江、韩明士（Robert Hymes）、小岛毅（Tsuyoshi Kojima）、李弘祺（Thomas H. C. Lee）、李伯重、李裕民、陆扬、闵道安（Achim Mittag）、谢康伦（Conrad Schirokauer）、施寒微（Helwig Schmidt-Glintzer）、史乐民（Paul Smith）、王曾瑜、叶坦、张元（以姓氏首字母排列）等前辈和同辈老师们都在我研究与写作的不同阶段给予我有益的建议。我也受到了黄进兴教授和王汎森教授的慷慨帮助。

1995 年夏天，我到夏县司马光的村子调研。非常感谢山西省政府和夏县政府让这次访问成为可能。感谢李裕民教授一路陪同，与我探讨有关司马光的信息与想法。司马光墓文物保护所王在京先生、司马光二十八世孙司马程老先生，以及他的孙子司马卫国先生在我调研期间，也曾予以慷慨协助，再次致谢。我还要感谢山西大学傅淑敏教授和杨红先生在我访问山西期间给予我的款待和帮助。

我在普林斯顿大学读研究生的朋友曾给予我精神上的支持，并与我分享他们的见解，要在这里一一列出就太多了。葛思德东方图书馆（Gest Oriental Library）的工作人员从我在普林斯顿大学的学生时代开始就助我良多。我要特别感谢何义壮（Martin Heijdra）在明确资料来源和书目方面给予我的帮助。

2000 年秋天，在写这本书和进行另外两个研究项目的时候，我从罗格斯大学（Rutgers University）获得了一个学期的假期。2002～2003 学年，我在加州大学圣巴巴拉分校（UCSB）进行了一年的教学和研究。我感谢众多的同事和行政人员［特别是大卫·马绍尔（David Marshall）院长和杰克·塔尔博特（Jack Talbott）教授］，是他们促成了这次访问。

在此，我要感谢香港中文大学出版社（尤其是陆国燊社长、编辑部主任冯溢江先生和编辑谢伟强先生）及两位匿名审稿人，以卓越的效率和专业精神处理我的手稿。我也非常感谢香港中文大学出版社允许我在本书第三章使用我过去的文章《为政之镜：司马光在〈资治通鉴〉中的政治观和执政观》〔Mirror for Government：Ssu-ma Kuang's Thought on Politics and Government in *Tzu-chih t'ung-chien*，收于李弘祺编《新颖与多元：宋代对过往的观感》（*The New and the Multiple*：*Sung Senses of the Past*）〕。

从 1981 年我 15 岁时来到美国，许多老师和朋友帮助我适应美国的生活，学习英语。在这些老师和朋友之中，安妮·托纳切尔（Anne Tonachel）、皮埃尔·托纳切尔（Pierre Tonachel）、大卫·哈普古德（David Hapgood），珍妮丝·哈普古德（Janice Hapgood），以及刘前嫡（Jane Shaw）阿姨在他们家里扮演着照顾我的家长角色。我有幸遇到了许多好老师，尤其是露西亚·皮尔斯（Lucia B. Pierce）女士，他们教育我，使我能够被普林斯顿大学录取为本科生。我在普林斯顿大学读本科时，英语系乌尔里希·诺普弗尔马赫（Ulrich Knoepflmacher）教授，我的毕业论文导师，花了很多精力帮我提高写作能力。如果没有他们的帮助，我就不能学会正确的英语写作，更不用说完成这本书了。

得益于各种机构的慷慨资助，我才顺利完成学业。在大约 13 年时间里，我的教育都是由我就读的学校提供的奖学金资助的：西德威尔友谊中学（Sidwell Friends School）、普林斯顿大学、亚利桑那州立大学（Arizona State University），然后又是普林斯顿大学。如果没有这些奖学金，我就永远无法负担我所接受的教育。我永远感激这些机构。

这些年来，我的父母发现，现代学术职业的要求并不总是与传统的孝道相一致。我很感激他们的隐忍，也很感激我的哥哥承担了本应由我们两人共同来尽的孝道。

最后，我要感谢我的妻子希拉里·伯恩斯坦（Hilary Bernstein）。她分享了我这个研究项目所有的喜悦，并在很多方面帮助了我，我无法在这几页中一一列举。

关于中文姓名、术语、日期以及罗马化的说明

由于在有关中国的英文出版物中，汉语拼音在中国人名、地名拼写中越来越普遍，本书也使用拼音拼写中文名字。但其他英文著作标题中的威氏拼写不会被替换成汉语拼音。

对于不太知名的官方头衔，在第一次提到时，会括注相应的中文术语。历史人物的生卒年或在位时间，会在第一次提及这些人物时给出。

在日期方面，年是公历年份*，但月和日是根据当时的中国历法给出的。

根据中国传统习俗，一个人出生时即被认为一岁（文中用 suì）。因此，例如，文中的六岁，按照西方的算法应该是五岁。为了忠于原始资料，我选择使用中国传统计算年龄的方法来描述人们的年龄。

---

* 中文版按照中文书写习惯，在公历年份前均添加帝王年号纪年。——编者注

司马光生平大事年表

天禧三年（1019）　出生于光州光山县。

宝元元年（1038）　通过进士科考试，成婚。

嘉祐六年（1061）　说服仁宗收养一个嗣子，也就是后来的英宗皇帝。

嘉祐八年（1063）　仁宗皇帝逝世；英宗皇帝继位；司马光上呈了最初的八卷作品，该作品后来被命名为《资治通鉴》。

治平二年（1065）　濮议。

治平四年（1067）　英宗皇帝去世，神宗皇帝继位。

熙宁二年（1069）　变法开始，王安石开始推行新政。

熙宁四年（1071）　司马光退居洛阳。

元丰七年（1084）　完成《资治通鉴》。

元丰八年（1085）　神宗皇帝逝世；哲宗皇帝继位；高太皇太后摄政，召司马光回朝；司马光开始废除新政。

元祐元年（1086）　司马光逝世。

目　录

第一章
引　言

　　对当代的中国历史学者而言，司马光（1019~1086）是中国最　
伟大的历史学家之一。而对他同时代的人来说，他政治家的身份更
加突出。许多历史学家通过改革家的政治生涯来研究 11 世纪的中
国政治，但很少有现代学者关注反对改革的保守派。

　　研究保守政治家司马光的生平可以为我们理解这一时代提供新
的视角。此外，北宋的中央政治远不限于 11 世纪的改革。政策对
北宋统治者来说无疑是重要的，但皇帝最关心的是权力本身的掌控
和使用。因此，为了更好地了解北宋朝廷政治，我们不仅要研究政
策问题，还要检视统治者与执政大臣间权力的消长。司马光的政治
生涯与北宋自仁宗（1022~1063 年在位）末年至哲宗（1085~1100
年在位）初年的朝廷政治紧密相关，因此研究他的经历有助于更
深入地了解这一时段的中央政治。司马光是反对王安石（1021~
1086）改革的保守派领袖，研究他的思想和行动也能够让我们更
好地理解保守派的立场。

　　当代历史学家常常说司马光是“保守派”。[1]本书并不争论这　
一术语是否适用，而是将对其保守倾向做新的分析。这项工作无意
给“保守主义”创造新的、普遍适用的定义。林肯总统关于保守
主义的定义——“遵从旧的、已尝试过的，反对新的、未尝试过
的”无须修改就适用于司马光的情况，尽管司马光所“保守”的，
显然不同于现代西方保守主义政客声称要捍卫的经济体系和宗教价

值。[2]本书的目的之一就是要超越一般的描述，详细地阐释司马光式的保守主义。本书将揭示司马光保守主义的两个最典型的特征：对过往积累下来的智慧的尊崇和对过往成果的珍惜。这两个特征使他的政治思想、政治举措与人生观有着普遍的一致性。在司马光看来，既然难以超越过往积累的智慧，改革就很容易失败。是以人们应该对全面改革抱有疑虑。还有，让生产力大幅提升是非常困难的，对国家财政的规划应该以总体资源有限这一认知为前提。由于政府和人民对资源的占有是竞争性的，因此政府应当厉行节俭，以减轻人民的负担。在其政治思想与政治实践中，司马光一直维护由统治者掌握终极权力的等级秩序。他的本意并不仅限于对君主有益，对他而言，严格的等级制度是维护长治久安的基石，对每个人都有益处。

司马光的政治观点在他成年以后没有太多变化，而宋朝的政治却屡屡变化。正如本书将揭示的，从仁宗末年到哲宗初年，朝廷的权力平衡反复波动。比如，英宗皇帝（1063～1067 年在位）和神宗皇帝（1067～1085 年在位）在即位之初都在其宰执的荫蔽之下，而两位皇帝均利用政府内部的争议来加强自己的地位。在这些变化中，司马光始终如一地证明了自己在捍卫皇权上有用且可靠。事实上，他哪怕与皇帝意见相左，也依然对皇帝忠贞不渝。这一性格特征，以及统治者对他的信任，是他在整个神宗朝获得皇室青睐的最重要因素，这也使他在神宗死后一跃成为当时最有权位的大臣。

第四章到第八章用司马光的仕宦生涯解释了宋朝政治的一些特征。统治者（皇帝及摄政的皇太后等）的权力并不是一成不变的。统治者对政府的控制程度受限于其身体状况、经验以及利用朝廷政治动态的能力。宋朝统治者实施控制的方式常常显得宽仁。儒家的价值观无疑影响着宋朝统治者对士大夫宽仁包容的态度，[3]但统治者的包容也不失为一种方便的控制手段。在实践中，包容往往意味着容忍官员间相互批评。当官员因为异见而相互攻讦，他们总会向统治者寻求支持，争论的每一方都会声称自己更加忠诚。因此，官员之间的论争重申了忠诚的价值，并强化了统治者的地位。[4]事实上，统治者的支持在任何论争中都很重要，因此官员之间的论争往往会加强皇权，哪怕统治者本人对此结果并无预期。两派官员发生争执时，都需要统治者的支持以打破僵局。在这种情况下，统治者只需要撤回对某一方的保护，允许其他派别发起进攻，就能够彰显自己的权力。

然而，即便在论争中支持一方，统治者仍然会避免胜方消灭败方的政治势力。事实上，他有时会对败方施恩，使落败的官员因此感念他的宽仁，只憎恨胜方官员。就这样，败方官员成了一支预备力量，当统治者不满胜方时，便寻求他们的支持。如此一来，统治者就能够充分利用持各种政见的官员，而非仅仅倚重特定的个人或派别。在司马光的一生中，并非所有统治者都充分利用了官僚间的力量起落，只有在他们想确立自己对于权臣的权威时，这种做法才显得比较突出。官僚间的斗争的确会加强统治者的权力，哪怕一开始统治者并非有意利用它。宋朝统治者的包容在司马光的仕宦生涯中起到了重要的作用，这使他在政见与神宗相左时依然受到皇室的恩惠。

作为研究司马光生涯和思想的传记，本书聚焦于未达成学术共识的领域，对已有充分学术研究的方面仅简略叙述。到目前为止，司马光的生平和作品中研究最充分的是他的历史著述。他的历史专著本身成为一个专门领域，本章将简述关于司马光《资治通鉴》的研究成果。在本书的主体部分，对司马光历史著述的讨论将仅局限于说明其政治思想。[5]本书的主题是司马光的政治生涯和政治思想，针对这两个主题的学术共识还很少。

本书分为九章。第一章和最后一章分别是引言和结语。第二章讨论了司马光的早年生活，以及他父亲和他的恩师庞籍（988～

1063）对其思想与仕宦生涯的影响。第三章着重介绍司马光的思想。第四章到第八章会在宋朝政治的大背景中考察司马光的仕宦浮沉。

在本章剩下的部分，我会将自己的研究与已有研究成果联系起来。第一节将介绍对《资治通鉴》及其价值的学术研究。第二节和第三节聚焦于司马光的政治思想和为官生涯，我会将我的观点与现有研究做比较。在介绍我对司马光为官之道研究的同时，本书也将阐明这一研究对理解宋代政治的助益。

一 司马光的史学编纂研究

5　　司马光享有伟大史学家的盛誉，缘于他编纂了《资治通鉴》，一部 294 卷的编年史。此书内容始自周威烈王二十三年（公元前 403），终于后周显德六年（959）。《资治通鉴》对于司马光的一生与声名如此重要，因而概述关于《资治通鉴》的既有研究成果很有必要，尽管本书无意在此专业层面做出显著贡献。在讨论已有学术研究时，本节还将简单介绍《资治通鉴》的影响与价值。

方志彤（Achilles Fang）在其译作的序言中生动描述了《资治通鉴》的深远影响。据方志彤言，《资治通鉴》不只是中国学者阅读的重要历史文献，在普通读者中，它的影响或许更大。"（《资治通鉴》）和它大量的重编本、删节本以及续书，实际上是唯一为广大旧中国民众所熟知的历史知识。"[6]

《资治通鉴》所载历史信息丰富且相对准确，读者出于不同目的的阅读，收获也各不相同。《资治通鉴》最权威的评注者胡三省如此讲述他读《资治通鉴》的经验：

温公作《通鉴》，不特纪治乱之迹而已，至于礼乐、历数、天文、地理，尤致其详。读《通鉴》者如饮河之鼠，各充其量而已。[7]

无论学界内外，《资治通鉴》一直受到中国读者的欢迎。1958年，中国的历史系掀起了一场政治运动，以消除非马克思主义史观。这场运动的记录显示，全中国"资产阶级学术权威"都坚信，《资治通鉴》是历史学家应该掌握的最重要的文本。[8]

在 1983 年至 1993 年，著名作家柏杨以十年之力将《资治通鉴》译为白话文。柏杨意在让普通读者哪怕没有机会接受学术专业训练，也能了解《资治通鉴》。1983 年至 1993 年，该译本在台湾出版的速度大约是每两个月一卷。完稿后译本共 72 卷。读者反响热烈，精选出来的读者信件被印在每一卷的末尾。这一系列卖得非常好，到 1991 年 4 月，第一卷已经出了 15 版。[9]

《资治通鉴》持续流行，自司马光时代以来，学者们为它撰写了大量历史研究著作。研究《资治通鉴》的学者对它是如何被编写的，以及它对于中国史学著作发展的意义，几乎已达成共识。陈明铢对《资治通鉴》的写作及其贡献的描述就是这种学术共识的典型。[10]

陈明铢认为，司马光编写《资治通鉴》有三个动机：学术的、说教的和个人的。司马光觉得到了宋代，对一般读者来说，断代史已经多得难以掌握了，于是他想要以一种精练的形式来提供基本的信息，从而缔造一种全面而可靠的叙述。他还希望用历史叙述作为道德与政治教育的工具。他的个人动机包括他对史学的热爱，以及通过著述而名垂千古的愿望。[11]

陈明铢还指出，在中国史学史上，司马光为历史记录方式的创新做出显著贡献，也启发了后来者以新的途径做学问。司马光在编写历史时，采取了三个步骤。他和他的助手们先勾画作品的大致轮廓。然后，他们从所有可用的来源收集信息，编制成一份"长

6

编"，其内容是最终成品的数倍。例如，唐代的长编有600卷，而终稿只有80卷。最后，司马光亲自对长编进行了提炼和编辑，并加入了自己对历史的评注。

7　　司马光也是中国第一个为自己的作品写注释的历史学家。在他的《资治通鉴考异》中，司马光解释了他如何在不同史料相互矛盾的记述中进行选择。这些"考异"不仅为历史的准确性建立了新的标准，还保存了一些佚书的宝贵信息。[12]

《资治通鉴》激发了许多补充和注释的书写，以及续书的创作。在对其所做的注释中，胡三省注被学者普遍认为是最好的。毕沅（1730~1797）的《续资治通鉴》是《资治通鉴》续作的一个好例子。《资治通鉴》的阅读也启发了历史批评，如王夫之（1619~1692）的《读通鉴论》。[13]

《资治通鉴》还直接催生了两种形式的史书。许多读《资治通鉴》的人觉得很难追溯一个事件的发展始末，因为长时段持续的事件，记载往往零碎分布在各个不同年份之下。为了解决这一问题，袁枢（1131~1205）根据主题重新编排《资治通鉴》的叙述。他将自己的作品命名为《通鉴纪事本末》，意思是从始至终地讲述《资治通鉴》中的事件。袁枢因而创造了一种记录历史的新体例。[14]

另一种被《资治通鉴》催生的历史著述形式是朱熹（1130~1200）创立的纲目体。朱熹的《资治通鉴纲目》有59卷。在这部作品中，朱熹不仅简化了司马光的叙事，而且改变了司马光的历史判断，以反映朱熹自身的意识形态偏好。[15]

除了陈明铮所指出的影响之外，我们应该注意到，修正《资治通鉴》的缺点也成为一个学术课题。虽然《资治通鉴》作为可靠的信息来源而享有盛誉，但它在对历史事件的叙述中确实存在一些错误。由于作品的规模非常大，不准确的部分总数可能看起来也多，纵然它们只占成书的很小一部分。同样，胡三省的注释也有不准确之处。此外，还有一些学者希望在《资治通鉴》的叙述中加入更多历史信息。出于这些原因，许多学者花了大量的精力对《资治通鉴》的正文和胡三省注进行补充和修正。在这些学者中，严衍（1575～1645）的工作是最全面的。从1615年到1644年，严 8 衍几乎把所有的工作时间都用来比对《资治通鉴》文本、胡三省注与其他史料。他的成果是294卷《资治通鉴》的修订版，即《资治通鉴补》。在严衍看来，只有1%到2%的补订是司马光记载有误，其他大部分都是对《资治通鉴》叙事的补充。[16]

为《资治通鉴》历史叙述订误的工作持续到20世纪。比如岑仲勉用一整本专著来研究司马光隋唐时段事件叙述的细节问题。[17]这方面最新的重要成果是吴玉贵对司马光在《资治通鉴》中的系年错误进行的细致研究。[18]

显然，对《资治通鉴》记载细节的研究本身已经成为一个细分领域。而这部史书本身的影响遍布中国史学界内外。

在西方史学界，最引人思考的《资治通鉴》研究或许是田浩教授的。[19]尽管人们为补正司马光文本中的讹误做了很多工作，但汉语世界的学者一致认为，司马光尽力忠实于他的资料来源。中国学者认为，司马光在形塑历史叙述来表达自己观念的时候，只是对已证实的历史信息进行取舍。田浩教授的研究从根本上挑战了这一传统观点。田浩教授认为，司马光有时会故意写一些他的资料来源并不完全支持的说法。通过偶尔篡改资料中的史实，司马光能以一种更引人关注和富有想象力的方式建构自己的历史观念。

如果田浩教授的分析是正确的，那我们必须从以下两个方面修正对于司马光的传统看法：第一，我们必须认识到司马光是比我们 9 之前认知的更富想象力的写作者；第二，我们在将《资治通鉴》视作历史真实的信息源时要倍加小心。第一点对于传统的中国史学是巨大的刺激。第二点将在司马光述及的许多历史时段产生连带影响，因为司马光所采用的很多史料已经散佚，许多历史事件的信息只保存在《资治通鉴》的叙述中。如果司马光有意把他的史料来源中未提及的事记载在内，而《资治通鉴》的记载又是唯一可获得的材料，那么我们就很难判断一个事件是否真实地发生过。

目前，田先生的结论尚未被普遍接受。[20] 在接受或者反对他的结论前，我们还需要开展更多的研究。要最终接受田说，主要困境在于它仅仅建立在《资治通鉴》中对诸葛亮（181~234）生平的描述与现存较早资料的描述之间的一些差异之上。田先生认为既然没有理由假设司马光使用了现代学者所没有掌握的任何关于诸葛亮生平的资料，我们就可以放心地得出结论：《资治通鉴》中不同的记载出自司马光的创见。但是因为关于司马光资料来源（与我们完全一致）的假设不能被最终证实，所以我们必须考虑到从这个假设中得到的任何证据都是间接的。而鉴于司马光所提供的文本长度，我们需要更多的旁证，才能最终接受田先生的分析，并推翻关于司马光对资料态度的传统假设。另外，除非能用确凿的历史证据来解释这些差异，否则我们也无从排除田浩教授的分析。至少，我们需要证明，在司马光试图呈现的整体历史观中，这种记载出入是罕见的，也是极其微不足道的。因此，田教授的观点也不能被立即驳回。

无论田说最终能否得到进一步研究的支持，当前不论证他的观点，就不可能对《资治通鉴》写作的专业层面进行全面的分析。要充分论证田先生的观点，我们就必须重新审视《资治通鉴》全书使用的资料。要完成这项工作，需要多年耐心的学术调查，显然超出了本书的研究范围。然而，因为司马光借助《资治通鉴》表达了他的政治思想，在本书中我会在司马光政治思想的语境下讨论《资治通鉴》。

二　司马光的政治思想

虽然《资治通鉴》广为流传，但学界尚未就司马光的政治思想与政治生涯达成共识。[21]这一课题的以下两个方面最受学界关注：司马光对王安石新政的反对和他关于政府等级关系的看法。正如这一节将展现的，关于司马光的学术著作常常触及这些方面。本书第三章旨在构建一个司马光保守主义思想的总体框架，用以解释司马光思想及其仕宦生涯，但也不仅限于此。

因为司马光一直被当作王安石的对手来研究，在介绍司马光思想之前，我们需要先考察王安石学术中与变法相关的部分。神宗变法，尤其是第一阶段，是在王安石领导下进行的，这是北宋政治史上迄今为止研究最多的课题。宋史学界的许多领军学者都撰文或著书讨论王安石和他的改革。[22]这种学术关注的集中，对研究司马光产生了重大影响。

在宋史学界，对于变法的驱动力有个基本共识：虽说大部分变法研究都聚焦王安石，但毫无疑问，神宗皇帝是授予王安石权力并实施新政的人。神宗和王安石对于宋朝深受其扰的一些问题有所反应。史学家们把这些问题概括为"三冗"和"两积"。"三冗"是冗兵（军队过于庞大）、冗官（政府官员过多）和冗费（政府开支过度）。"两积"是积贫（财用匮乏）和积弱（军队战斗力弱）。[23]正如我在他处解释过的，宋朝政府的财政困难此时远未严重到破产的地步。然而此时的官员们认识到国家财政系统不完善，经常在政治讨论时强调财用短缺。[24]

对神宗而言，还有一个强烈动机，但并非所有学者都会强调它（但也没有谁否认）。正如邓嗣禹指出的，神宗的终极目标是从辽国（契丹）夺回燕云十六州。[25]尽管宋从未控制过这片辖区，但因为它位于长城以南，曾处于一些中原王朝的管辖下，宋朝统治者认为它是他们的领土。在 979 年和 986 年，神宗的高祖父太宗发起两场战争，试图从契丹光复燕云十六州，但都以失败告终。第一次战争对于宋朝来说尤其是灾难性的。在最后一场主要战役中，太宗大腿上中了两箭，骑着驴，抛下大军独自逃跑。[26]从第二次战争失败

11

后到神宗继位以前，宋朝都没有意愿再试一次。[27]

至于王安石的新政是否符合宋朝及其治下人民的长远利益，这是个悬而未决的问题。[28]显然，王安石新政旨在为宋朝富国强兵。同样显而易见的是，王安石设法改善国家财政，新政导致民怨沸沸，富民和小康之家都颇有微词。[29]用包弼德的话说，王安石及其新政首先是为中央集权国家利益服务的，这已成为学术共识。[30]

因为学界兴趣很大程度上集中于王安石，所以许多学者关于王安石与司马光的比较研究，对司马光思想的研究也产生了助益。比如东一夫指出司马光和王安石在经济观念上的不同。司马光认为宋的经济总体是有限的，国家取用的越多，人民自己持有的就越少。国家求取无度，由此在人民中产生的不满可能导致社会动荡。因此，司马光主张削减政府的开支。但是，王安石认为经济体量是可扩展的。因而他希望政府能更多地控制经济，并认为这不仅有助于增加政府收入，也会给人民带来普遍富裕。[31]

包弼德《政府、社会与国家：论司马光与王安石的政治观念》（"Government, Society, and State: On the Political Visions of Ssu-ma Guang and Wang An-shih"）一文在广泛的历史语境中全面比较了二人。他的论点复杂，难以简单总结。因而我只是概述与本书主题直接相关的部分。

包弼德认为，司马光和王安石关于政府的观念从根本上不同，而且在新政论争之前，就各自经历了长足的发展。司马光基本上接受了现存的社会结构，故而包弼德接受司马光是个保守主义者的普遍描述。司马光将社会与政治各自看作一个由不同力量构成的体系，它们对于平衡都起到了一定的作用。一旦体系建立起来，手头的主要任务就是防止其变迁与恶化。只要所有构成部分维护得当，体系就能够长久地维持。司马光认为历史已经揭示了维持长治久安的必要规律。规律包括：统治者要在政府各个官缺用人得当，同时，也要仁慈、明智，并坚定支持他任用的官员。

与司马光不同，王安石的灵感来自儒家经典，而非历史。王安石认为国家和社会是一个有机的整体，只要遵循圣人的初心，变革是没有问题的。一旦一个整体的目标确定了，那么就可以决定不同的部分如何为这个总目标服务。有了这种整体观，王安石的国家观就没有把国家和社会区分开来。因此对于宋朝政府面临的问题，王安石的解决方式就是扩大国家对社会的控制。[32]

与包弼德不同，叶坦不接受把司马光认定为保守主义者。叶坦认为，司马光也提出了他自己的改革方案。她指出，司马光与王安石意见相左有两个主要方面：第一，司马光对政府财政政策的目标与王安石看法不同。司马光希望减轻人民的负担，所以想节省政府开支。相反，王安石希望扩大国家对财源的控制。[33]第二，司马光认为宋朝政府只需要小修小补，不需要根本性的改革，而王安石希望在政府中进行重大变革。

13

叶坦全面列举了司马光希望维持的与改变的。叶坦认为，司马光希望维持的有：（1）宋初谨慎任用财政官员，并且任期长；（2）宋初统治者有鼓励农业生产并且关心人民疾苦的传统；（3）宋初统治者厉行节俭，慎于赏罚；（4）各财政官署的制度结构。而他希望改变的有：（1）皇帝对于细节的过分关注与手中权力的过度集中；（2）不同官署职责划分过细导致官员不负责任；（3）在政策准许下政府从人民那里获取过多的财富；（4）新皇帝继位时提拔和任用官员过多，产生过度且不必要的政府开支。[34]

我同意叶坦大部分的观点。但如第三章将揭示的，司马光并非真的反对皇帝集中权力，他反对的是皇帝过度关注细节，以致影响真正的大事——维持对政府人事的控制。

虽然叶坦认为叫司马光保守主义者是不公平的，[35]但她的分析与包弼德并不矛盾。叶坦所持的观点——司马光希望小修小补而非根本性变革，与包弼德的观点——司马光基本接受现存的社会体系，是一致的。她否定保守主义者这个称呼，可能是因为在中国这个词有强烈的负面含义。

我同意包弼德关于司马光对政府结构的保守主义态度的分析。同时，我也要扩展对保守主义的描述，来涵盖司马光对更广泛议题的见解。第三章将揭示司马光有种总体的认知：良好的现状很难达到，却很容易丧失。所以，他常常认为守成是所有政治和个人生活最重要的任务。对司马光来说，当国家享有和平稳定时，政府最应该关注的就是保持这一理想的现状。同样，个人和家庭在舒适的生存状态下，也应该注重维护现有的状态。

在分析司马光保守主义的框架下，我还将讨论他关于君臣关系的观点所引发的争议。在他的中国政治思想史论述中，萧公权认为司马光支持专制政府，让皇帝享有至高无上的权力。[36]这种理解受到安东尼·萨瑞提（Anthony Sariti）的挑战：先是在 1970 年的论文中，后又在 1972 年的一篇文章中。萨瑞提在论文中认为，司马光的思想建构了一个"最好被描述为官僚专制主义的体系"——官僚精英主导政府，他们在道德权威判断上高于皇帝。[37]他在文章中进一步发展了这一理路：

因为这些人，官僚机构中的士大夫，才是经典传统唯一的权威解释者，所以拥有巨大道德权威和实际权力的是他们而不是皇帝。……对司马光而言，皇帝是大仲裁者，其职能是防止朝廷任一方群体独占政治权力。但他不是言出法随、一呼百应的神圣立法者。官僚机构的作用，除了顾问与提供合法性之外，也掌控了实际上的国家管理。官僚们在自己做决定时被给予很大的回旋余地。一旦授权，就要尽量减少干预。

经典传统为国家政令提供合法性标准，而官僚系统是经典的官方解释者。官僚具有广泛的酌情处理权和代理权。这两点构成了司马光关于君主制与官僚制正确关系的理论大纲。[38]

正如本书即将揭示的，萨瑞提夸大了司马光希望官员所拥有的权力。无论是在文章里还是在政治实践中，司马光始终坚持统治者要掌握凌驾于官员之上的最高权力。而且，正如前面论及的，在司马光所处时代的实际政治运作中，皇帝在争论不休的官员间扮演仲裁者，这一角色实际上加强了皇帝对于朝政的掌控。而司马光并没有把这种等级制看作仅对皇帝有利。他认为，严格的等级制度对于政治体系的稳定至关重要，而稳定同时有益于统治者和被统治者。

司马光认为，君尊臣卑的严格礼制，不仅本身是件好事，也是 15 保证和平稳定的最重要条件。和平稳定有益于所有人。历史已经昭示了等级制度的崩溃可能导致冲突与混乱，给无数人民带来死亡与破坏。因此，等级制并不只对统治者有利，还提供了安全的环境给他的臣民。

司马光并没有将个体的生存视作绝对价值本身。个体生存只有在不与道德品质，比如仁义和忠诚冲突时，才受到重点关注。对司马光而言，大臣忠于皇帝是政府稳定的关键，因而也是维护整体太平的关键。显然，他将国家与社会的和平安定看得比个人生存更重要。

司马光的保守主义还表现在他对国家与家庭财务的看法上。对国家而言，最重要的财政事务是节省资源，以备难以预料的灾祸。他虽然认识到生产力可以增长，但他仍然认为这种增长在速度和程度上都是极为有限的。因此，他通常以总体可用资源有限的假设来构建他的经济论点。由于资源是有限的，国家应该注意不要从人民处征敛太多。如果人民向国家缴纳过多财富，就无以维持生计，进而可能发生叛乱。

对于个人和家庭，司马光的建议是过节俭的生活。增收的可能性很小，而家庭收入的下降随时可能发生。因此，一个家庭，无论多么富有，总是应该限制开支，储蓄充足以避免未来的财务问题。

正如本书将展示的，司马光的思想体系在他一生的大部分时间里基本上前后一致，只是生命的最后几个月，当他急于废除王安石新政时，他才背离了他一贯的保守主义。

三　司马光的政治生涯和宋代政治

16　　虽有许多学者讨论司马光反对王安石新政，但没有人系统地解决一个相关的问题：司马光如何在宋朝政府身居高位，让他的反对意见如此举足轻重？换言之，首要的是什么因素让他成为一个高官和有影响力的政治人物？要解答这个问题，我们需要将变法前的历史纳入考察范围，在宋代宫廷政治的背景下分析司马光的仕宦生涯。因为学界对北宋宫廷政治的性质没有统一认识，我将对司马光活跃在中央政府政治舞台的时期给出自己的分析。

我对司马光政治生涯的分析，与宋代君臣关系的学术争论密切相关。[39]在过去的几十年里，学者们对宋朝相权给出了不同的评估。钱穆认为，宋朝宫廷政治的特点是政治权力集中在皇帝手中。因此，相对于皇权，相权是非常弱的。

按照钱穆的说法，宋朝宰相比唐朝宰相弱势有几个原因：第一，他们不再有财政的、人事考绩的和军队的管辖权。第二，他们的权力受监察官员的制约，这些官员是由皇帝任命的，而非宰相任命。结果就是，监察官员把批评几乎都指向宰相。第三，皇帝非常警惕，极力避免宰相形成庞大的个人势力。第四，皇帝也不像唐代那样尊重宰相，常常不会花充分的时间与他们讨论政策。[40]

另外，柯睿格（E. A. Kracke）为北宋前五朝描画了全然不同的图景。[41]柯睿格认为，北宋前五朝天子对他们的大臣相当尊重。用柯睿格的话说，"一朝又一朝的环境和统治者的性格结合在一起，促进了儒家思想中固有的一种思想：约束统治者的权威，提高官僚的权力与声望"。[42]

刘子健 (James T. C. Liu) 认为，皇帝掌握宋代宫廷政治的至高 17
权力。他在《中国历史上的行政周期：以北宋帝王为例》（"An
Administrative Cycle in Chinese History：The Case of Northern Sung
Emperors"）一文中做了更为细致的描述。根据刘子健的说法，北宋
诸帝类型不同，皇权的功能不同，力量也不同。遗憾的是这篇简明
的文章没有足够的篇幅对个别时期进行详细分析。[43]

张其凡和刘子健不同，他的持论是北宋君主在平等的基础上，
与士大夫共享政治权力。在士大夫之中，宰相无疑最有权势。虽然
张氏的学术出版物只聚焦北宋前三朝（太祖、太宗、真宗），但他
认为这个模式适用于整个北宋。[44]

余英时教授对宋代政治模式进行了最全面的总结。正如他指出
的，北宋朝廷的政治动态在神宗统治期间发生了根本性的变化。在
神宗之前，宋朝皇帝通常并不专门认同某种具体的政策立场，而是
会超然于各派别立场，在政策立场相悖的派别间扮演仲裁者的角色。
神宗急于推行他所支持的改革政策，从仲裁者的位置上下来，开始
以君权推行变法。结果就是，他开创了新的现象："国是"——国
家的政策共识。在实践中，这种共识通常涉及统治时期最重要的政
策问题。从神宗开始的北宋历朝，"国是"都围绕王安石变法政策
展开。在南宋时期，"国是"通常围绕宋朝是与女真（金）开战还
是和谈展开。"国是"不仅规定了一个皇帝的政策方向，还规定了
由哪些最高行政官员的团队执行这些政策。比如，神宗朝的"国
是"支持变法，故而最高行政官员都要是新党。神宗死后，高太皇
太后实际上将"国是"变为反对变法，故而最高行政官员就被从新
党换成了旧党。在神宗以前，皇帝可以通过允许持不同意见的官员
相互制约来保持自己对政局的控制。神宗之后，任何时候占上风的 18
官员都只能是认同当时的单一的"国是"的人。[45]

通过引导人们关注"国是"现象，余英时教授事实上提出了
一种全新的理解宋代政治史的框架。本书的发现也符合余英时教授

的理解框架，不过更关注余英时教授的著作不那么关注的一些方面。得益于我的研究范围比较小，本书对君臣权力的消长进行了更加细致的分析。同时，本书还指出虽然神宗朝出现了"国是"的现象，但从英宗到神宗，统治方式仍有其持续性。

正如本书即将揭示的，司马光所侍奉的所有君主都想掌握政府的最高权力。但是他们为达目的所采取的行动，在程度上既不一致也不恒定。仁宗、英宗、神宗和高太皇太后，都没有将安定视作理所当然。他们都非常关注如何维持对政府的掌控。第四章和第六章将展示仁宗和英宗都极不情愿指定皇嗣，以免权力受到皇位继承人的威胁。然而，这种不情不愿既意味着年轻的继承人最终要对官员中的支持者感恩戴德，也让即位的新皇帝对其中一些臣僚感到若芒刺在背。而第五章、第六章要揭示的是，虽然英宗和神宗皇帝在统治初期比较弱势，但最终他们都牢固掌控了政府。

司马光虽说服了仁宗收养英宗作为皇子，但他的光芒从未盖过君王。通过不断地捍卫皇权，司马光证明了他的可靠，也收获了皇室特殊的信任。他在士大夫中间，以及后来在百姓中的声望也对他的仕途有助益。而最终使他得以增强权力、扩大影响力的，正是与皇室的特殊关系。第七章将阐明神宗皇帝厚待司马光，纵然司马光反对神宗皇帝支持的新政。从1071年到1085年的漫长时间里，司马光因反对神宗支持王安石新政，自愿离朝，而神宗皇帝还是对司马光很优待。结果，反对新政的官员都将司马光视为说服皇帝接受他们政见的希望。这种特殊关系抬高了司马光的威望与知名度。

在司马光的仕宦生涯中，他一直通过在宫廷政治中成为权臣的制衡者来捍卫皇权。当名声与人望增长之时，他也成为一个更有效的制衡者，这使他在捍卫皇权时更有作用。因而，他与皇室的特殊关系与他个人的声望是相互促进的。

众所周知，司马光在1085年至1086年废弃新法过程中起到重要作用。[46]在第八章，我将剖析他的生活背景以及推动他登上权力巅峰的各种力量，以解释他当时的政治举措。这些力量包括他毕生积累的声望、摄政的高太皇太后反对新政，也包括他长期以来与皇室的特殊关系。第八章将揭示司马光在废除新法一事上非同寻常的急切，这与他预感死之将至有关。身体健康与精神状态的恶化也导致他政治敏锐度下降。

我希望本书能够在宋史的大背景下对于动态地展现北宋宫廷政治图景有所贡献。本书不仅以保守主义解释司马光的生涯，也关注他所处政治环境的外部因素。尤其是，我对司马光与皇室的特殊关系的分析，或有助于对宋朝统治者在宫廷政治中所扮演的角色有更多的了解——这一课题的既往研究远不如对权臣的政策和分歧的研究深入。[47]

第二章
司马光的成长时期（1019~1057）

　　在研究司马光的思想和他在 11 世纪那几场主要论争中扮演的角色之前，我们有必要考察塑造青年司马光的种种因素。年轻的时候，他在很大程度上接受了家庭及其父辈交游网络的塑造。早年的成长环境对司马光的影响可以表述为以下三个方面：第一，家庭环境为其才智的发展提供了温床；第二，司马光的仕宦多得益于其父司马池（980~1041）的官职，以及司马池朋友庞籍的提携；第三，早年来自司马池和庞籍的经验成为他日后保守倾向的重要因由。[1]

　　司马光的家族据称源出司马孚（180~272）。司马孚是三国时代著名人物司马懿（179~251）的弟弟。[2]在司马懿担任曹操（220年去世）手下主要谋臣的时候，司马家族就开始扎下权力的根基。220 年，曹操之子曹丕（187~226）正式代汉建魏。尽管司马家族在曹魏的兴起中受益良多，但司马懿的后代并未向曹魏效忠，相反他们积极策划篡夺皇位。265 年，司马懿的孙子司马炎迫使曹魏的末代统治者（魏元帝曹奂）禅位，建立了晋朝。

　　与兄长司马懿野心勃勃的后人不同，司马孚看起来是真心效忠魏室的。当他的侄孙司马炎从曹魏末代统治者那里篡夺皇位并将其降为陈留王时，司马孚极不赞同。陈留王将要启程赶赴贬所时，司马孚抓住他的手，泪流满面地说："臣死之日，固大魏之纯臣也。"即使司马孚在魏晋易代之后又活了很多年，但他从未忘记自己对曹魏的忠心。他活到了九十三岁，临终前他要求薄葬，以证明自己仍是曹魏纯臣，尽管当了晋朝天子的侄孙给了他种种恩荣。[3]有趣的是，司马光明显也有这种对于一个统治者的近乎顽固的忠心，详情参见本书后面的论述。不过毕竟隔着那么多代，司马孚不太可能对司马光产生直接的影响。

在北魏时代（386~534），司马孚的裔孙司马阳葬于夏县，夏县位于今山西省南部。司马阳的后代在他坟茔的附近定居下来。到了唐代，司马家族已沦为布衣。[4]在宋代建立之前的四个世纪，这个家族中没有出现官员。据苏轼言，司马光的高祖父和曾祖父不出仕是因为五代时期（907~960）的衰乱。到了宋代，司马光的祖父司马炫成为家族中第一个进士，官至县令。[5]

司马光的父亲司马池在官场中做得更好。他一度有机会知谏院，但坚决地拒绝了这一任命。这种无意于个人升迁的表现给仁宗皇帝留下了深刻印象。司马池终官是知府，高于其父司马炫。

天禧三年（1019）司马光出生的时候，司马池知光山（在今河南省）。[6]因为司马光出生在官舍，所以他父亲就着光山的地名给他取名为"光"。[7]司马池花了大量的时间亲自教儿子，尽管他完全可以把司马光的教育托付给教师或者亲戚。司马光后来回忆说："余生六龄，而父兄教之《书》。虽诵之，不能知其义。"[8]

司马光很小就展示了他的智慧。据他的朋友苏轼言，司马光七岁时，偶尔听到《左传》中的一段文章，立刻就喜欢上了。他向家人转述，显然理解了文章的大意。从此以后，司马光如饥似渴地读书，有时甚至废寝忘食。等到了十五岁，他的学问和写作就都已经很出色了。[9]这些记载固然展现了司马光曾是一个勤奋、早熟的孩童，同时也指出了他得益于成长环境——能够接触到典籍并且依靠家庭的支持不断增长自己的才智。早在宝元元年（1038），司马光年方二十就高中进士，无疑与此等有利的环境有关。[10]

司马池不仅给了儿子良好的教育，还给了他及早为官的机会。司马光十五岁时，司马池的官位就可以享受恩荫——家族成员不经过进士科考试直接进入官场。等轮到司马光为任子时，他把机会让给了两个堂兄，然后才接受了郊社斋郎的职位，旋即升为将作监主簿。[11]虽然职位仅为从八品，但那么早进入官场依然是司马光的巨大优势——任期是宋代官僚系统中官员升迁的一个极重要的因素。

不过升官并不是青年司马光最重要的目标，显然他更看重离父亲近一点。在宝元元年（1038）司马光通过进士科考试后，他被任命为华州（在今陕西）判官。当时，司马池在附近的同州当知州。司马光得以趁地利之便经常去看望父亲。[12]到宝元二年，司马池知杭州，司马光辞却升迁的机会，转官苏州，以便继续待在离父亲不远的地方。同年稍晚的时候，司马光的母亲逝世。按照当时的惯例，他辞官回去守孝。就这样他自由无碍地追随父亲辗转于不同地方的任上，直到庆历元年（1041）十二月司马池过世。[13]

司马池生前就建立了一个后来证明对其子非常有用的小型人际网络。司马池景德二年（1005）通过进士科考试时，很快和新进士结下了友谊。[14]其中的一个朋友就是张存（984~1071）。宝元元年（1038），司马光自己通过进士科考试之后，张存成了他的岳丈。[15]

庞籍与司马池之间的友谊非常持久，他在司马池死后成为司马光的主要提携者。司马池和庞籍的交游始于天圣六年至七年（1028~1029），当时司马光十岁或十一岁。当时司马池和庞籍都担任群牧判官。[16]两个家庭关系友好，彼此亲密。司马光在庞籍长子庞元鲁（1016~1047）的陪伴下度过了许多时光，他待庞元鲁如同兄长。宝元元年（1038），两人一起通过了进士科考试，因而在已然亲密的情谊之外又缔结了另一重纽带。[17]司马光和庞元鲁之间还有姻亲关系，他们都娶了张存的女儿。[18]

显而易见，在两家交好之后，庞籍与司马光联系紧密。正如司马光在给庞籍写的祭文中说的："念昔先人，久同僚宷。越自童龀，得侍坐隅。抚首提携，爱均子姓。"[19]嘉祐八年（1063）庞籍死后，他的次子庞元英告诉司马光："公平生知爱莫子如也。"[20]

早年和庞籍的关系对司马光的人生而言至关重要。虽然庞籍在初见司马光时尚不是高官，但后来他成为著名的边境和军事问题专家。庞籍在皇祐元年（1049）八月至皇祐三年（1051）十月担任枢密使，在皇祐三年（1051）十月至皇祐五年（1053）七月担任同中书门下平章事。[21]

司马池死后，庞籍在司马光那里扮演起父亲的角色。他不仅写信抚慰司马光的丧父之痛，还为司马池撰写了墓志铭。庞籍担心司马光尚未引起士大夫群体的足够重视，就屡屡在别人面前褒奖他。[22] 多年后，司马光这样回忆庞籍：

> 甫胜冠弁，遽丧所天。孤苦蠢愚，不能自立。长号四壁，谁复顾哀？惟公眷怜，过于平日。既释缞服，还齿簪裾。举首朝端，繫公是赖。爰加振拔，俾出泥涂。[23]

庆历四年（1044），司马光服完丧，连续转了两个县级的职位。庆历六年（1046），他被首次召至京城担任大理评事，补国子监直讲，旋即又升为大理寺正。[24]

我们不清楚庞籍对司马光在皇祐元年（1049）以前的升职有何种程度的介入，不过很明显庞籍试图帮助他进一步发展。庆历五年（1045），庞籍成为枢密副使。[25] 在担任枢密副使期间，庞籍提交了一份推荐名单给皇帝，司马光位列第一。[26]

当庞籍成为参知政事时，他又一次举荐司马光。这次推荐直到皇祐元年（1049）才有结果，同年，庞籍担任枢密使。司马光被召试馆阁校勘，兼同知太常礼院。随着司马光在官僚体系中步步高升，他有了上达天听的机会，也得以直接参与朝政。[27]

司马光辗转于中央政府的各个职位之间，直到皇祐六年（1054）。是年，庞籍的仕途遭遇了一次挫折。庞籍与一个道士

26　（赵清贶）是远亲。道士声称可以走庞籍的门路，把人推荐给朝廷，以此骗取贿赂。庞籍听说后，拘禁、拷打和流放了道士。不幸的是，道士在前往贬所途中死去。一些官员声称庞籍故意致道士于死地，以免牵连自己。虽然皇帝看起来并没有相信这些指控，但为了安抚那些官员，依然将庞籍外放出了京城。[28]

当庞籍在各地任职时，他总是设法把司马光挪到自己直接下辖的位置上。[29]于是司马光也离开了中央。在某种意义上，这表明了司马光的仕途依附于庞籍。[30]我们只能推想庞籍这样安排的动机也许是要一直照顾司马光，或者是他太喜欢司马光了，舍不得离开他。无论庞籍的动机是什么，结果是司马光享受了得天独厚的优势：长官总是牢记他的最大利益，也乐于接受他的建议。

庞籍和司马光之间的提携关系在庞籍再一次被贬的时候经历了严峻的考验。嘉祐二年（1057），发生了一场兵祸。很不幸，其部分原因在于庞籍采纳了司马光的建议。当时庞籍正在河东路经略安抚使和并州知州任上。司马光是并州的副职（并州通判）。庞籍的职责之一就是对抗西夏，保卫河东边疆。

在河东的麟州，宋和西夏对一片沃土的归属产生了争议。有一次庞籍派司马光到麟州，和麟州知州武戡讨论边境问题。武戡建议宋兵可以趁党项族短暂的罢兵间隙在争议地区修筑两个堡垒。根据这一计划，宋兵此后将永久地据守于堡垒，当党项人在这一地区的军力减弱，宋兵就可以从堡垒中出来，赶走党项的农民，毁坏他们的农作物。当党项在这一地区军力增强时，宋兵可以退守堡垒，等待援兵。通过这种方式，宋军能够阻止党项人将这片土地用于经济生产。

司马光回去后，把这个建议转达给了庞籍。庞籍接受并部署实27　施了。不幸的是，实施的军官不负责任。他们带领1400多名士兵（司马光写的庞籍墓志说"率兵不满千人"）赶赴争议地区。此前已收到情报，称那里已有（党项）大军。这些官员置此于不顾，毫无准备地继续执行原计划。结果他们中了党项骑兵的埋伏，折损了四分之一强的兵力。[31]

当兵败的消息传到北宋朝廷，朝廷指派新上任的御史张伯玉调查此案。张伯玉要求将所有与此案有关的文书呈交给他。庞籍担心司马光受到处罚，就隐匿并扣留了那些指向司马光对此负责的文件。张伯玉发现他收到的文书不全，于是他对庞籍的指控除了导致兵败之外，又加上一条藏匿证据。结果庞籍被降为青州知州。不过，庞籍还是成功地保护了司马光，让他免受处罚。一个月后，司马光重新被任命为京官——没有任何贬谪的意味。

与庞籍意愿相反，司马光不愿意让庞籍担下所有的罪责。他对自己逃脱责任感到羞耻，便两次上书陈述麟州事件，声称他自己也应当承担部分罪责。他辩称建筑城堡的安排本身没有错，而是军官的冒失大意导致了兵败。再者，因为是他司马光把这个建议传递给庞籍的，因此他自己而非庞籍，应当承受最严厉的处罚。[32]当庞籍听说了司马光的上书，他就再次上奏，把所有的罪责揽在自己身上，又请求赦免司马光所有的责罚。最后，朝廷无视了司马光的陈述，以及他的自我处分请求。[33]

根据苏轼为司马光写的传记，庞籍一开始不希望司马光去担责任。然而司马光一直感到无地自容。[34]多年后，司马光回忆起自己在请求处分无果后的歉疚和庞籍的宽宏大量：

> 佗（他）日，光见公无所自容，而公待之如故，终身不复言。[35]

尽管司马光再也没有在庞籍的手下任职，但他对庞籍的忠心至死不渝。在庞籍死后，司马光敬爱庞籍的妻子如同自己的母亲，呵护庞籍在世的子息如同自己的兄弟。因为司马光与庞籍之间的个人恩义，他们受到了侪辈的好评。[36]

28

值得注意的是，将武戬的建议转达给庞籍是司马光唯一一次在军事问题上表现出激进冒险。武戬的建议给宋军带来惨败之后，司马光不再支持军事冒险。事实上，他余生都反对军事上的冒险主义，这点在之后的章节会详细展开。因此，此次惨败给他带来的难以忍受的羞耻感，不仅转化为对庞籍的忠诚，或许也形成了他成熟思想的一个主要方面——保守谨慎。

司马池与庞籍帮助司马光仕途发展的同时，也影响了司马光的思想。考虑到司马光和这两人之间的亲密关系，这似乎是理所当然的。在分析司马池对儿子的影响之前，我们对司马池思想与生平的基本特征做一个简要的概括也许是有益的。现存的关于司马池的资料比较有限。不过，从我们掌握的极少材料中，还是可以得出一些大致的结论——保守、自我保护、忠诚、节俭是司马池思想面貌的最主要方面。

我们也许可以将司马池的保守主义定义为对偏离成例的不信任。庞籍为司马池作的墓志铭中记录了下列事件。在司马池二十岁之前，有一次，鉴于陕西路运盐的路线太迂回曲折，某些人就建议开发一条穿山越岭的替代路线。这条路线可以节省六成到七成的运盐开销。这个计划几乎在陕西地区得到了一致的支持。然而，司马池反对，理由如下：

> 盐利通流诸夏，前之议运者（作者注：指盐），未知此道之便而利人欤？有而不知，知而不为，谓前无仁智者乎？殆有巨害于其间（作者注：指采用新的路线）耳。（《天章阁待制司马府君碑铭》）

29　换句话说，因为过去的人们至少和现在的人一样明智，过去的人或许有很好的理由不采用现今提出的"改进"路线。最后，司马池被证明是对的。陕西路短暂地使用了新的路线。然而就在最初讨论路线改进后的那个夏天，山谷之间的地下水涌出来，冲走了数不胜数的车、牛和人。于是新路线被废弃了。[37]

司马池一生做事谨小慎微。仁宗皇帝召他知谏院，他直截了当地推辞了。据司马池所言，谏官只有两种选择：一种是恪尽职守直言进谏，这是合乎道德正义的，但会危及自身；另一种是闭口不言，免得冒犯任何人，这样做能够更平稳地升迁，然而这个选择不道德，也会累及声名。由于司马池既不愿置身坎险，又不愿有损清誉，他决定最好还是干脆不当谏官。[38]

不过，虽然司马池不愿意被迫在自我保护与道德原则之间做出取舍，但避无可避的时候，他还是会选择后者。司马池恪守的一个道德原则是对帮助过他的人讲恩义，这在他与权臣曹利用（971~1029）的交往中可以看出来。

曹利用第一次脱颖而出是在著名的澶渊之盟时。澶渊之盟是契丹人建立的辽王朝和宋朝之间，在景德元年（1004）达成的和平协定。他成功地参与商榷合议条款。在景德四年（1007），他领兵平定了南方（岭南）的叛乱。大中祥符七年（1014）以后，曹利用经过一系列升职，当上了枢密副使。乾兴元年（1022），真宗皇帝宾天的时候，曹利用已经是权势最盛的大臣之一了，甚至连替新登基的青年仁宗皇帝摄政的章献太后（刘氏）都对他极为礼敬（译者按：《宋史》的表述更近于畏惧）。曹利用沉醉于自己的权势与声名，日益骄纵，不仅得罪了一些同僚，也得罪了皇宫里的宦官，乃至太后的若干亲属。

有平民告发曹利用的侄儿犯罪，太后不等调查结果出来就立即抓住机会把曹利用贬到地方上。调查此案的宦官，曾受到曹利用的羞辱，所以毫无悬念，宦官严厉追查此案。曹利用的侄儿因为大不敬的罪名被判处死刑。结案的时候，曹利用再次被贬。之后，曹利用自己的罪行也被发现了，他曾经在提举宫观时非法挪用钱款。最后一宗罪责换来的惩罚是流放。曹利用最终的命运比这还惨得多。

30

在流放途中，他被押运的太监逼迫自杀。[39]

司马池和曹利用之间的关系并不是特别亲密。但司马池被任命为群牧判官依靠的是曹利用的举荐（作者注：群牧司归枢密院管辖）。曹利用举荐司马池的时候，朝廷认为群牧司至关重要。所以，群牧司的职位是仕途晋升的一条捷径。不过司马池曾表态坚辞，在皇帝的坚持下才接受任命。

在曹利用当权的时候，司马池并未企图逢迎，他甚至还当面批评过曹利用。曹利用失势以后，同党的人往往落井下石来与他划清界限，可司马池拒绝加入批评的队伍。他反而公开宣称曹利用事实上是无辜的，并且避免言及任何对曹的批评。[40]

在关于钱财的问题上，司马池节俭，却不吝啬。其父司马炫去世的时候，留下了几十万家资，都被他让给了叔父们，尽管他自己也不是很富裕。[41]

在司马光幼时，司马池就对他的人生产生了深刻的影响。司马光一度回忆起父亲教导他要诚实：

> 光年五六岁，弄青胡桃。女兄欲为脱其皮，不得。女兄去，一婢子以汤脱之。女兄复来，问脱胡桃皮者。光曰："自脱也。"先公适见，诃之曰："小子何得谩语！"光自是不敢谩语。[42]

作为一个官员，司马池的生活方式也造就了司马光对节俭的崇尚。司马光后来试图将节俭的价值观传授给他自己的儿子，这时他回忆起父亲的生活方式：

> 吾记天圣（1023~1032）中，先公为群牧判官，客至未尝不置酒，或三行、五行，多不过七行。酒酤于市，果止于梨、栗、枣、柿之类；肴止于脯、醢、菜羹，器用瓷、漆。当时士

大夫家皆然，人不相非也。会数而礼勤，物薄而情厚。[43]

在如此小的时候，对节俭的追求就已根深蒂固地植入了司马光的性格，以至于仿佛他生来就是如此。他写道：

> 吾性不喜华靡。自为乳儿，长者加以金银华美之服，辄羞赧弃去之。二十忝科名，闻喜宴独不戴花。同年曰："君赐不可违也。"乃簪一花。平生衣取蔽寒，食取充腹……众人皆以奢靡为荣，吾心独以俭素为美。[44]

在个人关系中，司马池不愿意背弃曹利用，这也许在日后司马光试图维护庞籍的时候，对他有一些鼓舞。事实上，司马光认为能否对施恩于自己的人保持忠义是检验个人道德素质的重要标准。正如他以后写的，"受人恩而不忍负者，其为子必孝，为臣必忠"。[45]

在司马池和司马光都在地方任职的时候，他们似乎有些相同的政治理念。在康定元年（1040）宋夏已开边衅，宋朝政府计划增强军事力量。在杭州所在的两浙路，政策是增加弓手的数目（作者注：弓手由服劳役者充任，用以加强地方政府的安保力量）。身为杭州知州的司马池上书反对，司马光代表父亲草拟了这份书表。我们可以确信上书的想法全然出自司马池，另外书表中表达的观念也预示着司马光的理念，下一章节将做详细的分析。正如清代学者顾栋高（1679~1759）所指出的，这份上书表明司马光晚年成为宰执时的基本思想框架在此时已初具雏形。[46]

在书表中，司马光列举了五条理由来说明为何不能增加弓手数目。第一，人们听闻边境军情危急，会认为政府训练他们当弓手，是为让他们从军而做准备。结果会造成百姓自残肢体以逃避弓手的劳役。换句话说，增加弓手的数目会引起民众的恐慌。

第二，当地盗贼少是因为人们原先不熟悉武器的使用。如果扩

32

充征召弓手，人们就被允许私有武器。同时，那些逃避弓手劳役的人因为背离了正常的营生，被迫从事非法活动。因此，弓手劳役的推行会催生更多且持有更好的武器的罪犯。

第三，劳役的增加会给予腐败的政府吏员更多机会去骚扰平民，索取贿赂。另外，劳役的分配基于政府对人口与财富的既有记录。因为记录是不完善的，当有人认为安排不公的时候，增加的劳役就会带来更多诉讼。诉讼又给了政府吏员更多贪腐的机会。

第四，当地的农人长于耕田，而非打斗。因此，让农民入伍成为弓手即迫使他们放弃他们擅长的，去追求他们不擅长的。农人在训练后可能依然无法有力地战斗。所以扩充弓手的劳役就浪费了资源，一无所成。

33　　第五，从历史来看，两浙人民一直难以控制。这种倾向在本朝的道德感化下有所消退，但让他们重新学习暴力依然是不明智的。

在上书结尾，司马光辩称两浙近年有幸免于饥荒与民变，最重要的任务是保持来之不易的现有状态，不能容许不必要的新政去扰乱它。如果政府真的必须推广充当弓手的劳役，那么应该尽量把关于弓手的制度变化缩减到最小程度，以避免不必要的扰民。[47]

司马光的几个重要思想特征在这份上书中已显著地体现了出来。下一章即将揭示，司马光一贯主张维持已有的成果，他常常警示说，那些不必要的变动可能会摧毁现状中好的部分。此外，他坚持辩称政府必须尽量缩减加在民众身上的负担。

庞籍，作为司马光的主要提携者，也影响了他。在司马光给庞籍写的墓志铭中，他将庞籍描绘成智者、忠臣。司马光在庞籍身上找到的闪光点部分也留存在司马光自己身上。和司马池一样，庞籍也强调政府给人民减负的重要性。[48]司马光也援引了另一个官员（孔道辅）的观点，来赞美庞籍是个有操守的御史。据其所言，其他御史极力迎合要员的好恶，而只有庞籍是为皇帝着想的御史。[49]

我将在后文谈到，司马光也通过攻击高级官员来捍卫皇帝的权力。

　　司马光继承了司马池和庞籍的部分理念，但他的整个思想系统还是自己的。不过他从长辈们身上获得的理念终其一生都是其思想中极为重要的部分。

第三章
一个预防体系：司马光的保守主义

35 第一章提到，许多学者都称司马光为保守主义者。本章旨在为理解他的保守主义提供一个新的框架，而非为他辩白这一通行的称呼。司马光的保守有着两种典型的特质：第一，他认为良好的状态是很难达到的，但很容易就会被毁掉，所以他倾向于关注如何维护已有的成果；第二，这种保守主义基于一种强烈的历史感，也出于他对历史与当下的诚挚信念——过去的经验教训可以应用在今天的问题上。这两种特质息息相关，因为当司马光从历史中寻求教益的时候，他经常被守成的范例吸引。他不仅在政治的、个人的写作中表达保守观念，也在历史著作中表现它。[1]他的保守主义确定了他政治思想的主要面向，具体包括对礼仪制度、君臣关系、政府政策以及个人生活的看法，保守主义赋予其一致的内在理路。

  尽管在早年受到父亲与庞籍的呵护，司马光依然将世界看作危机四伏的存在。从长远的历史来看，他认为大宋的和平、稳定和繁荣是罕有的成就。再者，他觉得这种成就并非一得永得，而是随时都可能丧失。因此，可以将他的保守政治思想看作一套关于防止既

36 有成就丧失的方法。实践起来，这套方法主要关注两个问题。第一，司马光认为等级秩序是防范混乱与不稳定的最优选择；第二，他觉得制度上的革新做起来并不容易，因为对良好现状的任何改变都可能导致每况愈下，而非蒸蒸日上。正如下一章要讨论

的，司马光保守主义的这些特征共同定义了他在宋代朝政中的特殊角色。

一 等级制的保护功能：司马光
对君臣关系的观念

在政论文章与历史著作中，司马光一致地论述了这样的理念——君臣应当一起守护等级秩序，也就是说人君应当掌握至高无上的权力。司马光认为，这种等级秩序是防止社会陷入混乱、冲突乃至毁灭的重要保障。因此，等级秩序不仅仅利于人主，而且和平与安定对整个社会而言都是有益的。

为了理解司马光对于等级制度的观点，我们需要检视的文本不仅包括他对历史的看法，还有他的保守派现实关怀。如他自己承认的那样，他的一些最为重要的理念得自对历史的研习。[2]司马光相信《资治通鉴》的读者能够也应当从他对历史的解释中获得道德与实用的教益。他在《资治通鉴》中写道："臣今所述，止欲叙国家之兴衰，著生民之休戚，使观者自择其善恶得失，以为劝戒。"[3]

尽管司马光声称他希望读者自己得出结论，但实际上他还是希望他们从历史中学到的教训和自己学到的是一样的。为了指导读者对他的历史叙述产生预期中的反应，他以"臣光曰"为开头插入自己的评论。另外，正如陈明锍指出的，司马光有时会为了证明自己的观点而有选择地使用材料。[4]事实上，《资治通鉴》中历史人物的长段言论或者上书常常是构成其整体历史叙述的一个部分。其他的长段引文则有些和大的历史事件没有明显的关联，但看起来能代表他自己的观点。这些引文往往包含了司马光认为的非常宝贵的历史教训。[5]

与司马光对历史教训的兴趣相关的一个现象是，他将历史类比

37

作为重要的工具，在政治讨论中劝说别人。下章讨论司马光的政治生涯时，会援引很多这样运用历史经验的例子。这种论辩方式可行的先决条件是被说服者也认为历史经验对当下的近似问题是有意义的。而司马光有时确实能说服人，就说明当时这个先决条件是存在的。[6]

他从历史中获得的一些教益是直接关于士大夫（学者官僚）家族的自我保护的。他的保守性有个典型的表现：他对家族命运的主要关注不在于获得更大的成功，而在于预防灾祸与衰落。在《资治通鉴》中，他引用了出身于累世为官的唐代望族的柳玭的教诲。据司马光说，柳家保持显贵是由于家族成员孝顺恭敬——尊重家庭中的老人，坚持遵守礼法。柳玭告诉家族中的年轻人：

> 凡门地高，可畏不可恃也。立身行己，一事有失，则得罪重于他人，死无以见先人于地下，此其所以可畏也。门高则骄心易生，族盛则为人所嫉；懿行实才，人未之信，小有玼颣，众皆指之：此其所以不可恃也。故膏粱子弟，学宜加勤，行宜加励，仅得比他人耳。[7]

显贵的家族通过远离灾祸来延续家族的辉煌，然后，就是要勤勉地向学、工作，戒骄戒躁，居安思危。就《资治通鉴》的主要叙事脉络来看，柳玭这段话与其关系不大，毫无援引的必要。司马光将它纳入文本明显是为了启迪读者。

有趣的是，我们注意到司马光的后代很重视司马光关于家族自我保护的指导。司马光的孙子司马朴抄录了上述来自柳玭的引文，在司马朴死后，他的儿子司马作命一个匠人将司马朴的这段手迹刻石。[8]

司马光也重视其中的教益。在元丰八年（1085），他结束了15年退处政务之外的状态，回到了权力的中心。他依然遵循着思维定式，认为现有的成就很难获得，也很容易丧失，在个人取得巨大成就的时刻，司马光首先对自己家族中潜在的危险采取了预防措施。在元丰八年（1085）农历五月二十三日，司马光到了开封。二十七日，他成为门下侍郎。高太后代替年轻的哲宗皇帝做决定，她希望司马光回朝主持政局。[9] 仅在受命六天之后，司马光就给侄儿写了一封信，提醒侄儿不要妄图利用自己身居高位来牟利：

> 光近蒙圣恩除门下侍郎。此皆祖考余庆，家门厚福，致兹忝窃，诚为多幸。然光素无才能，加以衰老，久在沉散，绝望显荣。一朝升擢，出人意表，举朝之人悉非旧识，逆见忌嫉者何可胜数？而独以愚直之性处于其间，如一黄叶在烈风中，几何其不危坠也！是以受命以来，有惧而无喜。汝辈当识此意，倍须谦恭推让，伏弱于人，不可恃赖我声势，作不公不法，搅扰官方，侵凌小民。使为乡人所厌苦，则我之祸皆起于汝辈。

他打算要求家乡的地方官对子侄辈严加管束，防止他们生事。他向侄子解释说这也是为他们好，希望他们不要怪他。[10]

对待家族，司马光在意的是远离事端、不堕家声；同样，对待国家事务，他关注的是和平安定。对他而言，一项极为重要的历史教训就是：和平稳定难得易失。因为宋朝有幸维持了很长时间的和平与稳定，对宋朝政府而言，当务之急应当是维持使人欣慰的现状。嘉祐六年（1061），司马光在一篇题为《保业》的上书中陈述了他的这一思想。在简要概述自西周以降到宋初两代，各王朝兴衰隆替之后，他接着写道：

> 由是观之，上下一千七百余年，天下一统者，五百余年而已。其间时时小有祸乱，不可悉数。国家自平河东以来，八十

余年内外无事，然则三代以来，治平之世未有若今之盛者也。今民有十金之产，犹以为先人所营，苦身劳志，谨而守之，不敢失坠。况于承祖宗光美之业，奄有四海，传祚万世，可不重哉！可不慎哉！《夏书》曰："予临兆民，凛乎若朽索之驭六马。"[11]《周书》曰："心之忧危，若蹈虎尾，涉于春冰。"[12] 臣愿陛下夙兴夜寐，兢兢业业，思祖宗之勤劳，致王业之不易，援古以鉴今，知太平之世难得而易失。则天下之生民，至于鸟兽草木，无不幸甚矣。[13]

这份上书包含了司马光思想中的一些重要特征。第一，正如前文提到的，他从历史中吸取的一个重要教训就是和平"难得而易失"；第二，他认为捍卫过去所取得的成就可以表现出对先人的尊敬；第三，他将维持天下太平比于小康之家维持家业，更可见他对个体和家家户户的安危的重视。

尽管司马光真诚地希望守护千家万户的平安，但将王业比于家业并不是他的发明。早在延熹九年（166），东汉的官员陈蕃曾上书桓帝（147～167年在位）。上书的目的是说服桓帝遏制宦官的政治影响。上书中的一个段落，从某种程度上说与上一段司马光的引文惊人相似：

陛下超从列侯，继承天位。小家畜产百万之资，子孙尚耻愧失其先业，况乃产兼天下，受之先帝，而欲懈怠以自轻忽乎？诚不爱己，不当念先帝得之之勤苦邪？

这段引文见于《后汉书·陈蕃传》，此后也出现在司马光的《资治通鉴》中。[14]司马光在编写《资治通鉴》东汉部分之前很久就写下了自己上书中的那个段落。不过，因为《后汉书》是学习历史的基本读物，而司马光自幼就对历史有着浓厚的兴趣，我们有理由推断他在年轻的时候就读过《陈蕃传》。因此，可以说司马光不但引证历史教训、主张维持前人的既有成就，而且模仿了前人的论辩模式。

对司马光而言，严格的等级制度对于维护和平与稳定至关重要，正如陈明铼指出的，在《资治通鉴》中，司马光"认为等级秩序是孔子思想中非常核心的部分，也是政府与全社会的基石。《左传》强调等级秩序，这点对司马光影响很大"。[15]事实上，等级秩序不仅在司马光对历史的理解中十分重要，也影响到他一般的政治思想。

在等级秩序中，君王显然占据了最高的位置。司马光认为就好 41 比天地不能被颠倒过来一样，君臣的秩序更不能被改变，除非臣子就好比传说中的圣王汤武，他的君主是桀纣一样的暴君，不然反叛就没有正义性。臣子唯一合法的选择是用生命尽忠。[16]

既然君王是政府的首脑，那他是最应当支撑起等级秩序的人。司马光写道："臣闻天子之职莫大于礼，礼莫大于分，分莫大于名。"维护礼制意味着确定每个人都待在等级制度规定的合适位置之上。[17]

礼在这里不仅是庆典与礼节，它更是一种严格的等级秩序。当人们服从上级、遏制自己逾越分寸的追求时，就不会有冲突和暴力竞争。因此等级制度是对抗混乱的终极保障，它对每个人有益。[18]司马光对于战国时等级制度的崩溃，评论道：

> 乌乎！君臣之礼既坏矣，则天下以智力相雄长，遂使圣贤之后为诸侯者，社稷无不泯绝，生民之类糜灭几尽，岂不哀哉！[19]

显然，在捍卫"礼"和等级秩序的时候，司马光从根本上希望为每个个体维护秩序与和平，而非仅仅关注权力分配本身。如果把这一理论应用到司马光自己的时代，他的关注——维护王朝来之不易的和平安定——就再次显现出来。

君王要支撑起等级秩序，就需要牢固地掌控整个政府。司马光
认为，帝王要掌控大局，最好不要被行政系统的无数细节分散注意
力，而是应当专注于政府的人事安排。正如第一章提到的，司马光
敦促君主将政府运作的具体细节委派给官员，安东尼·萨瑞提把这
看作司马光限制君主权力的尝试。据萨瑞提所言，司马光认为一旦
君主将行政权力委派给官员，君主就把自己的角色限定为一个裁断
者，裁断者的职能就是防止任何一方的官僚垄断权力。再者，官员
作为古典传统的解释者，应当比君主有更高的道德权威。[20]尽管司
马光有时将君主描述为裁断者，[21]但萨瑞提的分析忽视了司马光要
求统治者委派权力的真实动机。

司马光的本意是既然一个人的能力是有限的，统治者需要集中
精力来完成最重要的任务。他在治平元年（1064）上书给英宗皇
帝道：

> 盖以王者奄有四海，君临亿兆，若事无巨细，皆以身亲之，
> 则所得至寡，所失至多矣。古语有之曰："察目睫者不能见百
> 步，察百步者亦不能见目睫。"非不欲兼之，势不可也。是以明
> 王为之不然，总其大体，执其枢要，精选贤能，任以百职，有
> 功者赏，有罪者诛。故处躬不劳，而收功甚大。用此道也。[22]

司马光显然认为统治者应当重点关注人事任命的三个方面，用
他的话来说，"臣闻致治之道无他，在三而已：一曰任官，二曰信
赏，三曰必罚"。[23]正如包弼德指出的，司马光认为统治者需要履
行这三个基本职能使政府妥善运转。[24]司马光对他侍奉的每一位皇
帝都呈上了这个建议。[25]根据他的建言，皇帝应当决定任命哪些官
员，并且依照官员的表现来进行奖惩。换句话说，官员被皇帝指派
到他们的岗位之上，他们在任上的所作所为须对皇帝负责。显然，

相较于受官僚体系的道德权威制约的裁断者，司马光理想中的统治 43
者拥有更多的权力。

为了恰当地实现他的三项目标，君王必须首先践行这三种美德。司马光写道：

> 臣窃惟人君之大德有三：曰仁，曰明，曰武。仁者，非妪
> 煦姑息之谓也。兴教化，修政治，养百姓，利万物，此人君之
> 仁也。明者，非烦苛伺察之谓也。知道谊，识安危，别贤愚，
> 辨是非，此人君之明也。武者，非强亢暴戾之谓也。惟道所
> 在，断之不疑，奸不能惑，佞不能移，此人君之武也。故仁而
> 不明，犹有良田而不能耕也；明而不武，犹视苗之秽而不能耘
> 也；武而不仁，犹知获而不知种也。三者兼备，则国治强；阙
> 一焉则衰，阙二则危，三者无一焉则亡。自生民以来，未之或
> 改也。[26]

司马光也向他所有侍奉过的君主提出了这样的建议。[27]

君主需要实现三项目标与践行三种美德，这是司马光思想中一个极端重要的组成部分。当司马光将这些想法上呈给他侍奉的最后一位皇帝——哲宗时，他写道：

> 臣历观古今之行事，竭尽平生之思虑，质诸圣贤之格言，
> 治乱、安危、存亡之道，举在于是，不可移易。[28]

在《资治通鉴》中，司马光常常强调那些能说明三项目标与三种德行重要性的历史案例。比如，在评论大和八年（834）史事时，他认为唐文宗未能消除朝堂党争的原因是任人不明，赏罚失当。[29]在司马光评论太元五年（380）史事时，他论述了前秦王朝 44
统治者苻坚（338~385）因为未能明赏罚而自取灭亡。[30]

尽管司马光明确地希望统治者来履践他所规定的那些德行，但是他一直强调政府事务的最终决定权应当在皇帝手中。正如包弼德所指出的，司马光强调给君主施加某些限制的历史教训，同时，"也使得君主对国家的存亡负全责。恰恰因为政府职能要通过不同权力层级来实现，君主的作用，比任何其他的位置，对于整个政府运作的影响都要大"。[31]君主的全责只有在他拥有至高无上的权力之时才说得通。

因为司马光希望君王能够在政府中掌握至高无上的权力，他的建议是君主委派权力不应当是无条件的。他明确反对那些会危及君主权力的委任。正如王曾瑜指出的那样，宋代军事体系中的一个主要问题是军权过于集中在朝廷手里。[32]可是，司马光还是警告说要防止军权的分散。嘉祐七年（1062），他上书给仁宗说那些负责与西夏接壤区域的军官享有太多的自主权。他把这些军官的权力与唐朝边疆的节度使相比，并提醒称放任此种情况发展下去，会最终滋生出不臣的官员。[33]

尽管司马光敦促他的君主广开言路，但他的本意并不是要为臣子树立更高的道德权威，反而是要保护君主的权力。因为君主的时间与精力都有限，他必须依靠他人来获取关于帝国各种情形的信息。比如，在嘉祐元年（1056），他上书仁宗说道：

> 臣愚以为治古谏争无官……无有不得言者，所以达下情而察国政也。若置官而守之，非其官者皆不得言，则下情壅而不通。如是，则国家虽有迫切之忧，行道之人皆知之，而在上者莫得闻也。此其为害，岂不深乎？[34]

换言之，如果君主只是偏听一些官员的话，他们也许会壅闭君主的视听，使他无法接触到某些重要的信息。为了防止这种危险的情形出现，君王需要尽可能保证信息的多元。

司马光不仅敦促君主控制政府，也提醒人臣注意节制，不要侵占君主的权威。他认为好的官员应当自动为权力设限，来保护自己与家族的安全。据司马光所说，当两个或两个以上的几乎同等地位的人为皇位而竞争的时候，权力斗争就不可避免，哪怕他们原本关系亲厚。[35] 尽管司马光在这里说的是皇帝不应不立太子而同等对待所有皇子，但这个基本原则在他分析君主与权臣的关系时依然能用上。基于这个基本预设，臣子在权力过于膨胀时会被视为君主的潜在威胁。结果，君主很可能在其反叛之前就先下手为强，将权臣的政治力量消除干净。

在《资治通鉴》中，西汉霍光（？~前 68）是一个没有意识到自己过久地把持了太大权力的负面典型。司马光在记载霍光家族覆灭处写下了这样的评语：

> 霍光之辅汉室，可谓忠矣；然卒不能庇其宗，何也？夫威福者，人君之器也；人臣执之，久而不归，鲜不及矣。以孝昭之明，十四而知上官桀之诈，固可以亲政矣。况孝宣十九即位，聪明刚毅，知民疾苦，而光久专大柄，不知避去，多置私党，充塞朝廷，使人主蓄愤于上，吏民积怨于下，切齿侧目，待时而发，其得免于身幸矣，况子孙以骄侈趣之哉！虽然，向使孝宣专以禄秩赏赐富其子孙，使之食大县，奉朝请，亦足以报盛德矣；乃复任之以政，授之以兵，及事丛衅积，更加裁夺，遂至怨惧以生邪谋，岂徒霍氏之自祸哉？亦孝宣酝酿以成之也。[36]

因而有两个相关的因素导致霍氏家族的覆灭：一是霍光没能退回等级制度中臣子应当谨守的合适位置，而让他的家族长期处在嫉妒与怀疑之下；二是宣帝允许霍家超越本分地把持权力，事实上导致了他们的反叛与覆灭。

一个大臣成功自保的正面例证是张良（？～前186）。在襄助汉高祖（前206～前195年在位）建立汉朝之后，张良声称他绝意于世事，他抛下政治权力，按照赤松子的教导，通过辟谷练气追求长生。司马光评论道：

> 夫生之有死，譬犹夜旦之必然；自古及今，固未有超然而独存者也。以子房之明辨达理，足以知神仙之为虚诡矣；然其欲从赤松子游者，其智可知也。夫功名之际，人臣之所难处。如高帝所称者，三杰而已；淮阴诛夷，萧何系狱，非以履盛满而不止耶？故子房托于神仙，遗弃人间，等功名于外物，置荣利而不顾，所谓"明哲保身"者，子房有焉。[37]

47 因为张良已经在官僚系统中升无可升，他唯一不挑战等级体系的做法是从中撤出。他追求长生类似一个善意的谎言，为的是不对汉朝的等级秩序构成潜在的威胁。司马光说，张良的全身而退可以充分地表现其明智。从司马光对张良与霍光家族的分析中，可以明显地看到大臣及其家族最好的自保之道是避免那些可能威胁君主权威的举动。在讨论到礼制时，司马光再次持论说遵守等级秩序不但对上位者有益，也对下属有益。

不过，司马光也认识到等级秩序并非总是合乎每个个体的利益。一项与等级秩序紧密相关的重要的道德观念就是臣子对君主的忠心。司马光笃信忠诚比个人的自我保护更有道德价值。他的观念体现在对五代名臣冯道（882～954）的评论之中。[38]冯道历仕五朝。早在庆历五年（1045），司马光写道：

> 忠臣不二君，贤女不二夫。策名委质，有死无贰，天之制也。彼冯道者，存则何心以临前代之民，死则何面以见前代之君？自古人臣不忠，未有如此比者。[39]

司马光对于冯道（以及对于忠诚问题）的看法保持了一生。很多年后，在《资治通鉴》中他表达了同样的观点。[40]

对司马光而言，当与道德原则冲突的时候，自我保护就失去了价值：

> 或谓道能全身远害于乱世，斯亦贤已。臣谓君子有杀身成仁，无求生害仁，[41]岂专以全身远害为贤哉！[42]

尽管司马光对于忠诚的信仰有时阻碍了他对自我保护的关注，但这一信仰与他维护过往成果的追求是一致的。司马光认为，如果 48 不维护忠诚的价值观，一个国家无法存续很久。因此他批评那些因为冯道为他们的新王朝效忠而嘉奖冯道的君主们：

> 夫为国家者，明礼义，奖忠良，褒义烈，诛奸回，以厉群臣，群臣犹爱死而忘其君，况相印将节以宠叛臣，其不能永享天命，宜矣！[43]

换言之，通过嘉奖冯道，五代的君主树立了一个坏的典范来供群臣效法。一旦官员们了解到可以转投新的政权来保存自己的财富、地位，他们在篡夺与反叛中捍卫自己现在的君主的可能性就降低了。

此外，司马光认为对旧主不忠的人未必会对新君很有用。他写了冯道不忠，向一个个灭他故国的新君投诚：

> 彼相前朝，语其忠则反君事雠，语其智则社稷为墟；后来之君，不诛不弃，乃复用以为相，彼又安肯尽忠于我而能获其用乎！故曰，非特道之愆，亦时君之责也。[44]

在司马光眼中，汉朝的建立者高祖皇帝是一个理解忠诚价值的正面典范。在《资治通鉴》的评论中，他详细解释了高祖处决丁公（？～前202）的智慧。秦（前221～前206）亡后，楚汉逐鹿，丁公在高祖的对手项羽（前233～前202）手下担任军官。在一场战斗中，丁公围困了高祖。高祖急于逃生，对丁公说"两贤岂相厄"，成功劝他撤军。后来高祖击败了项羽，建立汉朝，他以不忠于项羽的理由处决了丁公。司马光评论道：

> 高祖起丰、沛以来，罔罗豪杰，招亡纳叛，亦已多矣。及即帝位，而丁公独以不忠受戮，何哉？夫进取之与守成，其势不同。当群雄角逐之际，民无定主；来者受之，固其宜也。及贵为天子，四海之内，无不为臣；苟不明礼义以示之，使为臣者，人怀贰心以徼大利，则国家其能久安乎！是故断以大义，使天下晓然皆知为臣不忠者无所自容；而怀私结恩者，虽至于活己，犹以义不与也。戮一人而千万人惧，其虑事岂不深且远哉！子孙享有天禄四百余年，宜矣！[45]

显然，处罚不忠以强制忠诚是符合君主利益的。不过，对司马光而言，忠诚不仅仅对君王有利，对大多数臣下而言也是有利的。当君主处在等级制度的顶端，地位稳固时，天下也会太平。正如本章之前提到的，司马光相信君臣之礼一坏，混乱就会发生，许多人会因此丧生。所以，尽管对个人而言，忠诚有时与自我保护相冲突，但通常来说，稳定与和平总是好的，因此（大臣以生命为代价来履践忠诚）符合更多人自我保护的利益。

这一部分展示了司马光认为君主应当在等级秩序中享有至高无上的权力。这一认知与他希望维护宋朝此时来之不易的和平与稳定密切相关，也形成了他保守主义思想的一个组成部分。下一部分将通过分析他对于制度改革、财政政策、人事管理的看法，来继续检视他的保守主义。

二 政府机构、财政政策与人事管理

与对等级秩序的看法一样，司马光对制度改革、人事管理与财 政政策的观点，同样也反映了他非常关注保存现有成果。他在书写 中常常流露出对过去的人以及他们的思维、行动方式的敬意。伴随 着这种敬意，司马光相信人们对于现状能做的改善是非常有限的。 对他而言，超过前辈非常困难，一时不慎就会变得更糟。所以，对 于政府的政策，他更关注如何避免灾祸，而非出色地改进。

司马光关于政府政策的思考远早于他和王安石就变法问题展 开论争。司马光在这次争论中的角色不是这一章的讨论重点。我 们会在第七章详细讨论神宗皇帝治下他的从政及其反对新政的 细节。

正如第二章所揭示的，司马光受到父亲司马池保守主义倾向的 深刻影响，根据庞籍的描述，司马池认为过去的人至少和当下的人 一样明智，人们不能指望找出比过去更妙的解决之道。[46]从一般原 则而言，司马光完全赞同他父亲的看法。因为相信儒家的信条具有 永恒的有效性，他认为后世的作者应当不断重申它们，无论它们看 起来多么老生常谈。在嘉祐二年（1057），他写道：

> 或谓迁夫曰："子之言甚庸，众人之所及也，恶足贵哉？" 迁夫曰："然"。余学先王之道，勤且久矣。惟其性之惰也， 苦心劳神而不自知，犹未免夫庸也。虽然，古之天地有以异于 今乎？古之万物有以异于今乎？古之性情有以异于今乎？天地 不易也，日月无变也，万物自若也，性情如故也，道何为而独 变哉？予之于道也，将厌常而好新。譬夫之楚者不之南而之 北，之齐者不之东而之西，信可谓殊于众人矣，得无所适失其 所求，愈勤而愈远邪？呜呼，孝慈仁义、忠信礼乐，自生民以

50

51

来，谈之至今矣，安得不庸哉？如余者，惧不能庸而已矣，庸
何病也？[47]

换言之，因为天道不曾改变，所以人们需要常常被提醒那些古老的
智慧。为创新而创新只会带来不好的结果。

在政府事务中，司马光依然用怀疑的态度审视变革。正如包弼
德指出的那样，司马光显然相信大大改变政府在社会中扮演的角色
是相当危险的。[48]事实上，司马光相信，大体而言，改变迄今为止
运转良好的政府机构和政策是不明智的。

这种观点在他论及汉朝著名的宰相曹参（？～前190）时得到
了很好的展现。在熙宁二年（1069）农历十一月十七日，司马光
与神宗皇帝讨论了他在《资治通鉴》中对曹参的总结。作为宰相，
曹参最出名的事迹是拒绝对前任宰相萧何（？～前193）和高祖皇
帝所建立的机构或政策进行任何改变。他确信，唯一要务是政府要
顺畅运转，必须提拔谨慎可靠的人到最关键的岗位上。为了防止别
人向他提议变革，他总是在访客要谈严肃议题前就抢先将其灌醉，
使他们醉得无法提出变革的建议。

当惠帝（前194～前188年在位）问他为什么这么做时，曹参
解释说，惠帝虽然很英明，但比不上他的父亲高祖，同样，曹参自
己也没有前任宰相萧何能干。因为高祖和萧何已经为国家确立了一
套行之有效的制度，惠帝和曹参所能做的最好的选择就是遵循这套
系统，避免偏差。在司马光看来，曹参的保守主义在他死后带来了
一段繁荣的岁月。[49]

52　　　神宗皇帝希望在政府中实施重大的变革，表达了他对于保守主
义的怀疑："使汉常守萧何之法[50]，久而不变，可乎？"司马光回
答说汉朝的君王和大臣永远都不应该改变由高祖和萧何建立起来的
制度。在西汉，国家后来的衰落只是因为君王偏离了已经建立起来
的制度与政策。在司马光看来，其他朝代也可以看到保守主义的益

处与变化带来的恶果。夏、商、周的子孙，如果能够谨守建国者的制度与政策，他们的王朝就不会衰落灭亡。所以，历史展现了君王谨守成法的重要性。[51]

可是，如果庞籍对司马池保守主义的描述是准确的，那么司马光的保守主义看起来并没有他父亲的那样死板。不像司马池，司马光认识到在某些情形中，变革也会带来积极的结果。比如在《资治通鉴》中，司马光解释了大经学家、将领杜预（222~284）的创新何以成功。

> 杜预以孟津渡险，请建河桥于富平津。议者以为："殷、周所都，历圣贤而不作者，必不可立故也。"预固请为之。及桥成，帝从百寮临会，举觞属预曰："非君，此桥不立。"对曰："非陛下之明，臣亦无所施其巧。"[52]

在别处，记录完杜预的革新惠及百姓之后，司马光注意到杜预在政府政策方面也有很多革新。人们对他的无穷智慧印象深刻，于是叫他"杜武库"。[53]

有趣的是，在造桥的一小段插曲中，反对造桥的说辞和司马池反对启用陕西运盐捷径时的理由几乎一模一样：既然过去的人没有这样做，那一定有他们的道理。[54]司马光在《资治通鉴》中收录这个小小的插曲，似乎是在某种程度上否定他父亲早年的论断。或许可以看作那么一个短暂的瞬间，司马光打破了他保守的模式，为变革辩护，而非反对它。

不过，如果我们将司马光对杜预的描述纳入他思想的基本框架之中，就会发现这种革新与司马光的保守主义并非互不相容。司马光并不反对那些可以趋向改善的微小调整。他反对的是那些轻率的、彻底改变成规的根本性大变。他有一次向神宗皇帝批评王安石的改革：

53

> 且治天下，譬如居室，敝则修之，非大坏不更造也。大坏
> 而更造，非得良匠美材不成。今二者皆无有，臣恐风雨之不
> 庇也。[55]

换句话说，在正常情况下，政府机构和政策能够从小的调整中获得
良好的效果。只有在现行的系统已经严重不适用时，才需要考虑进
行根本变革。即便如此，也需要招募有聪明才智的人来准备一个万
全的好方案。

正如上一节提到的，司马光认为北宋享有历史上少见的长久和
平。所以毫无疑问，他认为现行的政府体制大体上是适用的，不需
要进行根本性的大调整。因此自然而然，他将皇帝的职能定义为控
制百官，而非创设新机构、新政策。正如他告诉仁宗皇帝、神宗皇
帝的那样，真正改善政府行政、惠及百姓的关键，"在于择人，不
在立法"。如果地方行政长官称职，人民自然会从中受益，用不着
变法。如果不合适的人选被任命为地方官，种种新法只会给人民带
来危害。[56]

司马光关于人事管理的观点反映了保守的思想。他常常在讨论
54　人才问题的时候使用二分法。一般对于评价个人而言，他觉得德比
才更"贤"。[57]他这样定义个人的德、才与贤：

> 夫才与德异，而世俗莫之能辨，通谓之贤，此其所以失人
> 也。夫聪察强毅之谓才，正直中和之谓德。才者，德之资也；
> 德者，才之帅也。……是故才德全尽谓之"圣人"，才德兼亡
> 谓之"愚人"；德胜才谓之"君子"，才胜德谓之"小人"。

换句话说，理想的情况下，德与才应当互补。可是，人们需要
永远记住德行是更不可少的素质。作为官员，缺乏才能总比缺少德
行要好。所以，当为官守选才之时，德行是最基本的考量因素。事

实上，那些才华胜于德行的人是最危险的。司马光接着说：

> 凡取人之术，苟不得圣人、君子而与之，与其得小人，不
> 若得愚人。何则？君子挟才以为善，小人挟才以为恶。挟才以
> 为善者，善无不至矣；挟才以为恶者，恶亦无不至矣。愚者虽
> 欲为不善，智不能周，力不能胜，譬如乳狗搏人，人得而制
> 之。小人智足以遂其奸，勇足以决其暴，是虎而翼者也，其为
> 害岂不多哉！

司马光因此提醒读者注意，仅凭才智来判断一个人是危险的：

> 夫德者人之所严，而才者人之所爱；爱者易亲，严者易
> 疏，是以察者多蔽于才而遗于德。自古昔以来，国之乱臣，家
> 之败子，才有余而德不足，以至于颠覆者多矣……故为国家者
> 苟能审于才德之分而知所先后，又何失人之足患哉！[58]

尽管司马光相信德比才更重要，但他也认识到有时才智更加有
用。他在一篇文章中阐述了德与才的相对重要性：

> 为国家者，进取莫若才，守成莫若德。进取不以才则无
> 功，守成不以德则不久。陈平贪污之人也，韩信无耻之士也，
> 樊哙屠者，而郦食其酒徒也，天下之至贱无行者也，[59]然其才
> 皆有过人者，汉祖举而用之，故蹴秦仆项而卒兼天下也。[60]

换言之，当要克敌制胜、建立新的秩序时，人主需要利用所有
的人才。可是当守成的时候，德行应当是优先的。司马光用战国时
代的一个故事解释了这个思想：

55

047

魏国置相而用田文，吴起不悦，与之论功。田文曰："我战斗治民皆不如子，若主幼国危，大臣未附，百姓不信，当是时，属之子乎？属之我乎？"吴起乃谢曰："属之子矣。"此言田文无他技能，唯忠厚可信也。夫有德者，必不反其君，故可以托六尺之孤，寄百里之命，[61]为社稷臣。有才者不必忠信，故以羁策御之，而为德者役也。然则，德者掌也，才者指也，掌亡则指不可用矣。[62]

考虑到司马光强调宋朝的守成，他强调德行才是根本是自然的。他解释了在一个王朝的不同历史阶段，才德的相对重要性：

是故民者田也，国者苗也，才耒耜也，德膏泽也。进取不以才，犹无耒耜而耕也，虽勤灌溉，不能生矣。守成不以德，犹既种而无膏泽也，苗槁无日矣。故人主利其耒耜以垦治其民，而封殖其国；又引膏泽以溉之，使其本根深固而枝叶蓊茂。故子孙谨守其畔，获而食之而已，复何为哉！[63]

不过，当考虑到政府的细节时，司马光注意到需要通过才能来实现具体政策。如果就着手指和手掌的比喻继续下去，我们可以发现他还是认为在新秩序建立起来之后，仍要把才能看作德行的补充。他一方面大体上把德行看作官员任命的基本准则，另一方面也认识到有德的官员只有在适合他发挥才智的任上才能表现良好。在给仁宗皇帝的上书中，司马光写道，期望一个官员同时精通写作、军事、地方行政、断狱以及财政问题，这是不现实的。最好的方法是君王知人善任，让官员们处在适合他们才智与性情的职位上，并且能够久任。[64]

司马光坦陈，他希望延长官员任期的建议与当时的做法不合。[65]所以他实际上提出了变革已有的人事政策的诉求，尽管没有触及政府的制度性结构本身。可是，对司马光而言，这个建议不是革新，而是敦促他的君王恢复本朝先王推行过的政策，换言之，司马光觉得与其说他是在提议变革，不如说是纠正现行制度对旧制度的偏离。[66]

司马光对经济问题的看法与他对政府体制的看法类似。正如叶坦指出的，司马光致力于提高自己任职之地的生产力。[67] 显然他认识到宋朝的经济有发展潜力，可他依然觉得经济发展是有上限的，而这个上限离宋朝已经达到的水平并不太远。换言之，尽管可以对从前人继承的经济做小的改进，但是激烈的大变则不太可能带来好结果。因此，可以大概从他对财政政策的看法中总结出这样的结论：国家的财富总量是有限的。[68]

当熙宁元年（1068）与王安石争论改革时，司马光说："天地所生货财百物，止有此数，不在民间，则在公家。"如果政府从人民处搜刮了过多的财富，人民剩下的财富就不能够满足生活需求。如果这种情况出现了，就可能发生叛乱，国家的稳定就受到了威胁。[69]

因为政府不应该给人民施加过多的负担，解决政府财政问题的最佳途径是厉行节俭。而铺张浪费损害百姓利益可能导致政治动荡，所以穷奢极欲对谁都没有好处。司马光用历史来支持他的观点，他认为唐玄宗（712～756 年在位）的穷奢极欲导致了在他统治的后半期唐王朝的衰落。[70]

司马光相信国家不可能生产出超过一定限量的财富，也相信国家生产力会出现显著下降。如果太多的人脱离生产活动，现有的物质资源会急剧减少。所以，他一贯反对让农民离开土地从事军事训练的政策。[71]

战争会消耗物力与减少人口，所以司马光反对军事扩张主义。在《资治通鉴》中，他把东汉的光武帝（25～57 年在位）视为不穷兵黩武的正面典范。尽管他的国家军力强盛，但光武帝拒绝在西域用兵，以恢复汉朝对此地的控制。因此（司马光认为）他没有牺牲宝贵的人民来夺得国家不需要的遥远土地。[72] 相反，汉武帝（前140~前87年在位）则被司马光视为穷兵黩武的例证。据司马光言，若非汉武帝在其他方面胜任，并且在晚年罪己，改弦易辙，纠正军事扩张的国策，其军事冒险几乎要葬送他的国家。[73]

司马光反对越过边境进攻"蛮夷戎狄"，不仅因为浪费人力物力，还因为他认为这既不道德也没什么效果。据司马光言，尽管各族"蛮夷"有异于汉人，但同样是人，应该得到人道的对待。"蛮夷"也会向好的政府投诚，会反抗无节制的酷虐。所以统治"蛮夷"的关键在于成为一个更好的政府，而非无尽地杀戮。如果政府不能妥善地管理人民，哪怕是汉人也会反叛，更遑论"蛮夷"。在这种情况下，"又可尽诛邪？"[74] 换言之，坏的政府和军事入侵既伤害进攻方，也伤害遭受进攻的一方，而好的政府则能让所有人都受益。于是，和平与仁政就是维持宋朝良好现状的关键。

司马光认识到有时政府需要花费比通常情况下更多的资源，因为战争无法避免。受到入侵的时刻，政府需要在军事上有更大的开支。发生洪灾或旱灾的时候，政府还要拨出额外的粮食来赈灾。为了预防紧急情况，政府需要有充足的资源储备。可是，储备应当通过厉行节俭来积累盈余，而非加重人民的负担。[75]

虽然司马光希望政府节省开支，可他反对为此目的设立新的官僚机构。在嘉祐七年（1062），他给仁宗皇帝上书，要求减轻人民的负担。在上书中，他特别反对为此目的建立新的机构。司马光说，政府创设特殊的官职来减轻人民负担，新的官员就会设立许多新的规定，其中很多并不如被替换的旧规好。所以结果就是新规常常给人民带来损害，而非益处。真正的解决方法在司马光看来是充分利用建立已久的机构，改善人事管理。[76] 因此，在制度问题上的保守倾向也鲜明地体现在他对政府财政问题的意见之中。

非常值得注意的是，司马光建议政府节流并非意味着让个人与家庭支出更多。对他而言，节俭是政府与个人都应该践行的。他写了一篇文章，教给他儿子节俭的家族传统。文章写道：

> 夫俭则寡欲。君子寡欲，则不役于物，可以直道而行。小人寡欲，则能谨身节用，远罪丰家。故曰："俭，德之共也。"侈则多欲。君子多欲则贪慕富贵，枉道速祸。小人多欲则多求妄用，败家丧身。是以居官必贿，居乡必盗。故曰："侈，恶之大也。"[77]

与在讨论国家财政政策时一样，司马光也强调家庭财务需要把支出控制在资源限度之内。司马光说，尽管有家庭成员当高官时，一个家庭可以担负起奢侈的生活，可是要记住高薪待遇是不会永远持续的。当高官失势或者过世时，家庭就失去了高收入。如果家庭成员习于奢侈的生活，并且想要维持下去，家庭的财务状况就会崩溃。[78]

司马光认为，无论对家庭生计还是对政府政策而言，为艰难的时刻做足准备是重中之重。这种防患于未然的意识是他强调节俭的主要原因。司马光说，家庭需要有备于收入减少，正如国家需要有备于灾荒和外敌入侵。无论当下身处何种境遇，人们都不能忘记这一点。

司马光这种持续不变的警惕在以下事件中得到了充分的展示。 60
嘉祐七年（1062）七月，仁宗的官员们庆贺一场旱灾终于结束。司马光拒绝像其他官员一样对此满足，他提醒仁宗说："陛下安知来岁之旱，不甚于今岁乎？"[79]

上述引文大致抓住了司马光经济思想乃至保守主义的精神：守成和防灾都是时刻不能忽视的艰巨任务。维护等级制度、反对制度改革、强调个人操行，以及提倡节俭都是为此目的服务。

结　语

本章的两个部分论述了司马光认为过往应当受到珍视。通过借鉴往事，人们可以学到与现实相关的经验教训。同时，当下最重要的任务之一就是维护已经取得的成就。因为过去的人们至少和当下的人一样明智，也因为现有的可用资源是有限的，故而很难去完成过去未曾考虑的重大改善。所以，任何指向激进革新的提议都应该受到怀疑。在司马光心中，学习历史与其保守主义思想是密切相连的一体。

正如下面诸章即将揭示的那样，在生命中的绝大多数时候，司马光的行动与他的思想体系是一致的。只有在他生命的最后 18 个月，他的施政方略才与思想体系产生了张力。这种张力，以及他在最后 18 个月里的举动，将在第八章予以分析。

第四章

发达之路：与皇室建立特殊关系

本书剩下的章节将通过研究司马光在政坛影响力逐渐上升的阶
段（1057~1086）来分析宋代皇室的政治动态。本章将要讨论司马
光在仁宗末年解决继承问题时所扮演的角色。仁宗没能留下自己的
子嗣，这给宋朝埋下了利益冲突的隐患。皇帝个人的控制欲并非始
终与国家长治久安的需求相一致。再者，官僚也可能会与帝王以及
国家产生利益冲突。当司马光试图说服皇帝立嗣时，他论证了认宗
亲为嗣子符合君王的个人利益，符合国家长治久安的需要，也符合
高级官员的利益。司马光在劝说中表达了不同方面的利益诉求，因
此被所有的利益集团接纳。这次成功的劝说为司马光在宋朝政坛的
晋升铺平了道路。

正如第二章揭示的那样，司马光的家庭背景以及庞籍对他的提
携，为他此后在宋代官僚体系中的发展奠定了坚实的基础。不过，
在庞籍无法维护他的利益之后，司马光需要更加独立地经营自己的
仕途。幸运的是，离开庞籍的保护以前，他已经开始（也许是不
知不觉地）建立起与皇室的特殊关系。这种关系，终其一生，为
他的仕途提供了极大的助益。和其他官员一道，他成功地劝说仁宗
认后来的英宗为皇嗣。司马光并非这个议题的首倡，但他在立嗣过
程中起了决定性作用。被指为皇嗣使得英宗在仁宗去世后继承皇
位，英宗的儿子神宗和孙子哲宗也因此最终成为天子。所以司马光
对英宗及其后代的恩情大到他们几乎无法报答。此外，考虑到皇室

继承对于宋朝稳定的重要性，司马光在立英宗为嗣这一问题上起到的作用也为他在官员群体中赢得了尊重。

关于为仁宗选择嗣子的讨论始于嘉祐元年（1056）仁宗皇帝重病的时候，当时仁宗已经 47 岁，做了 35 年的皇帝。[1] 司马光描述仁宗的病情危重到"旬日不知人"。[2] 因为仁宗的儿子均已早亡，如果他一病而亡，且没有指定嗣子的话，皇位的继承问题就变得极不确定。

历史记载表明了仁宗身体的病痛还伴随着突发的疯癫。在送别契丹使臣的宴会之前，仁宗皇帝忽然叫嚷，而且语无伦次。幸好近侍意识到他的病又犯了，匆忙请他回到内宫。同时，重臣文彦博（1006~1097）向契丹使节掩盖了这场事故，他宣称皇帝昨夜饮酒过量，所以现在身体不适。[3] 尽管宋朝和契丹自景德元年（1004）澶渊之盟之后就维持着和平的关系，但两国都把对方看作劲敌。任何向契丹暴露弱点的举动都会给宋朝带来尴尬与危险。[4]

仁宗的病不仅会危及宋朝的对外关系，也造成皇室内部的紧张。一次，当文彦博和其他一些高级官员入宫向皇帝请安时，仁宗从内廷出现，大喊着说皇后和宦官张茂则要谋害他。张茂则一听说这话，立即就想要自缢，幸亏其他宦官把他救了下来。文彦博后来告诉张茂则，仁宗的话是出于病中的妄想，如果张茂则死了，他的自杀会被理解成承认罪状，这样皇后就无法自证清白了。不过，尽管仁宗的指控没有让朝廷对皇后展开调查，但她还是很怕接近皇帝。另外，仁宗的女儿们都很年轻，其中最大的女儿福康公主已经患有精神疾病。事实上，她残存的理智不足以认识到仁宗皇帝也病了。结果就是留在宫中的人中，没有能为皇帝操持家务的。[5]

幸而文彦博有能力协调宫廷内外的事务，让宦官与大臣们都在他的影响下保持冷静。文彦博安排了高官们入宫值夜，尽管北宋无此先例。[6] 这一安排是为了进一步稳定宫中的态势，并且保持宫廷和朝廷间的密切沟通。可是，在皇帝失去理政能力的时段里，人们还是感受到反叛和诬告随时都可能出现。

下面的例子可以说明一些人显然有心利用这段充满不确定因素的时段。一天晚上，开封府推官王素忽然谒宫报告，也许是害怕夜色笼罩下的突然袭击，文彦博直到凌晨才开门。[7] 报告的内容是一名禁军士兵举报他的都虞候图谋造反。[8] 一些高官想要立刻拘捕和审讯这个都虞候，文彦博发现士兵的指控并无理据，只是挟私报复。于是文彦博决定处决这名士兵，以稳定军心。

救了这个被下属诬告的都虞候，文彦博自己也差点成为诬告的受害者。起初文彦博要自己签下判罪的文书，不过被他的同事王尧臣（1003~1058）用捏膝盖的方式提醒。文彦博明白了这个暗示，让另一个同事执政刘沆（995~1060）来签署。正如王尧臣预测的那样，仁宗病愈后，刘沆控告文彦博通过处决告发者来阻挠谋反大案的调查。幸好文彦博用刘沆的签字来自证清白。[9]

考虑到皇帝卧病期间的种种问题，人们很容易想见如果皇帝突然驾崩，没有人能确定谁来继承皇位，情况会糟糕得多。因而仁宗的病促使一些官员顺理成章地敦促他收养皇嗣。不过，确定皇嗣的人选是一件非常困难的事。如果此事轻而易举，一个平庸的官员就能办到，那么司马光的贡献就不足以为他赢得如此的尊重。

从某种意义上说，皇帝病得越重，立储就越不符合皇帝个人的利益，毕竟，立储的意义就在于让储君最终代替现任皇帝统治这个国家。如果现任皇帝病得很重，就可能诱使储君取而代之，或者由高官们拥立健康的新君，废去衰病的旧主。事实上，如果皇帝病得无法视朝理政，对整个国家而言，尽快由健康的嗣君取代他，会让境况更好。因此，储君是现任皇帝的潜在对手。皇帝越是衰病，越容易感受到储君对他的威胁。哪怕皇帝健康时，有一个潜在的对手都会让他非常不快。当然，如果皇帝关心帝国的未来，他早晚都要面对安排身后权力交接的责任。可是，面对这项责任对皇帝来说不是件容易的事。

64

为了进一步解释立储的难处和重要性，我们有必要探讨一下仁
65 宗皇帝以前的皇位继承。正如司马光所写，"及唐中叶以来，人主
始有恶闻立嗣者，群臣莫敢发言，言则刑戮随之"。[10]宋朝在仁宗
之前的皇位继承也不平顺。宋朝的建立者宋太祖和他的兄弟宋太宗
之间的继承问题困扰了史家数百年。当代的一些历史学者甚至认为
太宗为了夺取皇位谋杀了太祖。不过，并非所有宋史学者都接受这
一观点。现存的宋代史料对真相给出了矛盾的记载。完全解决这一
议题远超本文的讨论需要，我只想把问题限定在对本章有必要的范
围之内。[11]今天，没有现存的记载表明太祖公开指定太宗为其皇位
继承人。事实上，李焘（1115~1184）写道，约在唐天祐元年
（904）以前，立储的仪式并不存在，直到至道元年（995）太宗立
自己的儿子为储君时才出现。[12]这说明李焘同样没有掌握任何太祖
定太宗为皇位继承人的记录。再者，《辽史》将太宗的继承描述为
"自立"，强烈地暗示了这不符合太祖的意愿。[13]

在太宗继承兄长的皇位之后，时人普遍认为他自己的弟弟赵廷
美和太祖的儿子赵德昭也相应在皇位继承的序列上。结果，太宗认
为他们都是对自己地位的威胁，于是间接造成了他们的死亡。[14]从
某种意义上说，太宗的担心是有道理的。任何被推戴为未来君王的
人都会吸引部分官员的忠心。在太平兴国四年（979）太宗和契丹
的战争中，一次意外证明了这种危险。晚上的一次突袭使得恐惧在
宋军营中蔓延开来。因为仓促中找不到太宗，一些部众便策划把德
昭推上皇位。他们在找到太宗之后就放弃了这个计划。正如后来刘
子健教授指出的，这次事件向太宗表明德昭有从他手里篡夺皇位的
可能。于是，毫无意外地，太宗深深地记恨德昭。在一次激烈的争
执中，太宗拒绝了德昭的建议，并告诉他等他（德昭）做皇帝的
66 时候，可以按自己的意愿行事。意识到太宗对自己有如此深刻的怨
恨，德昭回府后自刎而死。[15]

从营中军官的角度来看，他们打算拥立德昭并非完全没有理

由。在战争的紧急状态之下，国家不能没有首脑。如果找不到现任皇帝，没法由他来担任领导者的角色，也许找一位新的天子可以缓解甚至解决这个问题。而太祖的儿子德昭也许是他们能在军营中找到的最具有合法性的皇位继承人。从太宗的角度来看，这个事件表明在特定情境下，他的部下很容易转投皇位继承序列中的下一个人，向其效忠。

在德昭死后，德昭的弟弟德芳被认为有可能是皇室继承顺位中的第一人。可是，在德昭死后不满两年，德芳暴毙，年仅二十三岁，死因不明。[16]在太平兴国七年（982）到八年（983），赵廷美被一再控告密谋篡位。结果是他被流放，并且不久就因为"忧悸"而患病，太平兴国九年，三十八岁的赵廷美去世。[17]

在德昭、德芳和廷美死后，太宗并不急于将任何人立为自己未来的继承人。他一直等到五十七岁时，才在儿子中立嗣。这个被选中的太子后来成了宋真宗。他是宋仁宗的父亲。在太宗立嗣的时候，他腿上的旧伤发作了，非常痛苦。[18]他或许感受到死亡即将到来，所以意识到有必要确定皇位继承人。可是即便在这种情况下，太宗依然倾向于把自己的储君视作对手。

当真宗作为储君第一次出现在开封民众面前的时候，民众高兴地向他致敬，因为他"真社稷之主也"。太宗听到之后非常不快，说："四海心属太子，欲置我何地？"副相寇准（961~1023）称太宗选择了优秀的储君，这是国家与后代的福分。他只能以此来安慰太宗。[19]

尽管太宗公开指定了嗣君，真宗的继位既不顺利也不容易。太宗一死，李太后和一些其他官员试图拥立太宗的长子元佐即位。也许是因为阴谋者们希望拥立一位柔弱的皇帝以便他们操控政府，而他们发现真宗才智敏锐，难以控制，所以转而支持有精神疾病的元佐。对真宗而言，幸运的是宰相吕端坚持太宗的意愿不容违背，挫败了阴谋。[20]

真宗晚年时也很不情愿指定储君。天禧二年（1018），他在陈执中（990~1059）和其他官员的催促下，正式册立了（后来的）仁宗为太子。[21]两年后，仁宗就为形势所迫，成了他父亲皇权上的对手，尽管他当时还是个十一岁的小男孩。[22]天禧四年（1020），真宗病了。宰相寇准和宦官周怀政悄悄要求真宗退位，传位给仁宗。在密谈时，真宗看起来同意了。可是他后来改了主意，没有采取任何措施传位给新君。周怀政明确地敦促真宗退位时，被指控密谋政变，并受到了处决。随之而来的是一场小规模的清洗，寇准也因此被贬。[23]

真宗也想处罚仁宗（或许想要废太子）。副相李迪（971~1047）问他有几个儿子，劝阻了他。或许是记起了仁宗是他唯一活着的儿子，真宗让他免于所有的处罚。[24]

考虑到自己作为太子的经历，仁宗即位后不急于立储就一点也不奇怪了。尽管认识到储君的重要性，他还是很不情愿做出一个正式的安排。因此，大臣们花了很多精力来劝说他收养子嗣。

收养子嗣的议题最早由宰相文彦博、刘沆和富弼（1004~1083）在嘉祐元年（1056）仁宗患病时提出。当时仁宗积极回应了他们的建议。宰相们在皇族中寻找合适的继承人，最终找到了赵宗实。很可能这个寻找的过程没有花费官员们多少努力。鉴于仁宗过去的做法，他始终把宗实作为潜在的继承人进行考量。在宗实童年时，皇帝就让曹皇后（仁宗妻子）在宫中抚养他。宗实成年后离开皇宫，可皇帝皇后还是待他比所有别的宗亲都好，因为皇帝皇后最喜欢宗实，这些宰臣便认定宗实是最好的人选。可是，在他们推荐宗实前，仁宗病愈了。他的痊愈使得收养问题不再那样十万火急，也最终打消了仁宗立即收养皇嗣的念头。结果宰臣们决定先保留这个建议。[25]尽管受到仁宗和仁宗皇后的种种优待，宗实在礼法上并没有成为皇帝的儿子。所以他无权优先继承皇位，仁宗皇帝没有后嗣的问题也没有得到解决。

　　司马光的朋友，谏官范镇（1008～1089）以直言敢谏知名，他明白这个问题太过重要，不能够无限期拖延。范镇写得极具煽动性："继嗣不定，将有急兵。"[26]他总共递交了17封上书，敦促仁宗皇帝早立皇嗣。[27]当时，司马光正在庞籍手下当并州通判。一听闻范镇的上书，他立即上书表示对范镇的支持。同时，他还写信给范镇，鼓励他不要放弃。他写道："此大事，不言则已，言一出，岂可复反？愿以死争之。"[28]显然，在这件事上，他对王朝治乱的关怀超过了一己安危。

　　在司马光的上书中，他对王朝的长治久安极为挂怀。从保守主义倾向出发，为了保护祖宗基业，司马光写道：

> 今夫细民之家有百金之宝，犹择亲戚可信任者，使谨守之，况天下之大乎！……臣窃惟陛下天性纯孝，振古无伦，事无大小，关于祖宗者，未尝不动身苦体，小心翼翼以奉承之。况所受祖宗光明盛大之基业，岂可不为之深思远虑，措之于安平坚固之地，以保万世无疆之休哉！臣闻天子之孝，非若众庶止于养亲而已，盖将慎守前人之业而传于无穷，然后为孝也。

69

当然，根据这篇上书的意思，仁宗要为后世守护王朝基业，最重要的方式就是确立皇嗣。[29]

　　当时仁宗对范镇和司马光的建议装聋作哑，重要理由之一可能就是一想到侄儿将成为竞争者，夺取自己下属的忠诚，他无法接受。皇嗣一旦成为帝王，也会奖赏支持过自己的官员。所以有些官员会支持一个皇亲，赌他成为皇嗣，期望将来能够获得回报。出于同样的理由，在选出储君的时候，官员可能在皇帝和太子之间三心二意。

　　仁宗意识到了这些可能，也许可以用以下事例来佐证与解释。在嘉祐三年（1058），名臣包拯（999～1062）建议立储，仁宗就问他想要立谁。包拯吃了一惊，立刻否认自己有此动机：

> 臣非才备位，所以乞豫建太子者，为宗庙万世计尔。陛下
> 问臣欲谁立，是疑臣也。行年七十，且无子，非邀后福者，唯
> 陛下裁察。

皇帝看来对他的解释感到高兴。不过，皇帝还是延宕了此事，说
"徐当议之"。[30]

仁宗不情愿立储的另一个理由是他怕一旦立了储，储君就会威
胁自己的地位，正如当年他成了父亲的威胁一样。病愈之后，仁宗
也许很高兴自己不曾立储。立了储，一些官员就会迫使病中的仁宗
退位，将太子扶上皇位。这样，仁宗就不能在病愈之后掌控朝政。

也可能仁宗不愿别人提醒他老之将至。在病中，死亡似乎迫在
眉睫，使皇室继承成为一件应该优先规划的事。但病愈之后，死亡
似乎离仁宗远去，让他可以不去想那些令人不快的可能。此外，当
死亡不再迫在眉睫，他再次希望能够诞育自己的子嗣。司马光在上
书仁宗时似乎也虑及此事："（作者注：仁宗拒绝收养嗣子的原因
包括）此必有小人言陛下春秋鼎盛，子孙当千亿，何遽为此不祥
之事？"[31]

事实上，仁宗并非没有生育能力。正如前文提到的，到他病
时，已有了几个女儿。他也有过三个儿子，尽管都在很小的时候夭
亡了。[32]仁宗病愈后，让不止一位后妃受孕。而且，他明确表示要
等这些怀孕的后妃生产之后再讨论收养问题。对仁宗来说，不幸的
是，这些受孕的后妃都生下了女儿。[33]

鉴于所有这些考量，难怪许多官员不愿意再提出要仁宗收养皇
嗣。那些提出的人也能考虑到其中包含的风险。比如说，在嘉祐六
年（1061），官员陈洙上书敦促仁宗收养皇嗣，他随后告诉家人：
"我今日入一文字，言社稷大计。若得罪，大者死，小者贬窜，汝
辈当为之备。"陈洙在批复送来之前就死了。一种说法是他服药
自尽。[34]

在嘉祐六年（1061），司马光同知谏院。此时他的职责就是担任一个政策批评者，他决定利用这一职责再次敦促仁宗收养皇嗣。这时，司马光尽力用皇帝的个人利益，以及王朝的利益来说服仁宗。首先，他辩称收养一个儿子无论如何也不会和仁宗的个人利益相矛盾。汉成帝（公元前32~前7年在位）在年仅四十五岁的时候，就立了自己弟弟的儿子作为皇位继承人。仁宗当时五十二岁，远远年长于汉成帝确立嗣君之时，统治时间也比他要久。现在收养皇嗣能有什么损害呢？此外，如果仁宗皇帝不想立太子，他至少可以收养一个皇族子弟作为自己的儿子。即便仁宗将来有了自己的儿子，也只需把这个收养的孩子降回其原有的皇亲地位。[35]

其次，司马光援引了唐代的历史教训来说明没有太子的危险："唐自文宗以后，立嗣皆出于左右之意，至有称'定策国老''门生天子'者，此祸岂可胜言哉！"[36]换言之，未能立储对皇帝与王朝而言都有危害。第一，不能指定自己的继承人，皇帝就从本质上放弃了对皇位继承的控制；第二，未来的天子如果把自己得位归功于某些"左右"，那么在面对他们的时候，就很难维护皇权。

最后，仁宗被司马光的论辩说服，让他去和宰相韩琦（1008~1075）及其他官员讨论。[37]司马光于是用他们的切身利益来鼓动这些官员速速采取行动：如果不马上解决这个问题，万一仁宗皇帝忽然崩逝，宫中传出无凭无据的条子，要求册立某位皇亲为君，那么他们就只能遵从了。[38]换言之，如果他们不能够现在敦促皇帝完成收养的仪式，官员也许就彻底失去了对皇室继承的发言权。

司马光不费吹灰之力就说服了韩琦，因为韩琦自己也曾试着说服仁宗收养皇嗣。[39]仁宗和高层官员共同行动，很快就确定了宗实为皇子。[40]这种妥协对于仁宗和官员们而言都可以接受。一方面因为仁宗没有正式册立宗实为太子，只是作为养子，这个位置并不足以让他和仁宗争夺臣下的忠心。此外，如果仁宗决定将皇位传给宗实之外的人选，他完全可以再多立一个皇子，而不用对宗实在礼法

71

72

上的地位做任何官方调整。另一方面，只要宗实是仁宗唯一的养子，他就比其他任何皇族都更具优先继承仁宗皇位的权力。这能够减轻官员们对于皇位继承无序的担忧。

嘉祐八年（1063），仁宗皇帝猝然崩逝，曹皇后让宗实继承皇位。[41]宗实被后代追谥为英宗。具有反讽意味的是，因为司马光在仁宗收养英宗的过程中扮演了重要的角色，他自己在某种程度上也成了"定策国老"。[42]

司马光没有明说仁宗应收养英宗为皇嗣，但他努力的最终结果依然是英宗成了仁宗的儿子。无怪乎英宗及其儿子神宗都重酬司马光。比如，当司马光表示要编写一部编年史巨著（后来被命名为《资治通鉴》）时，英宗给了他很多特权，包括1）自行选择助手的特权，2）向皇室庋藏机构借阅文献的特权，3）特殊津贴以及供应其皇室的笔、墨、纸。[43]

英宗在治平四年（1067）农历一月逝世，在位时间不足四年。他的儿子即位成为神宗。神宗对司马光依然慷慨。神宗即位三个月后，他提拔司马光当了翰林学士。司马光一再拒绝接受这一职位，最终神宗让一个宦官把任命状塞进他的衣服里来迫使他接受。[44]

司马光第一次给皇帝讲完经筵之后，神宗赐给他两件极具意义的礼物。一件是为司马光的编年史赐名"资治通鉴"；另一件是亲自为《资治通鉴》写了序，司马光将皇帝的序言抄录到自己的作品前面。神宗在看完成书前，就给予了司马光的书特殊的认可。后来，神宗把自己的藩王旧邸中总计2402卷藏书都赐给司马光。[45]再者，所有为编纂《资治通鉴》而给司马光的特权在神宗朝都一应如旧。司马光的津贴、助手和文房用品无论在他当官时，还是退居期间都没有改变，直到元丰七年（1084）修完《资治通鉴》。

正如后面章节将揭示的，感恩并非神宗优待司马光的唯一原因。尽管有很多证据表明感激是神宗重要的行为动机。当英宗被收

养为皇嗣的时候，神宗只有十几岁［作者注：神宗生于庆历八年
（1048）四月］。[46]当神宗成为皇帝的时候，他一定还记得在父亲被
从一个普通的皇亲擢升起来之前，自己过着怎样的生活。他无疑能
认识到自己命运的巨大改变，在很大程度上归功于那些提议和支持
收养皇嗣的人。因此我们完全可以料想到他会对这些人抱有真诚的
感激。

这种感激在神宗的行动中可以找到明显的佐证。在仁宗的一生
中，曹皇后（光献皇后）在英宗荣登大宝的过程中扮演了至关重
要的角色，神宗一直对她充满敬意，待她很好。当她在元丰四年
（1081）去世的时候，神宗悲伤辍朝。[47]显然，神宗对英宗被收养
一事的政治活动非常关注。在太皇太后曹氏去世前不久，她还觉得
需要暗示神宗不要处罚那些反对收养的人。另外，在曹氏去世那
年，神宗奖赏了几个官员，原因是他们曾支持仁宗收养英宗。[48]

神宗这种感恩的表现很符合时人的预期。在神宗即位之后不
久，欧阳修（1007~1072）上书举荐司马光。欧阳修特别强调了司
马光在英宗被立为皇嗣一事上的关键作用。此外，欧阳修也提到神
宗能够成为天子，只是因为他的父亲英宗得以进入皇室继承序
列。[49]在司马光的文章中，他也认为册立过程中立下的特殊功劳足
以享有皇帝的特殊回报。事实上，他认为回报不应止于神宗崩逝。74
虽然司马光没有为他自己求回报，在元祐元年（1086）他为范镇
讨要了。他的理由是范镇的作用不亚于文彦博、富弼。文彦博和富
弼早已获得了回报，范镇没有获得应属于他的回报，很不公平。[50]
从以上依据来看，我们可以推论以当时的标准而言，司马光在皇室
收养一事上扮演的角色尤其值得皇帝优待他。

嘉祐六年（1061）英宗被收养为皇嗣，这件事为司马光和皇
室之间设下了一层非常特殊的关系，它的作用贯穿了司马光的余
生。正如庞籍在嘉祐二年（1057）前支持、帮助了司马光，英宗
在嘉祐八年（1063）即位后，也成了司马光的主要提携者。不过，

英宗被收养不是司马光与皇家保持特殊关系的唯一缘由。下一章将讨论在巩固和维护英宗的皇帝权威时，司马光起到了什么作用——他有时甚至不惜与英宗本人发生意见冲突。通过研究司马光如何让自己变得对英宗有用，我们可以更好地理解宋代的皇帝如何在外表的仁慈和包容之下，有效地驭下。

第五章

巩固特殊关系：进谏保护英宗皇帝

英宗朝（1063~1067）政治表现出两个重要的特征：第一，皇 75
帝权力的大小不是恒常不变的，而是在很大程度上取决于皇帝的健
康状况和政治经验；第二，尽管官员之间的争吵会降低行政效率，
但它仍是皇帝权威的重要来源。不能指望一个没有经验的君王敌得
过集体的智慧或者高官们的经验，也没有一个君王有时间和精力事
无巨细地关注所有行政细节。皇帝控制朝臣的最简便的方式是让朝
臣陷入一种不得不依赖皇帝的境况。对英宗而言非常幸运的是，他
不用自己去创造这种境况，因为他的官员们互相争斗，向他求助，
制造了依赖他的条件。皇帝要做的事就是利用好官员的不和。通过
研究司马光在英宗朝的经历，我们会更好地了解英宗朝的政治生
态，知悉司马光如何在此后的人生中成为具有非凡影响力的重臣。

在英宗朝，司马光的政治生涯呈现出两个重要的特点。第一点
是他与统治者有特殊关系，受到信赖。正如上一章所讲，在仁宗朝
后期，他已经为这种特殊关系打下了基础。到英宗统治时期，司马 76
光不仅从中受益，还加强了这种关系。第二点是他起到了制衡朝中
权臣的作用。司马光在英宗朝有两次重要的行动表现出这些特点。
一则，他在调和英宗和曹太后（仁宗的遗孀）的紧张关系时起了
重要的作用，这种调停强化了他在皇室面前非常忠诚的个人形象。
二则，他在著名的濮议（对濮安懿王的争议，下文会做详细的讨
论）中，站在宰执的对立面。这次争论迫使这些大臣更加依赖英

宗的保护，由此改变了王朝的政治平衡，且对英宗有利。在这两件事中，司马光的举措都与他的思想体系一致。

为了理解司马光在英宗朝的从政生涯，我们有必要分析他此时所处的政治环境。英宗朝政被两个有内在关联的过程控制：一是英宗的成长，他从勉强为之的无助君主变成对朝中大臣有相当控制力的帝王；二是朝中大臣权力的长消，尤其是韩琦和欧阳修。正如本章将揭示的，当英宗刚刚开始统治的时候，他非常依赖朝中大臣。这种依赖让朝中大臣对政务，甚至在某种意义上，对于皇家事务，都有了很大的权力。但到英宗朝的尾声，英宗能够从大臣们手中收回很大的权力。本章将从分析英宗朝初年的政治情况开始，接着讨论司马光的官宦生涯与英宗执政不同阶段的关联。

一　有关英宗之病的朝政和司马光扮演的角色

最初，英宗并不愿意进入皇位继承序列。当仁宗正式收养他作为儿子的时候，英宗（当时叫宗实）极力拒绝被收养，他坚持声称自己有病。我们不清楚这"称疾"是真的，[1]还是以"疾"为借口。不过，他显然不想被收养。他的记事（秘书）周孟阳问他为什么要拒绝，他回答说是为了"避祸"。当周孟阳提醒他仁宗皇帝已经做了决定，他（宗实）不可能违逆皇帝的意志而享有平安时，宗实才不再抗拒。[2]

英宗没有详细说明他要逃避什么样的危险。也许他害怕的是新取得的地位会为他招致其他皇室成员的嫉妒和怨憎，也会招致仁宗皇帝本人的怀疑。历史，尤其是宋朝的历史，使他确信成为继承序列上的一员极端危险，尤其对不是皇帝亲生儿子的人来说。另一种可能的解释是英宗认为未来皇权的职守会让他不堪重负。此外，他也许还会担忧在自己成为君主之后，也会陷入政治阴谋的重重包围。[3]这些可能性并非互斥的。

英宗甚至在仁宗死后还是对继承皇位感到极端忧虑。仁宗在嘉祐八年（1063）四月初崩逝，曹太后要英宗继承皇位，他大喊着回答"某不敢为！某不敢为！"并且试图逃走。大臣们强制他不许离开，强迫他穿上皇帝的衣服。[4]

即位以后，英宗还是很不情愿履行皇帝的职责。他告诉官员们，为了表示对仁宗皇帝的悼念，他要三年不行使皇帝的权力（谅暗三年），至于政府的管理，他则委任宰相韩琦进行裁决。所有大臣都反对他的这一打算，结果英宗不得不亲政。[5]

英宗即位之后，他的地位受到健康状况（身体上和精神上）的影响。他第一次履行皇帝的职责时，看起来能够胜任。可是三天之后，英宗"忽得疾，不知人，言语失序"，[6]而且病情在其发病四天后仁宗的大殓仪式上恶化。在仪式上，英宗皇帝忽然失控，狂暴地又喊叫又奔跑。幸运的是，韩琦阻止了局面变得更加混乱，他抱住了英宗，把他送到了宦官的手上。[7]李焘含糊地记录了英宗的病，说是因为"忧疑"。[8]

在这一事件后，曹太后代为理政20多天，直到英宗康复，能够亲自理政。[9]可是这次康复为时很短，同年的六月，英宗再次陷入重病，无法亲自理政，曹太后再次代为理政。[10]

英宗的病让他和曹太后之间的关系严重恶化。在病中，英宗行为不正常，对宦官尤其恶劣。一些宦官因为恼恨英宗，就造谣使他和曹太后之间不和，英宗的病使得紧张关系加剧，他的很多言行冒犯了太后。[11]

此年十一月，曹太后对英宗的愤恨积累到一定程度，她的亲信开始讨论废立的可能性。太后考虑了这个计划，并且积极地在大臣中寻求支持。对英宗而言，非常幸运的是韩琦和欧阳修拒绝参与，阻止了她的计划。[12]

这些大臣的权力是曹太后废立计划失败的关键。虽然曹太后作为代理的执政者，理论上是朝廷的首脑，但几位高级官员控制着朝廷日常运作的方方面面。这一现象在某种程度上是因为这些官员的个人威望，以及长期处理政府事务积累的经验，同时也是因为曹太后摄政期间的特殊安排。在嘉祐八年（1063）六月到八月英宗患病期间，只有少数的高级官员有权进入宫禁，觐见太后。这些官员包括正副宰相和正副枢密使。[13]换言之，这些官员构成了太后控制政府的唯一官方渠道。实际上，她对这些人的依赖，使得他们无论在面对她还是面对政府中的其他人时都有了很大的权力。在嘉祐八年（1063）八月之后，官员在觐见皇帝时，英宗皇帝和曹太后也会同时出现。[14]然而，曹太后缺乏政治经验，也没有自己的臣僚来帮助她处理政务。所以她仍旧需要依靠高级官僚的经验与技巧。

比起曹太后，这些高级官员才是确保英宗患病期间宋朝稳定的的人。在这些官员中，韩琦、曾公亮（999～1078）和欧阳修尤其有影响力。当然，其他高级官员也在英宗朝扮演了重要的角色，但这三人在位时间最久，因此力量根深蒂固。韩琦从嘉祐三年（1058）到治平四年（1067），曾公亮从嘉祐六年（1061）到熙宁三年（1070）一直担任宰执；欧阳修从嘉祐六年（1061）到治平四年（1067）一直担任副相。[15]他们的任期从仁宗朝末年延续到神宗朝初期，在很大程度上保证了宋朝政府日常事务的持续和稳定。

在这三个人中，韩琦显然是最强有力的一个。他作为官员的履历非常可观。早在天圣五年（1027），他二十岁时就进入了官僚体系。在宝元元年（1038），他在谏官任上，因为猛烈抨击正副宰执的无能而声名鹊起。他批评的结果是，四位宰执（两正两副）同日被调职。在11世纪40年代，他作为一个军事指挥官，在和西夏的边境争端中脱颖而出。当范仲淹和他的同道在庆历三年（1043）开始庆历新政时，韩琦与欧阳修都是领导人物。从嘉祐元年（1056）开始，韩琦担任枢密使，直到嘉祐三年（1058）成为宰相。[16]

尽管在很长一段时间里，曾公亮和韩琦都是宰相，但曾公亮被掩盖在韩琦的锋芒之下。两人当中韩琦更加独断，并且在排名上也更居前。《宋史·曾公亮传》里记载了一个关于这两位宰相之间关系的有趣暗示。书里列举了曾公亮作为宰相的一些成就。第一项就是因为他熟知行政先例，韩琦经常咨询他的意见。[17]换言之，作为宰执，曾公亮的地位可以说要亚于韩琦。 80

　　除去资历深之外，韩琦对朝政有如此大的影响也是因为他在行使权力的时候非常大胆。他承担了大多数人不愿承担的风险，果决地控制各种危险的境况。正如下文所要揭示的那样，他在英宗朝有很多大胆举动。

　　根据《宋史·韩琦传》，韩琦终其一生都对宋王朝极度忠诚。在仁宗朝末年与英宗朝末年的艰难岁月中，韩琦尽其所能地做了一切他认为有益于国家安定的事情。下面《宋史》中的文字就说明了这点：

> 　　或谏曰："公所为诚善，万一蹉跌，岂惟身不自保，恐家无处所。"琦叹曰："是何言也。人臣尽力事君，死生以之。至于成败，天也，岂可豫忧其不济，遂辍不为哉。"[18]

　　也许韩琦对朝廷影响力的绝佳证明是在英宗即位初，他试图指定韩琦代他摄政。韩琦虽然没有真的成为摄政者，却在某种程度上，成了英宗的保护者。事实上，他个人甚至会在必要的时候，对英宗用强。当英宗在仁宗的大殓仪式上失控时，韩琦用肢体控制住了他。英宗在病中拒绝服药时，韩琦亲自举杯喂他服药，皇帝在没有饮完的时候推开了杯子，溢出的药弄脏了韩琦的衣服。[19]

　　在英宗和曹太后关系紧张的时日里，韩琦旗帜鲜明地站在了皇帝一边。当曹太后第一次向高级官员们抱怨英宗的失常举动时，韩琦立刻开始保护英宗。为了阻止曹太后采取与皇帝对抗的举措，韩琦含蓄地威胁了她。李焘记下了韩琦和曹太后之间的对话： 81

> 韩琦因出危言感动太后曰："臣等只在外见得官家，内中保护，全在太后。若官家失照管，太后亦未安稳。"太后惊曰："相公是何言！自家更切用心。"琦曰："太后照管，则众人自然照管矣。"同列为缩颈流汗。或谓琦曰："不太过否？"琦曰："不如此不得。"[20]

正如本章之前所提到的那样，当曹太后考虑废黜英宗时，韩琦和欧阳修通过拒绝参与而阻止了她的计划。在这种情况下，韩琦和欧阳修都成了英宗的保护者。很有象征意义的是，曹太后在寻求支持的时候，首先找的就是韩琦。显然，曹太后也将他看作政府的首脑。

韩琦对她的回应几乎可以说是无礼的。为了获得韩琦的同情，太后派人送了一个包裹给他，里面罗列了英宗冒犯太后的诗歌和英宗做过的一些坏事。一看到包裹的内容，韩琦立即就在传令者面前将它焚毁，并让他回去告诉太后："太后每说官家心神未宁，则语言举动不中节，何足怪也！"宰执面见太后的时候，太后声泪俱下地控诉英宗。她对韩琦说："老身殆无所容，须相公作主！"韩琦再一次断然回绝了她："此病故耳，病已，必不然。子病，母可不容之乎？"可想而知，曹太后对韩琦的回应非常失望。[21]

欧阳修当时也在场。他试图让太后冷静下来，称赞太后往日里仁慈宽厚，举国皆知。而后他劝太后应维持良好的声名，容忍英宗。可是，哪怕在赞美曹太后的时候，他还是稍带蔑视地告诉她"妇人之性，鲜不妒忌"。据欧阳修说，曹太后很了不起，是因为她与其他女人不同。[22]最后，欧阳修拒绝了她的请求，声称他和其他高级官员没有权力帮助她。欧阳修说，仁宗行仁政多年，国家的人民都尊重他的愿望。这也是为什么他们都支持英宗，没有人敢于拂逆他。欧阳修继续说："今太后深居房帷，臣等五六措大尔，举动若非仁宗遗意，天下谁肯听从！"听到这话，太后陷入了沉默。[23]

82

尽管欧阳修在强调大臣们无能为力，但他的真实意图是要太后懂得她自己对此无能为力。皇帝因病丧失执政能力，太后犹疑要不要忠于先帝的遗愿，"五六措大"成了仁宗遗愿的捍卫者。欧阳修所依据的仁宗遗愿才是国家权威之源。

尽管韩琦、欧阳修回绝了太后的要求，但她依然是朝政中的重要力量。毕竟，她不仅是代理人，也是仁宗的遗孀、英宗的养母。如果她继续对英宗表示不悦，就会摧毁英宗作为一个孝子的公众形象，也会让人怀疑英宗对仁宗遗产的尊重。这些因素，外加韩琦和欧阳修对于孝道本身的笃信，让他们努力劝服英宗改善与太后的关系。

与他们面对太后时的坚定态度不同，韩琦、欧阳修对皇帝要温柔得多。在回绝太后之后不久，韩琦和其他大臣（包括欧阳修）面见英宗。英宗抱怨曹太后不爱他。与韩琦此前对太后的反应不同，他和其他大臣这次没有表示皇帝的抱怨是不应该的。事实上，他们含蓄地认可了皇帝对太后此前行为的看法。他们告诫英宗：

> 自古圣帝明王，不为少矣，然独称舜为大孝。岂其余尽不 83
> 孝也？父母慈爱而子孝，此常事，不足道；惟父母不慈爱而子
> 不失孝，乃可称尔。政恐陛下事太后未至，父母岂有不慈
> 爱者！

换言之，一个孝顺的儿子必须致力于改善自己的行为，并且把父母的虐待视为证明自己孝顺品德的机会。一旦孝子变得更加孝顺，他的父母（在这里是养母）自然就会对他更好。这种温和的规劝似乎起了作用。在此次交流之后，皇帝不再抱怨太后。[24]

韩琦对英宗极为关切，以至于他会努力掩盖皇帝的过错。在英宗病中，关于他不礼貌举止的流言传遍宫中，许多人都信以为真。韩琦听到人们传播这些流言时，便告诉他们："岂有（皇帝）殿上

不曾错了一语，而入宫门即得许多错！固不信也。"他的否认减缓了流言的进一步传播。[25]

在英宗病中丧失行动能力时，太后继续做他的代理人。没有一位高官对此表示质疑。可是，对绝大多数官员来说，她的摄政只是权宜之计。理想的情况仍然是英宗能够亲政。

在嘉祐八年（1063）农历八月，英宗基本康复，能够正常地进行日常活动。可是，尽管他像一个正常的天子那样听官员们汇报，但他不对任何政治决策发表意见。看到皇帝还未恢复履行君主的职责，司马光和御史中丞王畴（？~1065）非常着急，他们敦促英宗开始决策政务。[26]但英宗没有采纳他们的建议。一方面是因为他尚未完全康复，比如在嘉祐八年（1063）的农历十一月，他的病又复发了。[27]不过健康问题不是英宗沉默的唯一理由。另一方面，事实上，他在很大程度上是害怕太后。正如后来司马光回忆的那样，在太后摄政期间，皇帝甚至不敢特别会见官员来讨论政务。[28]

为了让太后还政于皇帝，官员努力证明英宗的健康状况良好。在治平元年（1064）农历四月，宰执和谏官（包括司马光）都鼓励皇帝走出深宫，参加祈雨仪式，和往常一样，皇帝回复说这事他要和太后商量。曹太后拒绝了，声称他刚刚病愈，不能承受跋涉的劳累。韩琦立即反击说皇帝自己觉得精力足够。然后太后又称典礼所需物品尚未置办好。韩琦不再理会她的借口，说这准备起来非常简单。韩琦和其他官员努力的结果是皇帝最终走访了一座佛寺和一座道观，簇拥的人群对他热烈欢呼。[29]

在英宗向公众展示他的身体康复之后，韩琦接着帮助他证明自己有能力处理政务。治平元年（1064）农历五月的一天，韩琦呈给英宗十几个不同的行政问题，询问他的意见，这时，英宗给出了建议，而且非常妥当。确定了英宗能够独立执政，韩琦转而寻求其他高官的支持。他的做法比较迂回，他表示皇帝现在能够自己主持政务了，他要离开朝廷去地方任职。同僚立刻回应说："朝廷安可无公？公勿庸请也。"[30]同事拒绝了他离朝的提议，等于婉转告诉韩琦他们不会和他反目。

既然确认了自己仍保有同僚的支持，韩琦就去与太后对话。他先向太后汇报了英宗对他上呈的行政问题给出的处理建议，太后同意英宗的处理建议，这实际上认可了英宗的执政能力。韩琦于是重提致仕的请求。太后说："相公安可求退？老身合居深宫，却每日在此，甚非得已，且容老身先退。"[31]

尽管太后提出要停止摄政，但这也许仅仅是为了挽留韩琦说的客气话而已。但她的说辞给了韩琦台阶来迫使她交还权力。为了达成目的，韩琦利用了女性不宜抛头露面的习俗。根据惯例，太后和官员会面时必须坐在一道帘子后面。听到太后的回复时，韩琦立刻赞美了她自动放弃权力，随后问她还政的确切时间。太后听到这个话，就突然起身离开了，韩琦立刻厉声命人撤去了帘子。[32]

不太清楚太后为什么起身离开。她也许以此来表达愤怒。可是韩琦选择将其解释为太后同意立即还政。韩琦叫人撤去帘子，意思是假听从太后之名行逼迫太后还政之实。

撤帘事件标志着韩琦在宋朝的权势达到了巅峰。[33]但他这次的强势行为也为他招来了愤怒，矛头指向的正是他手中高度集中的权力。比如他多年的朋友枢密使富弼在此之前一直和他关系紧张。迫使太后还政之后，两人的友谊并没有得到修复，相反彻底告吹。早些时候，富弼是宰相，韩琦是枢密使，富弼经常寻求韩琦对中书事务的建议。所以，韩琦可以通过富弼来影响中书的行政，这样，他的政治影响力就远大于官方授予他的权力。然而当韩琦成为宰相，富弼当枢密使的时候，韩琦从不询问富弼的意见，除非他收到指令，非询问富弼不可。富弼对韩琦不肯分享权力感到不快。

富弼听闻太后的帘子被撤除，非常震惊："弼备位辅佐，他事固不敢预闻，此事韩公独不能与弼共之耶？"他希望分担的理由似乎是觉得皇帝会感激帮助他亲政的人。可是韩琦只是从行事妥善的角度来考量："此事当如出太后意，安可显言于众！"所以韩琦没有承认自己不分享权力是有错的，而是站在道德制高点上宣称自己只是做正确的事情。结果是富弼更加深怨韩琦。[34]

在曹太后摄政期间，她和皇帝都需要高级官员的支持。因为她和皇帝不和，那些官员，尤其是韩琦就成了真正能左右朝廷权势平衡的人。尽管韩琦和欧阳修仍然对皇帝忠心耿耿，但他们对待太后的方式表明了他们实际上已经自信能够控制政府。当然，英宗皇帝在官员的支持下受益良多。但他们巨大的权势依然削弱了他的皇权。事实上，韩琦迫使太后还政可以被视为宋朝一个危险的先例。这也是后来司马光对韩琦、欧阳修的抨击有益于皇权的原因。正如下一章将讨论的，这也是神宗皇帝在韩琦、欧阳修两人离开之后才真正稳稳地控制住朝廷的原因。

英宗和曹太后之间的紧张关系使得大臣的权力有所增长，同时也给司马光提供了规谏皇室的绝佳机会。毕竟，他当时还是一个谏官，进言是他的职责。再者，谏官们都是通过直言极谏来树立声望的。因为司马光权势远远不如韩琦等大臣，所以太后并未向他寻求支持以对付英宗。因此他并没有在太后和英宗之间做选择的压力。而且，他也认为他对两边都应该尽忠。因此，与韩琦、欧阳修不同，司马光从未对皇室的任何人造成压迫感。

和韩琦以及其他官员一样，司马光敦促英宗在病愈之后恢复他87 个人对政府的控制。他此举的动机并不是要从太后手里夺权，而是为了防止大臣的权力过度膨胀。太后摄政时，大臣们依然是事实上的政务决策者，司马光对此感到不安。这和他的基本思想是一致的——统治者应该在政府中拥有终极权力。他告诉英宗：

> 凡人主所以保国家者，以其有威福之柄也，故民畏之如神
> 明，爱之如父母。今陛下即位将近期年，而朝廷政事、除拜赏

罚，一切委之大臣，未尝询访事之本末，察其是非，有所与
夺。臣恐上下之人习以为常，威福之柄浸有所移，则虽有四海
之业，将何以自固？位则不安，业则不固，于陛下果何所
利乎！[35]

正如本章讨论的，司马光认识到曹太后的不快也许会威胁到英
宗的皇位。可他没有在双方之间选一边站，而只是宣称这不是一种
可接受的情形，并呼吁双方改善关系。

司马光相信英宗与曹太后之间有必要建立和谐的关系，这不仅
关系到他们个人的幸福，更关系到整个国家的安定。尽管英宗和曹
太后之间的关系冷淡而紧张，但他还是表达了自己的想法。英宗即
位13天后，他上书太后，说此时的国家形势"危于垒卵"。据司
马光说，这种不安定是由于仁宗刚刚逝世，而英宗又因病不能亲
政，君臣应该团结起来保障国家平稳度过这段艰危时期。[36]

正如第三章中提到的，司马光倾向于将过去取得的成果都看作
是难得易失的。他还认为统治者是国家存亡的最终负责者。[37] 因
此，毫不意外，他会认为英宗朝初期的情况危机重重。

88

当英宗和太后之间的关系开始紧张的时候，司马光多次上书调
停二者。这些上书大体持以下论调。第一，他强调了双方彼此依
存。比如嘉祐八年（1063）农历八月他在写给英宗和曹太后的上
书中说："臣愚窃惟今日之事，皇帝非皇太后无以君天下，皇太后
非皇帝无以安天下。两宫相恃，犹头目之与心腹也。"[38]

第二，他恳求太后容忍英宗错乱的行为，他提醒她英宗发病之
前，对她孝顺忠爱。据司马光言，英宗错乱的行为只是由疾病引起
的暂时现象，在病愈之后自会消失。[39] 再有，司马光还提醒太后要
求完美有损于家庭成员之间的感情。她应该遵循事理，对养子持一
种更容忍的态度。[40]

第三，司马光一再提醒英宗他受到太后的恩惠，恳求他给太后

更多的爱和尊重。司马光说，英宗在三个方面受了太后的恩：其一，她协助仁宗做了收养英宗的决定；其二，在仁宗去世的那夜，太后决定召来英宗推戴他成为新的天子；其三，当英宗病得无法亲自理政时，太后代他主持政府的运作。这三大恩惠对英宗来说非常重要，英宗和他所有的后代都报答不尽。如果英宗不能妥善关怀太后，他无脸见世人、见天地、见鬼神。[41]

尽管司马光似乎把自己放在了判定英宗行为的道德合理性的位置上，但他很快通过为皇帝的利益做筹划来重申了自己对英宗的忠诚：曹太后是与仁宗结婚 30 年的妻子，英宗是他们收养的孩子，成为君王也只是最近的事。司马光暗示了如果皇帝和太后激烈争斗，太后或许会取胜，因为她的权力有着更多的合理性。[42]所以，司马光关注的点不是批评皇帝，而是帮助他认识到最符合自己利益的处理方式。

司马光调停的努力持续到曹太后结束摄政之后。此时，英宗已经改善了对待她的方式，可司马光还是对潜在的紧张因素保持警惕。在治平元年（1064）的农历五月，他注意到有一条规定限制太后进入各个皇家库房。根据这一规定，太后要从皇家库房中获取财物得获得英宗的首肯。司马光指出，这种复杂的程序很容易让太后无法时时获得她想要的物件，伤害她的感情。司马光因此建议废止该规定。[43]

尽管高官们全力调停，英宗还是没能重获太后的欢心。此外，太后不仅对皇帝生气，也迁怒他的妻子高皇后。[44]司马光在治平元年（1064）农历五月二十八日的上书中清楚地描述了这一情形。据司马光言，他听说英宗现在对太后很好，但太后依然对皇帝和高皇后十分冷淡。当他们向太后请安时，太后总是用寥寥几语将他们打发走。[45]

在这封上书中，司马光再次呼吁太后恢复对家人的关爱。正如之前，司马光声称皇帝过去行为失常只是疾病导致的，应该被原谅。可是，既然高皇后没病，他就不能再用同样的理由请太后也原谅她。为了平息太后对高皇后的怒火，司马光迂回地提出了诉求。他首先对太后保证，自己同情她的感受。司马光称因为皇后在太后的呵护下长大，她也许习惯了被太后宽容地对待。现在她自己成了皇后，但还是希望和孩提时代一样获得同等的优容。这样的期望已经不再合适，因为她与太后的地位与关系都已经改变了。因此太后对她感到恼怒是有道理的。

90

司马光已经向太后保证了自己站在她这一边，接着就劝她不要让这个愤怒感发展到破坏家庭关系的程度。正如司马光此次上书中提到的那样，英宗和高皇后仍然是曹太后最近的亲属。如果太后不能信任和善待自己最亲的人，又怎能指望别人对她效忠，为她尽力呢?[46]

我们或许可以假定高皇后从英宗统治的这段艰难时光开始将司马光视作一位忠心的、可信的大臣。这种印象或许有助于司马光在其晚年顺利当权。在元丰八年（1085），高皇后变成了太皇太后，在其子神宗死后摄政。在她摄政时，司马光到达了他政治生涯的顶点。

清代学者顾栋高认为尽管司马光在这封上书中对高皇后有批评，但她后来还是提拔司马光，这是非常宽大的行为。[47]可是，司马光的主要论点却是要曹太后待高皇后更宽厚仁慈些。对高皇后的负面评价不过是主论点之外的糖衣，为的是让曹太后更容易接受。我们基本上可以确信高皇后作为这封上书的主要受益者，能够理解司马光的真实意图。

司马光的另一种缓解皇家紧张关系的方法是找替罪羊。他在此前的上书中就尝试过这种方法。据司马光言，引起关系紧张的罪魁必然是一些邪恶的宦官，他们散播谣言引起皇家的纠纷。太后应该先惩治自己身边的宦官，然后向皇帝解释家庭中的所有问题都是他们的罪责。这样做，皇帝和她之间所有的猜疑与不信任就都能消除，关系能够重新变得和谐。[48]可是，曹太后似乎并没有采纳他的建议。

91 大约两个月之后，司马光又一次用此法上书。这次，他将火力集中到一个叫任守忠的宦官身上，任守忠担任入内内侍省都知。正如此前提到的那样，很多宦官都喜欢传播流言来使英宗与曹太后之间关系不谐。根据司马光抨击任守忠的表述（详见下），显然任守忠参与了挑拨两宫关系之事，既然司马光深信皇家和谐融洽至关重要，他选择将任守忠作为攻击目标也很容易理解。

  治平元年（1064）七月，任守忠被发现不经允许从奉宸库中取走了大量珍品。他把这些宝物呈送给了皇后，受到了皇后的赏赐。[49]这一违法行为使得任守忠成为一个容易被攻击的目标。治平元年（1064）七月十八日，司马光上书抨击任守忠的罪行。据司马光说，任的罪行主要在于不经许可取走奉宸库珍宝，并试图以这些奢靡之物向皇后邀宠，以非法的手段希图回报。还有，任"罪恶极多，不可遽数"。司马光请求彻查、惩治任守忠的罪行。[50]在这一点上，司马光是否有意将过去皇室内部关系的紧张归咎于任守忠尚不明确。尽管如此，司马光含糊地说他罪行繁多，就给皇帝留下了充分的空间让任守忠承担各种罪责。

  在皇帝没有答复他这通奏札时，司马光又连上两札，要求处罚任守忠。在这些奏札中，他明确地称任守忠需要为太后与皇帝的关系紧张负责。吕晦（1014~1071），时任谏院侍御史，是司马光的同事，也上书持同样意见。[51]

  司马光在最后一封关于任守忠的札子里说任给英宗和高皇后带来祸害。仁宗还在世时，任守忠不让英宗如愿频繁地探视仁宗。曹太后摄政期间，任守忠散播不实的流言，意使太后与皇帝关系紧张。

92 司马光接着说任守忠一度想废黜英宗，但曹太后没有同意："赖皇太后聪明，确然执义，不可倾移。不然，祸变之兴，岂可具道！"

  据司马光称，在曹太后还政之后，任守忠继续在太后和皇帝之间制造紧张冲突。这时因为皇权已经从太后手中交还给了英宗，任守忠试图让英宗反对太后。尽管英宗并不一定听信，但任守忠的谗言还是使得太后非常焦虑、痛苦。事实上，她沮丧到整日痛哭，终于罹病。最后，任守忠假传太后懿旨，从奉宸库中取走珍宝。随后他把宝物献给皇后，以期获得她慷慨的回赐。结果他不仅败坏了皇后的名声，也影响了太后和皇帝之间的关系。罗列完任的罪状，司马光明确要求皇帝公布任的罪行，并公开处死。[52]英宗将任守忠贬斥出京城，以此作为对司马光上书的回应。[53]

尽管任守忠确实扮演了一个破坏英宗家庭关系的角色，但我们很难相信仅凭他个人，能够引起如此多的矛盾。正如本章前面提到的那样，英宗有过冒犯太后的言行，太后也确实有过废黜英宗的打算。可是司马光在札子中表述成任守忠是唯一的罪魁，太后拒绝其误导，才没有罢黜英宗。显然司马光有意让任守忠背负所有的罪责，以求太后和皇帝不再为过往的敌意所累。

在任守忠被赶走后不久，司马光上书英宗，提醒他好好利用任守忠这个替罪羊。据司马光所言，太后尚未意识到任守忠应当为她和英宗皇帝之间的矛盾争端负责，皇帝应该向她解释清楚。司马光写道：

> 臣愚窃恐皇太后尚未能尽知奸人之情，与陛下所以斥去之意。伏望陛下与中宫亲诣皇太后阁顿首陈谢。具述从来为守忠等所误，致屡有违忤太后之意，今守忠等既去，愿与皇太后母子之恩一如旧日。

他继续提醒英宗皇帝，这是修复与太后关系的最后机会，如果他错失了这个机会，两宫关系可能就永远冷淡下去。这样一来，不但当世人会对英宗不以为然，以后的千秋万代也会批评他。[54]

我们不能过分夸大司马光调停工作的成效。[55]虽然英宗和太后之间的敌对减少了，但司马光不是唯一居中调和的官员。哪怕是前文提到的坚定站在英宗一边的韩琦，也敦促皇帝对太后好一些。此外，各位官员调停的效果十分有限。在治平二年（1065）八月，司马光再度提醒英宗多努力取悦太后。再者，他还提醒英宗去看望仁宗的女儿们。他敦促英宗对这些长公主好一些，以免显得辜负了仁宗待他的恩情。[56]从这些奏议来看，英宗似乎并没有赢回曹太后的眷爱。

尽管司马光居中调停的努力收效甚微，但仍然让他的政治生涯受益匪浅。他在仁宗收养英宗的过程中扮演的角色使得英宗皇帝感恩他，他试图缓和两宫关系的努力更进一步证实了他对皇家的忠诚。通过呼吁两宫和解，司马光向英宗和曹太后证明了他的意图在于维护他们的利益。同样至关重要的是，与韩琦、欧阳修不同，司马光自始至终对曹太后的权威表示尊重。多年以后，另一位太后摄政时，她对司马光在这个时期的言行的记忆，或许就成为她决定由司马光为她主持政局的重要因素。[57]

正如第四章提到的那样，司马光在仁宗收养英宗的过程中扮演的角色使他得以与皇家建立特殊关系。英宗生病期间司马光的种种94 举措进一步加强了这种特殊关系。在此之后，英宗和其他皇室成员进一步确认了司马光是最为他们利益着想的臣子。在英宗朝之后的岁月里，司马光继续维护皇帝的权益。如同本章前面所指出的，他担忧大臣权力的增长会损害皇帝的权力。无怪乎不久之后，他自己便挺身而出，成为与大臣权力抗衡的力量。

二　司马光与濮议

濮议（关于英宗生父濮安懿王地位的争论），是英宗朝最激烈也最伤和气的论争。司马光通过攻击欧阳修和韩琦加强了皇帝的权威。但他的方法是反对皇帝对这些高官的支持。

为了理解司马光在濮议中扮演的角色，我们需要回归英宗在亲政之后权力逐渐增强的情境。正如本章前文所揭示的那样，韩琦和欧阳修在曹太后摄政期间位高权重。在很大程度上，他们在英宗亲政之后继续把持这些权力。可是，英宗在病愈后，开始对其皇帝的角色表现出积极的态度。随着时间的推移，英宗权力渐长，大臣权力渐消。

亲政之后，英宗毫不掩饰自己对于皇位的迷恋。在病中，英宗听说三司使（财政长官）蔡襄（1012～1067），曾经反对仁宗收养英宗为皇嗣的计划。在亲政后，皇帝一再表现出对蔡襄的记恨。韩琦和欧阳修都劝谏英宗不要因为流言处罚蔡襄，因为没有书面文件可以佐证蔡襄反对收养。[58]英宗最初听取了他们的意见，但在治平二年（1065）二月，他不顾韩琦、曾公亮和欧阳修的反对，还是将蔡襄贬为地方官。[59]

英宗既公开表明他记恨蔡襄，也不掩藏对那些支持他被收养为皇嗣的官员的感激。一次，文彦博从地方官任上赴京面见英宗。会面时，皇帝明确地为他在仁宗收养皇嗣中的贡献而感谢他。为了回报文彦博的忠诚，英宗承诺会很快召他回京。在治平二年（1065）七月，皇帝兑现了承诺，任命文彦博为枢密使。[60]

除了迷恋皇位之外，英宗对改善政府管理也很感兴趣。在亲政两个月内，他开始讨论如何优化政治治理。[61]同时，也许是因为他觉得需要有经验的官僚相帮，他尽力让更多老成的官员为他服务。[62]

到治平元年（1064），韩琦已经当了七年的宰相，加上早先当枢密使的任期，他已经担任最高级官员九年之久。这意味着他占据官僚梯队顶层的职位，时间远长于他的前任与同僚。正如他在一封奏疏中说的那样，他漫长的任期已经招致了其他官员的批评，因此他请求外任，离开权力中心。他为自己求去给出了更具体的解释：他认为自己已经到了职业生涯的顶峰，是时候对取得的一切感到满足并急流勇退了。再者，他感到疲累，要高效地工作已力不从心，所以还是为新的才俊让出空间比较合适。[63]

韩琦请求调任很容易解释。虽然他担任宰相期间掌握权力，做出决策，但他的本意是忠心为君王服务。既然皇帝已经能够自己执政了，韩琦也就没有必要继续承担重任来招致非议。

从治平元年（1064）冬到治平二年（1065）冬，韩琦上呈了十二通奏疏，请求外放。[64]可是英宗想用韩琦。最初他要韩琦留下来，因为他（英宗）为仁宗服丧还没结束。尔后英宗称边境有警，他需要韩琦的辅佐。[65]考虑到韩琦丰富的军事经验，他坐镇朝廷当然是有裨益的。然而在边境的侵扰结束之后，英宗还是把他留在朝廷。事实上，韩琦直到神宗朝的第一年才离开朝廷。

英宗重用韩琦，似乎并不担心给予他太多权力会带来危险。从治平二年（1065）五月到同年七月文彦博被任命为枢密使之前，因为富弼病中，不能履行其职责，韩琦和曾公亮还短暂担任过枢密院首脑。韩琦、曾公亮都没有辞去宰相之位，所以他们实际上成了宋朝军政机构共同的领导。[66]

从英宗对韩琦的态度可以看出，他充分信任韩琦的忠诚。可是，并非所有官员都乐意看到韩琦和其他宰执大臣久居权力中心，尤其是台谏经常抗诉宰执垄断朝廷的决策。

前文提到在英宗患病期间，司马光担心如果太后允许大臣代替皇帝做出太多的决策，英宗就会大权旁落。英宗甫一亲政，司马光就敦促他把权力收回自己手中。比如，治平二年（1065）八月，他上书英宗，称宰执大臣掌握太多权力，导致他们得以任人唯私，他呼吁皇帝亲掌任免奖惩的权柄，以恢复公平，稳固皇权。[67]监察御史里行吕大防（1027～1097）也说宰执把持了太多应该属于皇帝的权力。[68]在司马光和吕大防看来，要加强皇权就必须削弱宰执大臣的权力。

对司马光和吕大防以及其他台谏来说，濮议是削弱高官权力的绝佳机会。濮议不能被单纯地解读为一场关乎礼仪的政争，它也是一次关于政治权力分配的斗争。司马光尽力捍卫皇权，尽管他对濮安懿王地位的看法有异于英宗。

　　司马光从争论一开始就扮演了很重要的角色。治平二年（1065）四月，英宗命翰林学士讨论应当以什么礼仪来崇奉已故的濮王。因为濮王是英宗的生身父亲，翰林学士王珪（1019～1085）及其同事不敢提出建议。司马光也参与了讨论，为他们写了一篇草稿，后来成了王珪呈交的正式提案的基础。[69]

　　司马光写这篇草稿并不需要新的思考，因为早在争论开始之前，他就对此有了自己的看法。英宗即位一个月内，司马光建议英宗只把仁宗皇帝一个人当成已故的父亲崇奉。英宗已经被"大宗"仁宗皇帝收为养子，就不应该再把自己当作"小宗"——生父濮王家族的一员。司马光还举了一些历史上从"小宗"过继到"大宗"的例子。他指出只有那些声名狼藉的不成功统治者，才会寻求给生身父母更高的头衔，他们的举动"不足为孝，而适足犯义侵礼，取讥当时，见非后世"。[70]

　　鉴于司马光认为英宗即位初期政局并不稳固，司马光对英宗的提醒是可以理解的。既然英宗的合法性源于他是仁宗皇帝的养子（作者注：仁宗皇帝"大宗"的直系后嗣），任何模糊这一地位的举动都会潜在地弱化他即位的合法性。正如本章之后要详细展开的，司马光在濮议中确实用对英宗即位合法性的担忧来解释他的立场。

　　王珪基于司马光的观点写成提案，他重申了司马光的理念，反对以任何仪式将濮王作为英宗的父亲来纪念。当论及皇帝与濮王的恰当亲属关系时，他认为应该是"皇伯"。然而欧阳修认为被收养的儿子仍然有对亲生父母尽孝的义务，因此他主张英宗称濮王为"皇考"。这个观点得到了韩琦的附和。[71]他们希望自己的观点被其他官员支持，便建议在宰执和台谏范围内组织一场正式的讨论。英宗接受了这个提议。讨论在治平二年（1065）六月举行。

　　令欧阳修和韩琦吃惊的是，所有的台谏都支持王珪的提案。不仅如此，还政之后就不过问朝政的曹太后也在深宫之中表达了她的意见。她送去了封手书，为宰执们拟授予濮王"皇考"的称号而训斥他们。英宗被手书震慑，立刻命令停止讨论。韩琦和欧阳修坚持他们的观点，呈交了奏疏给太后，辩称王珪是错的。可是他们不希望再次与太后对峙，所以只是想要拖延到她怒火平息后再解决这个问题。[72]

太后的反应也是可以理解的。一方面，英宗的合法性很大程度上取决于他和已故的仁宗以及曹太后（仁宗皇后）的关系；另一方面，曹太后在宫廷生活中的地位在某种程度上也取决于她和英宗皇帝的关系。当然，只要宋朝存续，不管她和现任皇帝关系如何，已故皇帝遗孀的身份总是能保证她过着养尊处优的生活，并享有崇高的地位。可英宗"母亲"的地位能帮助她保持影响力，如果没有这个身份，其影响力就可能逐渐消失。如果濮王变成了"皇考"，英宗的生母就成了"皇妣"，这样一来，曹太后自己作为皇帝在世母亲的地位就成问题了。显然，只要太后感到自身地位受到了威胁，就不能接受这样一个崇奉濮王的方案。

英宗下令停止讨论之后，王珪没有再就此问题发表评论，而司马光和其他赞成王珪的官员则继续推动王珪提案。据司马光说，大多数官员都支持这个提案，他还辩称多数人是对的，因为一个人不能有两个父亲：

99　　　设使仁宗尚御天下，濮王亦万福，当是之时，命陛下为皇子，则不知谓濮王为父为伯？若先帝在则称伯，没则称父，臣计陛下必不为此行也。以此言之，濮王当称皇伯，又何疑矣？

于是，他要求皇帝接受公议，称濮王为"皇伯"。[73]

司马光等人一再敦促，但英宗皇帝还是没有做决断。司马光的台谏同僚没有谴责英宗犹疑不决，而是责怪韩琦、欧阳修"惑乱"皇帝。[74]御史吕诲、范纯仁（1027~1101）和吕大防显然将他们对王珪提案的支持和削弱宰执地位的愿望结合在一起。为了同时达到

这两个目的,他们对韩琦和欧阳修发起猛攻,例如,他们在联名上书中写道:

> 豺狼当路,击逐宜先,奸邪在朝,弹劾敢后?伏见参知政事欧阳修首开邪议,妄引经据,以枉道悦人主,以近利负先帝,欲累濮王以不正之号,将陷陛下于过举之讥。朝论骇闻,天下失望。政典之所不赦,人神之所共弃。……当属吏议,以安众意。

御史继续攻击韩琦附和欧阳修的观点,谴责曾公亮和副相赵概(996 或 998~1083)没有反对韩琦、欧阳修。这封上书称所有宰执都应该受到处分。御史在奏疏中总结道,欧阳修罪大恶极,他们不愿意与他一同共事,宁愿被流放。[75]

御史攻势猛烈,而英宗表现冷淡。因为两边都没有攻击他,他 100 看起来乐于让官员们自己争出个结果来。英宗私下希望称生父为"父",但他不愿意公开表达自己的立场,也许是因为害怕曹太后的反应。[76]

治平三年(1066)春,宰执们终于找到了一个办法使皇帝有信心站在他们一边。他们说服太后接受了一套达成折中方案的秘密计划。(按计划)先由太后宣布如下内容:第一,追封已故的濮王为"皇",他的三个妻子(包括英宗的生母)为"后";第二,英宗称濮王为"亲",这个称谓没有"皇考"来得尊崇。再由英宗表示不能完全接受,拒绝封生身父母为"皇""后"(当然也拒绝封生父的其他妻子为"后"),而只接受称生父为"亲"。宰执们不知用什么办法说服太后接受了这个计划,这个计划也真的执行了下去。[77]

在折中方案公布之前,有传言说濮王要被追封为"皇"。一听说这个流言,司马光立即上奏反对:

> 仁宗恩泽在人，沦于骨髓，海内之心所以归附陛下者，为亲受仁宗之命为之子也。今陛下既得天下，乃加尊号于濮王，海内闻之，孰不解体？

司马光写道，这样一个有害无益的主意，必是那几个给出过相似建议的大臣提出的。他们只想利用政策让自己此前的过失合法化，根本不考虑可能带给皇帝的危害。对皇帝来说听从他们的建议就不是明智的选择。他继续写道：

101

> 臣又闻政府之谋，欲托以皇太后手书，及不称考而称亲。虽复巧饰百端，要之，为负先帝之恩，亏陛下之义，违圣人之礼，失四海之心。政府之臣只能自欺，安能欺皇天上帝与天下之人乎？[78]

和前文所引的谏官们的奏疏类似，司马光的上书也是一石二鸟。首先，他反对尊濮王为"皇"的计划，因为这可能损害英宗的合法性。为了让论证更有说服力，他把这个计划和皇帝本人撇清了干系，归咎于宰执。其次，通过论说宰执们没有把皇帝的利益放在心上，他也为自己此前的观点——宰执大臣不应被过分信任，不应该有太大的权力——提供了更多的论据。

英宗皇帝没有听从司马光的建议。当官员们反对他的决定时，皇帝没有立刻说他们是错的，而是不对他们的奏疏进行回应。与此同时，他允许宰执履行制度程序，这样一来就可以正式地称已故的濮王为"亲"。

尽管英宗已经表态支持宰执，但御史吕晦、吕大防和范纯仁继续反对。为了让自己的声音不被忽视，他们罢工在家，不履行职务，同时，用更多言辞激烈的奏疏来抨击韩琦、欧阳修。他们让皇帝进退两难：他必须撤回决定并处罚韩琦、欧阳修，不然御史们就不干。英宗大吃一惊，要他们回来干活。可这三个御史拒绝服从，除非他们的要求得到满足。[79]

御史的坚决使得英宗无法两边讨好。韩琦和欧阳修也被御史的攻击激怒，不愿意与御史和解。当英宗咨询他们应该如何处理这些御史的时候，韩琦回答说："臣等忠邪，陛下所知。"欧阳修进一步说，既然御史拒绝和他以及韩琦在朝中共存，皇帝就不得不做出选择。[80]

因为不能依靠宰执控制局势，英宗被迫当起了最高仲裁者，这是司马光一直要他承担的角色。可是英宗做出的决策却不是司马光希望的。在很长的踌躇之后，英宗皇帝决定支持韩琦和欧阳修，将三位御史外放到地方。[81]他很难做出相反的抉择，因为他不想被迫管自己的生父叫"伯"。

台官的贬谪激起了官员的抗议浪潮。曾为王珪起草提案的司马光也加入进来。他的奏疏很具个人典型特征，仍是从皇帝利益的角度持论的。据司马光说，支持宰执的决定对英宗皇帝有损，出于两个原因。第一，称濮王为"亲"，使得很多臣民怀疑英宗是否在全心全意继承、维护仁宗的遗业。后果就是英宗皇帝的声名受累。第二，台谏是皇帝的耳目，如果他们因为忠直进言而受罚，那就没有人再敢在朝中说出拂逆圣意的真话，这会导致皇帝无法获知官员表现如何，也不知道他的政策是否得宜。[82]

当势态表明英宗皇帝不会接受他的意见之后，司马光一再要求皇帝将他和三位御史一同降职。他提醒皇帝，早在濮议开始前，他就警示过不要提升濮王的地位。再者，濮议开始之后，是他草拟了由台谏呈递的奏疏。他的理由是，如果反对者是错的，那只处理追随者（三位御史）而宽赦了领导者（他自己）是不公平的。如果这种不公平为世人所知，朝廷的声誉就会受损。另外，他作为领袖却被宽赦，那恰恰说明反对者本来就没有错。既然如此，为何要处罚御史呢？他的反对者领袖身份既已广为人知，他又将如何面对世

102

人？世人会不会觉得他司马光让御史们陷入困境，而最终只让自己免于受罚？[83]

然而英宗对司马光的请罪置若罔闻。他决定不处罚司马光也许有如下原因。其一，考虑到司马光在英宗被收为皇嗣的过程中出力不少，考虑到他的忠诚，英宗皇帝对他保有一份特殊的感激与信任。[84]其二，虽然司马光提出了被三位御史强推的建议，但他没有迫使皇帝在自己和宰执之间做出抉择，所以皇帝也不必为了让宰执继续履任而处理他。其三，尽管英宗皇帝外贬了三位御史，但那也是不得已而为之。[85]不处罚司马光，既是为不激怒台谏为数众多的支持者，也是为缓和对台谏的打击。

濮议期间的斗争改变了所有卷入者的处境。虽然英宗拒绝了司马光和台谏的建议，他们仍凭借在这场争论中发挥的作用而获得了巨大的声望。具有讽刺意味的是，早些年欧阳修任谏官时也是以同样的方式名声大噪的。正如已故的刘子健教授指出的，台谏的权势在20年前的庆历新政期间有了决定性的增长。"欧阳修和其他的批评者在新政时期获得的巨大影响力，使得很多官僚相信：获得声望的最佳方法就是狠狠地攻击别人。"[86]前文已经指出，韩琦也是通过当谏官获得名声的，他曾有效地攻击四个宰执，使得他们同日被罢。因而濮议期间，台谏对抗欧阳修、韩琦的巨大力量在某种程度上说，正是早年韩琦和欧阳修任台谏时努力的产物。

事实上，如刘子健教授所言，台谏们的行为和20年前欧阳修与其同道在庆历新政中的表现有些相似。庆历改革时，欧阳修和同道认为他们的政策立场代表意识形态的权威，通过拂逆皇帝的意志，大胆批评，将贬谪置之度外，因而扬名立万。这也正是濮议期间台谏们所做的。[87]二者的共同点是，低级的官僚通过拿职业生涯冒险，追求他们所谓的具有道德优越性的政治主张，以此获得有道德操守的美誉。

可以理解，欧阳修认为吕晦和其他台谏通过攻击他和韩琦来猎取声名。令欧阳修气恼的是，濮议确实直接让台谏们赢得了大量美誉。欧阳修说，大部分士大夫都没有看透吕诲及其团伙的自利意图，"但谓以言被黜，便是忠臣，而争为之誉"。[88]

尽管英宗没有像处罚三位御史那样处置司马光，但司马光请罪的要求还是给他的政治生涯带来收益。通过请罪，司马光再次表明，面对挫折，他没有逃避责任。在这场朝廷论争中，他坚持自己对台谏失败负有领导责任，表现出他是一个值得信赖的领袖，在危机中庇护而不是抛弃追随者。台谏在官员中拥有广泛的支持，司马光强调濮议中自己的领导地位，也提高了他在大部分官员中的声望。与三位御史不同，司马光获得这些利益没有付出仕途蹉跌的代价。

鉴于司马光早在濮议开始前就反对授予濮王荣衔，他在濮议中坚持的立场显然不是为了个人收益。事实上，司马光并不认为批评高官会为职业生涯带来益处。他甚至在论争时辞去了知谏院一职。辞职过程如下：治平二年（1065）下半年，司马光被任命为龙图阁直学士，[89]他不仅拒绝这个新的任命，还要求解除旧职。他解释说因为担任谏官，已经得罪了太多的人，他树敌众多，恐怕会让自己和子孙很难在世上找到安全的立锥之地。因为他态度坚决，英宗允许他辞去谏官之职，但还是强制他接受新的任命。[90]可以看出，司马光将批评宰执看作违背个人利益的行为。离职后，再参与论争只是因为他关注皇帝与宋朝政府的未来。

不过，名声带来的实惠和他的动机无关。很多年以后，他的朋友苏轼为他写神道碑，仍然把司马光在濮议中扮演的角色视作他一生的重要成就。苏轼写道，司马光在濮议中的举动让他受到了全国的景仰。[91]为了强调司马光的重要性，苏轼特别指出，司马光给王珪写的草稿还在。[92]

尽管欧阳修和韩琦在濮议中获得了英宗的支持，但长远来看，他们是不折不扣的失败者。在这场论争之前，他们靠漫长的任期以及英宗皇帝过去的倚重在政府中享有很大的权势。在这场争论之

105

后，他们显然只能依靠英宗皇帝的支持，与攻击他们的台谏（以及台谏的同道们）抗衡。因此，濮议标志着大臣与英宗权力关系的转折点。从前英宗皇帝依靠他们，自此以后，大臣们更加依赖英宗皇帝。

面对台谏不间断的攻势，韩琦和欧阳修既震惊又沮丧。韩琦回忆起他和已经去世的范仲淹（范纯仁的父亲）的亲密友谊。他待范仲淹如同兄长，自然也曾视范纯仁如子侄，所以不能不为范纯仁对自己的抨击而震惊。[93]欧阳修则直到神宗朝都对濮议期间的痛苦经历无法释怀。[94]

从韩琦和欧阳修的角度，他们确实很难理解对他们的攻击，毕竟，是英宗自己想叫去世的濮王为"亲"。从某种意义上说，濮议期间，他们只是做了和曹太后摄政期间一样的事：他们用自己的政治权力与技巧去捍卫他们认为符合英宗利益的东西。

很不幸，对于韩琦和欧阳修而言，曹太后摄政结束后的政治态势改变了他们和皇帝及其他官僚的关系。在曹太后摄政期间，宰执的权力是防止太后权力过度膨胀、避免太后阻碍皇帝亲政的一层坚实保障。而摄政结束之后，他们掌权不再以牺牲太后的权力为代价。他们越是主导决策，英宗皇帝就越是显得无权可用。因此，在一些官员眼中，他们的存在已成为皇权的障碍。另外，韩琦自己也意识到，他继续占据高位意味着其他官员几乎没有机会登上高位。所有这些理由一同构成了台谏猛烈攻击宰执并获得广泛支持的基本背景。

皇帝在濮议中扮演的角色也值得探究。如司马光预言，英宗皇帝站在宰执一边削弱了他在民众中得到的支持。具有讽刺意味的是，欧阳修一封关于濮议的文章中就有支持此说的证据。欧阳修写道，许多"俗"人认为英宗皇帝应该呼濮王为"伯"，因为普通民众收养孩子的时候，也会有意忽视孩子与其亲生父母的关系。再有，在濮议期间，坊间流言四起，说朝廷打算把宗庙中仁宗的牌位

106

换成濮王的。[95]欧阳修援引这些话，将它们作为恶毒而荒谬的谣言。然而，尽管谣言没有直接的事实凭据，但还是说明英宗崇奉亲生父母这件事会给人带来一种强烈的篡夺感。如果牌位真的换了，那就好似英宗让濮王篡夺了仁宗的皇位。人们在传播流言的时候，清楚地指明了英宗尊濮王为"父"，是在疏远与仁宗的亲缘关系。当然，英宗既未真的尊濮王为"皇"，这些流言造成的损害也就不会持续很久。

就朝廷势力的平衡来看，英宗是大大的赢家。不管英宗在濮议之初的主观目标是什么，不同官员群体的斗争加强了他作为最高仲裁者在朝政决策上的权力。事实上，官员间的制衡是从宋朝开国者身上继承下来的传统之一。正如真宗皇帝明确指出的，他需要让持有不同政见的官员在朝，他们会彼此批评，相互制衡，于是就都不敢为非作歹。[96]

宰执和台谏（包括司马光）彼此猛烈攻讦时，都向英宗寻求支持，而且两边都指控对方对皇帝不忠。这样一来，对皇权保持忠诚这一价值观就得以重申。在某种程度上，濮议的结局让人想起刘子健先生对范仲淹改革的分析：当官员们分裂成不同的派系，并且都向皇帝寻求支持时，他们事实上提高了皇帝作为最终仲裁者的地位。[97]正如前文指出的，濮议使得韩琦、欧阳修很依赖英宗的保护。尽管司马光和其他台谏得到了绝大多数官员的支持，但宰执的官位还是在台谏之上。为了击败这些高官，他们也需要皇帝的支持。因此他们不得不在攻击政敌的同时，向皇帝表明自己的忠诚。

在濮议的最后，英宗清楚地认识到，支持欧阳修、韩琦的决定是不得人心的。为了把损失降到最低，英宗尝试撇清自己与称濮王为"亲"这一决定的关系，比如，在解释贬谪台谏的诏书中，英宗一开头就提醒大家是太后要他呼濮王为"亲"的，并且要给濮王"皇"的头衔。而他自己只接受了"亲"这一称呼。[98]在和官员私下谈话时，英宗还试图把所有的责任都转嫁到韩琦、欧阳修头

107

上。当官员批评他想要呼濮王为"皇考"时，他立刻声称这是宰执的主意，与他本人无关。[99]

司马光劝说英宗更改决策，也帮助英宗和称"亲"的决定拉开距离。司马光在上书中写道：

> 臣近曾上殿，蒙圣恩宣谕以濮王称"亲"事，云："此亲字官家亦本不欲称，假使只称濮王与仙游县君，有何不可？"臣乃知陛下至公，初无过厚于私亲之意，直为政府所误。

108　　他接着说宰执误导英宗的唯一原因是他们试图用压制批评的方法垄断权力。他接着呼吁英宗将权力收归自己手中。[100]

从某种程度上说，虽然英宗和司马光站在论争的对立面，但在加强皇权一事上通力协作。通过尽量撇清英宗与那不得人心的决定的关系，英宗皇帝和司马光同心协力，确保大多数官员仍对英宗皇帝效忠。通过让宰执背下所有的责任，英宗和司马光将大众的不满引向宰执，从而使宰执不得不继续仰赖皇帝的保护。

显然，英宗虽未采纳司马光关于濮安懿王礼法地位的建议，但在集中皇权一事上与司马光达成了一致。[101]随着英宗执政经验增多，他渐渐从宰执手里收回了权力。没有证据显示他想换掉宰执，他想做的是把他们从政府首脑变成政策顾问。英宗告诉宰执："朕欲与公等日论治道，中书常务有定制者，付有司行之。"[102]换言之，他希望宰执不再直接控制政府的具体事务。

至迟到治平三年（1066）底以前，英宗已经开始直接管理宋夏关系。西夏在治平三年（1066）侵宋，英宗依照韩琦的建议做出反应。然而，在英宗决策的执行中，韩琦没有起到什么作用。事实上，治平三年（1066）十一月，韩琦需要请示英宗来了解宋夏关系的新动向。这时，英宗已经病得很重了，而他仍无意放权。[103]如果将此时的情形与英宗即位初期比较，皇权的加强显而易见。

但是英宗权力的增长只是短期现象。正如下一章要揭示的，治平四年（1067）五月，英宗去世，韩琦和欧阳修的权力又反弹式增长了，这使得二人又遭受了新一轮的攻击，司马光又参与其中。　109

英宗的统治时间虽然较短，但仍然是皇帝不在表面上施威就能加强控制的上佳范例。当英宗允许台谏持续攻击韩琦、欧阳修时，他一定对低级官员及其支持者展现出宽和君主的形象。因而当高官权力在台谏的攻击下实力削弱，他坐收渔利，为自己赢得能容人的好名声。他最终援护宰执，贬谪台谏，但仍营造一种印象：这更多是宰执的决定，而不是他的。这样就如同含蓄地鼓动濮议中失败的一方将失败归因于宰执们过大的权力，从而向位高权重的宰执发起新一轮攻击。对台谏及其支持者而言，英宗是个温和的君主，与他们没有嫌怨，并且需要他们支持。当然，英宗也从未对高官表现出严厉的一面，毕竟所有攻击都是台谏发起的，不是皇帝自己。最终，这些高官还因为皇帝施救而欠他的情。因为宰执和台谏势不两立，皇帝不需要直接打击任何一方就能扳倒他们。而要控制双方，他只要按自己所需，调整对于双方的保护，让两边互相攻讦，降低他们的影响力。

英宗短暂的统治也显示出司马光在朝廷权力分配中做出的特殊贡献。在很大程度上，司马光在英宗朝的作为说明他对皇帝起到了两个相互关联的作用：第一，当皇帝处于弱势时，皇帝可以确信司马光会忠诚地维护皇帝的利益；第二，司马光可以有效地制衡有权势的朝臣。换言之，他有助于确保皇帝，而非高官，在宋朝政府行使最高权力。下一章将说明在神宗统治期间，发挥这两大作用在司马光政治生涯中仍占中心地位。

第六章

神宗朝初期的政治过渡

111　　神宗在位期间（1067～1085），朝廷经历了一场急剧的变革，司马光也成为宋朝最受尊敬的政治家之一。本章及之后的章节将论述这一崛起是神宗朝变化的政治环境和司马光一贯思想行为模式相互作用的结果。本章将讨论神宗朝前九个月中相互关联的三个问题：宋朝政府的权力再分配，司马光在权力再分配过程中扮演的角色，以及再分配对司马光职业生涯的影响。

　　在一些方面，这九个月中的权力再分配和整个英宗朝发生的事是类似的。神宗统治初期，韩琦和欧阳修势力大到让年轻的皇帝有被他们盖过的感觉。但是在九个月之内，神宗在所有官员中确立起了自己的主导地位。可是，不像英宗朝的权力再分配，神宗治下的权力再分配最终让欧阳修和韩琦离开了朝廷。

112　　即位时，年轻的神宗皇帝所面临的最大挑战是韩琦和欧阳修的压倒性权威再度出现。正如上一章所写，英宗在他短暂的统治最后能够直接控制政府。不幸的是，神宗并没有自动从英宗那里继承这种控制。与此前的太宗、真宗和仁宗一样，英宗非常不情愿地指定了皇位继承人。因为英宗不想在皇室继承序列上给神宗一个明确的位置，所以神宗不得不依靠某些大臣（尤其是韩琦）来巩固自己的地位。这种过往的依赖对于理解神宗统治初期他和大臣的关系至关重要。

　　英宗即位后不久，他的病情使司马光敦促他立神宗（当时位为淮阳郡王）为储，以确保宋朝的长治久安。英宗看来没有做出任何反馈。[1]英宗康复以后，他仍然对立储毫无兴趣。

英宗逝世前数月，他再次罹患重病。在治平三年（1066）十二月，他已经无法清楚地讲话。他必须和官员们笔谈。尽管病得如此严重，英宗还是拒绝指定继承人，[2]结果就是神宗作为皇位继承人一事并不十拿九稳，尽管他是英宗的长子。[3]

英宗的确有充足的理由提防他十九岁的长子。神宗已经到了可以从父亲手中接管政府的年纪。[4]毕竟当周怀政要病重的真宗让位给仁宗时，仁宗才十一岁。[5]作为一个严肃而好学的青年，神宗具备了赢得士大夫爱戴与支持的素质。[6]

而且曹太后非常喜欢神宗。在英宗第一次触怒太后时，她也对神宗有所怨恨。但神宗通过对她的尊崇使她回心转意。[7]在嘉祐八年（1063）十二月，神宗即将成年，要搬离皇宫。他因要与父亲和太后告别，哭得很哀伤。太后也哭了。搬走之后，神宗每天两次诣宫问安。[8]值得注意的是，在前一个月，太后还考虑要废黜英宗。显然，英宗与太后之间的不和并未影响到她对神宗的喜爱。可以预测，如果官员们试图说服病中的英宗传位给神宗，太后会表示支持。

不过，尽管英宗的担忧有其道理，但他拒绝指定继承人可能给宋朝政府带来不稳定因素。继承序列越不清晰，英宗死后发生继位纷争的可能性就越大。继位纷争自然会对朝政造成很大的破坏。这事再次说明，有时在位的皇帝出于个人利益最大限度巩固自身权力的努力，与整个国家的利益是冲突的。作为英宗的长子，神宗是最可能继承英宗皇位的人。然而，从官员们的角度来看，哪怕即位之争只有很小的可能性，风险也还是太大了。

韩琦的典型反应，是坚定地通过捍卫神宗的皇位继承权来确保皇权的平稳过渡。李焘生动地描述了韩琦如何辅导神宗确保自己作为皇位继承人的优势：

> 一日，宰相韩琦等问起居退，颍王（作者注：后来的神宗）[9]出寝门，忧形于色，顾琦曰："奈何？"琦曰："愿大王朝夕勿离上左右。"王曰："此乃人子之职。"琦曰："非为此也。"王感悟去。[10]

韩琦的暗示不难理解。如果英宗突然逝世，没有指定皇位继承人，在他身边的皇子就有继位的优势。如果了解宋代早几朝的历史，就会知道韩琦智慧之可贵。宋太祖逝世时，他的皇后宋氏想传召他们的儿子德芳来继承王位。然而她派出的人却传信给宋太宗，背叛了她。宋太宗一赶到皇宫，皇后非常害怕，立即承认太宗为新皇帝，并请求他的宽贷。[11]

正如第四章提及的，宋太宗继承皇位的具体情况扑朔迷离，但可以确信的是，早于德芳抵达，让他在争位时有了巨大优势。事实上，太宗即位为帝时，德芳还没有机会获悉太祖的死讯。

在英宗去世前不久，韩琦终于说服他指定神宗为皇位继承人。韩琦和翰林学士张方平（1007~1091）请英宗亲笔写下明确无误的旨意，以防将来出现对神宗即位合法性的质疑。李焘详细地描绘了他们在此过程中的谨小慎微：

> 辛丑，帝疾增剧，辅臣问起居罢，琦复奏曰："陛下久不视朝，中外忧惶，宜早立皇太子，以安众心。"帝颔之，琦请帝亲笔指挥，帝乃书曰："立大王为皇太子。"[12]琦曰："必颍王也，烦圣躬更亲书之。"帝又批于后曰："颍王顼。"琦即召内侍高居简授以御札，命翰林学士草制。

尽管英宗已经给了指令，张方平还是坚持要亲自见证皇帝再次下达同样的指令：

学士承旨张方平至榻前禀命，帝凭几出数语，方平不能辨，帝以手指画几，方平因请进笔书所谕，遂进笔，帝书"来日降制，立某为皇太子"十字，所书名不甚明，方平又进笔请之，帝再书"颍王"二字，又书"大大王"三字，方平退而草制。[13]

李焘的记录还让我们很好地了解到英宗多么不情愿指定皇位继承人：

帝既用辅臣议立皇太子，因泫然下泪。文彦博退谓韩琦曰："见上颜色否？人生至此，虽父子亦不能无动也。"琦曰："国事当如此，可奈何！"[14]   115

李焘没有解释英宗落泪的缘由。而文彦博与韩琦之间的对话暗示了皇帝因预见到自己的死亡以及将传位给长子而陷入悲伤。

因为神宗仰赖韩琦的支持，无怪乎韩琦的政治权力在神宗即位后再度增长。襄助神宗获得皇位的其他高官也受到了青年皇帝的礼遇。正如龙图阁学士韩维解释的那样，神宗需要尊重厚待元老重臣，因为他们有两朝拥立推戴之功。韩维还恭敬地建议皇帝凡是政府事务都要咨询重臣意见，限制皇帝参与要务、急务之外的决策。韩维还呈递了他自己注解《孟子》中关于居丧礼仪的篇章。[15]根据这段文字，居丧的统治者应当把政府事务委托给宰相，自己不发布任何号令。[16]在神宗初登皇位的朝廷，这就意味着神宗要允许韩琦和其他高官重臣来替他执政。皇帝与这些重臣在年龄和经验上的差距使得重臣们在控制朝政上有着巨大的优势。[17]年轻的皇帝缺乏经验，又礼敬重臣，韩琦和欧阳修在默认之下回到了主导朝政的领导地位。[18]

神宗对高官重臣的态度复杂矛盾，一方面他感恩他们过去推戴拥立英宗和他自己；另一方面他也不满意大臣，尤其是韩琦和欧阳修，行使了过大的权力。[19]换言之，神宗是礼敬恭顺了，但并不喜欢如此。本章下文会论述这种矛盾的心理在台谏再度攻击欧阳修和韩琦的时候会表露出来。尽管神宗感激韩、欧，因此也保护他们，但他也希望削弱韩欧的权力，这使得神宗的保护显得二三其德。

虽然神宗依赖过韩琦、欧阳修，但他需要韩、欧的程度远不如英宗当年。神宗是前任皇帝亲生的长子，换言之，神宗即位比起英宗朝初期的英宗来说，有更大的权力合法性。再者，神宗和太后之间没有重大不和，[20]故而宫内也没有对他皇位的潜在威胁。所以，神宗不需要高官重臣们像当年保护英宗那样保护他。

还有，与英宗不同的是，神宗在即位之初，健康状况很好。他没有表现出像英宗那样的自我怀疑，因此较少依赖重臣行政上的辅助。他渴望通过根本性的改革来巩固自己的国家，他一开始就喜欢任用新锐。[21]因此，他不会像英宗那样舍不得韩琦和欧阳修离朝。

鉴于神宗对重臣高官的矛盾态度，各位言官有很多机会迫使欧阳修和韩琦下台。导致欧阳修离朝的事件与英宗朝党争余绪密切相关。许多官员憎恶欧阳修在濮议中的所作所为，渴望找到机会攻击他。神宗即位后不久，一个叫刘庠的言官弹劾欧阳修，称他在祭奠英宗的丧服下穿着紫色朝服。可能是因为这只是小过失，神宗没有对言官的诉求做出回应，而是派人要欧阳修换去朝服。[22]

此后不久，几位言官找到了攻击欧阳修更好的理由：在某种程度上，是欧阳修自己招致了这新一轮的攻击。薛良孺是欧阳修妻子的堂弟，在英宗逝世前不久遭到弹劾。由于神宗即位，大赦天下，弹劾不作数。但欧阳修坚持薛良孺不能被宽贷，他的理由是薛良孺不能凭是他亲属的身份而获得"特殊"的宽大。于是薛良孺丢了官。[23]

欧阳修对于薛良孺的处理是不近情理的。薛在大赦下被原谅并不是什么特殊待遇。欧阳修不让薛从大赦中获益，实际上是单单挑出了薛，进行了额外严厉的处置。由于没有关于欧阳修动机的直接记录，我们只能猜测。他或许只是想让自己的亲属遵循更加严格的行事标准，或者他想通过严厉对待亲属来表现自己的清廉。正如前文提到的，他和其他高官重臣曾被指控在人事上拥有太大的权力，因此也很可能他感到一种迫切的需求，要撇清自己搞裙带关系。

不出所料，薛良孺为此痛恨欧阳修。为了报复，他散布谣言说欧阳修和长媳通奸。[24]谣言传到了御史中丞彭思永处，彭思永将消息传播给了蒋之奇（1031~1104）。在英宗朝，欧阳修举荐蒋之奇担任御史，因为蒋对于濮议与他持相同的观点。[25]因此许多官员把蒋视作奸人。为了洗脱自己，蒋之奇引述了这一风闻之言弹劾欧阳修，并建议皇帝公开处决欧阳修。当皇帝对这一指控的真伪表示怀疑时，彭思永附和蒋之奇的指控，要求神宗贬窜欧阳修。[26]

这一指控让欧阳修震惊，他立即停止处理公事，要求彻查此事。他描述所受指控的含义：

> 之奇诬罔臣者，乃是禽兽不为之丑行，天地不容之大恶，臣苟有之，是犯天下之大恶，无之，是负天下之至冤。[27]

神宗的回应表现了他对欧阳修的矛盾态度。尽管他衔恨欧阳修和韩琦垄断权力，但不愿让欧阳修蒙冤。彭思永和蒋之奇并没有任何实在的证据来支持他们的指控。神宗将他们贬到地方官任上，然后他写了一封手诏，向欧阳修保证自己对他的信任，并要他回到岗位上工作。同时，皇帝乐见欧阳修的权力受到挑战。蒋之奇被贬后不久，神宗打算为他敢于反对欧阳修而奖励他，被枢密使吴奎（1010~1067）劝阻，吴奎指出不能为同一件事，对同一个人既罚又赏。[28]

蒋之奇和彭思永被贬官后，苏寀和吴申继续以相同的理由控诉欧阳修。欧阳修深感羞辱，再次请求外任。神宗皇帝没有继续庇护

118

欧阳修，而是尽量借此机会加强自身的权力。首先，他接受了欧阳修的调任请求，于是除去了一名专权的朝中重臣。这发生在治平四年（1067）的三月，仅在神宗即位两个月之后。其次，神宗皇帝利用欧阳修的失势，把他当成了替罪羔羊。正如上一章所揭示的，英宗在濮议中选择站在韩琦、欧阳修一边，这个决定在官员中间不得人心。英宗通过拉开自己和称"亲"决定的距离来挽回他在百官中丧失的人心。神宗走得更远，他渴望获得那些反对欧阳修的官员的支持。他对吴奎承认，英宗的决定是错的。利用很多官员对欧阳修的积怨，神宗声称英宗被欧阳修的建议误导。[29]

尽管神宗皇帝以欧阳修为代价巩固了自己的权力，但他还无意于彻底抛弃欧阳修。事实上，神宗继续善待欧阳修。神宗让欧阳修在亳州担任地方官，离他自己的田产不远。更重要的是，欧阳修交了六封札子，要求彻底解职致仕，神宗拒绝了。这说明皇帝觉得欧阳修仍有利用价值。[30]这种善意与神宗的利益是一致的，虽然神宗厌憎欧阳修和韩琦专权，但他没有理由去怀疑他们的忠诚。现在欧阳修离开了朝廷，神宗皇帝可以充分利用他的才干，而不必忧虑他的权力过大了。

欧阳修一走，韩琦就成了下一个目标。打压韩琦的任务由王陶始，功成于司马光。值得一提的是，王陶和皇帝有着特别密切的关系。嘉祐七年（1062），王陶参与了鼓动仁宗收养英宗为皇嗣的事。[31]他在英宗朝初，也属于神宗（颖王）个人的班底。[32]神宗一直喜欢王陶的文章，而且经常会背诵一些。[33]

神宗即位后，这位年轻的皇帝多次对王陶表示出特殊的信任。一开始，神宗想派王陶去负责减省修建英宗陵寝的费用。可他马上改了主意，他想要王陶留在他身边。[34]在彭思永从御史中丞位置上被贬谪后，神宗让王陶顶了缺。在王陶首次以新的身份觐见皇帝时，神宗向他保证"朕与卿一心，不可转也"。[35]几个月之后，神宗在回应王陶关于人事问题的上书时，亲笔写了手诏，重申了他与王陶君臣一心。[36]

王陶注意到神宗对欧阳修和韩琦垄断大权的不满。他于是致力于把韩琦赶出政府最高层。[37]他利用御史中丞的言事权一再批评韩琦从仁宗末年开始独揽大权。在治平四年（1067）四月，他建议将韩琦免职。但神宗没有采纳他的建议。[38]

尽管王陶准确地感知到神宗对于韩琦权势的不满，但他没有考虑到皇帝与韩琦关系的另一个方面。韩琦对宋王朝的贡献实在太大，所以神宗没有很充分的理由就不便对他采取行动。神宗个人对韩琦的感恩虽然也很明显，但这不是韩琦地位不可轻动的唯一原因。正如第四章讨论的，此时的官员普遍预期皇帝回报那些帮助他们完成皇位继承的大臣。如果神宗对韩琦忘恩负义，就很可能会影响到其他官员对神宗的忠诚。

因为韩琦始终运用权力在为宋朝政府谋利，王陶很难找到一个好的理由来弹劾他。下面的例子可以解释王陶给韩琦找碴有多么尽力。在治平四年（1067）四月，王陶注意到签书枢密郭逵刚从陕西前线归来。王陶借此指控韩琦不忠。他称韩琦推荐郭逵担任此职，意在用郭的大军在城外发动政变，就像一个世纪前宋朝的开国者那样。于是他建议将郭逵贬谪到地方官任上。神宗再次让王陶失望了，他回复说因为郭逵是英宗皇帝任命的，他不想在郭逵本人没有任何过失的情况下贬谪后者，显现出对先父不尊重。[39]

显然神宗并不相信王陶的指控，可是他没有申斥王陶。我们可以推断，就和蒋之奇攻击欧阳修一样，神宗皇帝乐于看到言官挑战重臣，不管指控的真相如何。

当月晚些时日，王陶又找到了新的理由弹劾韩琦。北宋时，皇帝一般以会见一小群大臣来开始他的一天。根据仁宗朝的规定，这次会面后，宰执按规矩应该进入文德殿，去监督其他政府官员在那里的位次（押班）。后来，这个规定在韩琦升任宰执之前就不再执行。宰执不想浪费处理公务的宝贵时间，一般会在觐见皇帝之后直

120

接回到官署。[40]

王陶注意到这个制度的失效，决定把此事变成很大的政治问题。他先用御史台的正式文件提醒韩琦、曾公亮，要他们遵守旧规。韩琦和曾公亮或许是觉得这琐碎又不切实际，就不予理会。王陶重申了他的要求，并且补充说，因为神宗刚刚即位，他们需要遵守朝廷适当的仪式，来表达对新皇帝的尊重。韩琦和曾公亮还是没有答复。

没有回复，韩琦和曾公亮就落入了王陶的陷阱。尽管他们可能只是想表达对王陶本人的轻视，但王陶却弹劾他们不尊重皇帝。据王陶所言，韩琦的行为不仅是对官员们盛气凌人，也是对皇帝不敬。王陶甚至声称他弹劾韩琦是在拯救韩琦全族的性命，暗示韩琦要利用他手中的权势来篡位。[41]

神宗把王陶的上疏给韩琦看，韩琦回答说："臣非跋扈者，陛下遣一小黄门至，则可缚臣以去矣。"神宗被他驯顺的回复感动，不再追究。[42]

也许是为了表明自己并没有王陶描述的那样专权，韩琦、曾公亮没有对王陶发起反攻，而是一再上表要求皇帝处罚自己。[43]但王陶提出的问题太过细微，不足以合乎礼法地将这些德高望重的政治家降职。另外，无论是大臣上表待罪还是韩琦早些时候的口头答复，都承认了神宗皇帝之于他们的最高权威。既然他们已经在某种程度上表现得不像从前那样专断了，神宗毫不意外地拒绝处罚他们，也拒绝接受任何新的请罪。[44]

王陶不顾神宗对韩琦、曾公亮的正面回应，继续攻击他们。他告诉神宗既然皇帝不听他的进言，那么应该让他辞职，给他转到一个不重要的地方职位上。换言之，他尽力迫使神宗皇帝在他和宰执之间做选择。韩琦的回应是不再到职办公，以示辞职的决心。[45]尽管韩琦的回应表面看来温顺，但也可以被视作一种罢工。他以停止工作迫使神宗在王陶和他与曾公亮之间做出抉择。

这种情况给神宗皇帝带来严峻挑战。尽管他希望韩琦继续为他服务，但也不想贬王陶的官。为了安抚两边，他决定让王陶和司马光交换官职。司马光当时是翰林学士。[46]

担任御史中丞给了司马光又一个机会来扮演旧日的角色：台官，高官重臣的制衡者。尽管他一度因害怕得罪太多人而辞去知谏院的职务，但他马上接受了这个与之相似的新职位。促使他接受的原因或许是他渴望帮助神宗控制宰执。接受任命时，他的条件是神宗要命令宰执重新在文德殿押班。

司马光承认押班的仪式是很琐碎的小事，但他辩称主要问题不是仪式本身，而是言官批评宰执的权力。司马光说，宰执拥有了过大的权力。王陶因为批评宰执被调离言官的职位，使得言官非常难做。所以他希望宰执至少要按王陶要求的做。[47]司马光要求的条件明显是为了提高御史中丞的地位。但值得注意的是，他的解释假定了台谏的主要作用是约束宰执。

司马光虽然支持王陶约束宰执权力的努力，但他做起来比较温和。因为他的终极目标是加强皇权，当他相信对神宗有益时，他愿意维护宰执。事实上，他甫一担任御史中丞，就请求皇帝宽恕一位副相。

神宗让司马光和王陶互换职位时，韩琦还待在家里请求解职，曾公亮因他故缺席，所以，副相们主持每日中书事务。司马光的任命他们欣然照办，但王陶的任命他们拒不办理。这时已任副相的吴奎甚至拒绝接受神宗任命王陶的亲笔批示。他书面回复神宗，要求以毁谤宰执之罪处罚王陶；他还告诉皇帝，如果不接受这一建议，他将被视为最昏聩的统治者，受万世讥评。在尖锐地指斥皇帝后，吴奎高卧家中，称"病"要求离职。[48]

神宗被吴奎激怒了，开始考虑把他逐出朝廷，同时他希望任命王陶为侍读学士，这一职位和翰林学士在地位和声望上相近。而司马光建议神宗不要如此。司马光说吴奎在士大夫中名声很好，神宗贬谪吴奎会使他们失望。再者王陶因进言不受采纳而调离言官职位，他恐怕也不太乐于接受一个朝官的美缺。[49]

可是神宗只接受了司马光一半的建议。他把王陶遣往州县，也将吴奎贬去地方官任上。司马光担忧神宗的举动会引起很多官员的反感，建议皇帝让吴奎官复原职，因为神宗刚刚即位，大量高级官员的离弃会动摇宋朝政府。司马光写道：

> 外议籍籍，皆以为奎不当去，所以然者，盖由奎之名望素重于陶，虽今者封还诏书，径归私第，举动言语颇有过差，然外庭之人不知本末，但见陛下为陶之故罢奎政事，其罚太重，能不怪骇？如此，臣恐其余大臣皆不自安，各求引去。陛下新登大宝，先帝梓宫在殡，若举朝大臣纷纷尽去，则于四方观听殊似非宜。

司马光在分析当时的形势时，尽量减少对各方的指责。他声称对吴奎的处罚过于严厉，但也赞同皇帝处置吴奎的大方向，就是说吴奎应该受到一些处罚。与此同时，他预计一群大臣会辞职，却并不将此看作他们与神宗有不可调和的矛盾。他反而称真实的缘由是这些官员不了解皇帝与吴奎之间互动的详情。于是他将导致灾难性后果的罪责从神宗和大臣们身上轻轻摘除，甩给了无人能真正负责的所谓缺乏了解。因为司马光忧心的是官员们会疏远神宗，他将官员们与神宗的分歧描述得很容易消除，这是可以理解的。事实上，他清晰地陈述了自己的建议——将吴奎官复原职以修复皇帝与官员们的关系：

> 臣愚欲望陛下收还奎青州敕诰，且留奎在政府，以慰士大夫之望，安大臣之意。陛下以奎违诏而黜之，威令已行，嘉奎质直而留之，用意尤美。奎始负大谴，慑服陛下之英断，终蒙

开释，衔戴陛下之深恩，上下欢悦，诚无所损。[50]

换言之，如果皇帝让吴奎官复原职，不仅不会损害皇帝的权威，反而会增加神宗的美名，减轻其他官员的忧虑，让吴奎对皇帝更加忠心。

神宗没有完全相信司马光的观点，而是通过扣留司马光的任命文件三天之久来表示他的不悦。[51]不过神宗三天后还是准许他上任，看来司马光的上书并没有真正损害他和皇帝的关系。

吴奎最使神宗恼怒的是不尊重皇帝的权威。事实上，皇帝曾多次表达对吴奎不遵守他命令的愤怒。[52]愤怒归愤怒，他不能完全忽视高官们的反应，尤其是韩琦。最终，神宗让吴奎官复原职，理由就如司马光在上书中所说的。劝说皇帝回心转意的人是张方平，他和韩琦一样，在神宗即位的过程中有定策之功。

在司马光没能劝服神宗给吴奎官复原职之后，张方平提醒皇帝，韩琦还没有复工。张方平说韩琦希望用自己的影响力保护吴奎。除非吴奎官复原职，否则韩琦就不会恢复办公。韩琦对皇室有大功，神宗实在应该和他保持良好的关系。所以尽管不太情愿，神宗还是觉得自己不能表现得忘恩负义。他将吴奎官复原职，并亲笔写手札给韩琦，要他回来履行职责。

他在手札的开头向韩琦保证，自己没有忘记他过去的贡献："卿援立先帝，功在王府。自朕纂承，虚怀托赖，惟是同德，岂容间言？"为了表明他从未对韩琦有任何不尊重，神宗继续歪曲他自己的意图：

> 昨王陶等所言过为证訾，至于事理，朕所自明。但中丞屡斥，颇动朝议，[53]欲除学士，意者示之美迁，其寔使去言路。不谓卿亦有章表遽然避位，是著朕之不德，益骇天下之听。

最后，神宗向韩琦保证他们之间仍有特殊的信任关系：

　　已处分王陶旧职出知陈州，乃君臣大义，卿其勿以为嫌。国之休戚，卿当与朕共之。言发于诚，想宜知悉。[54]

　　尽管手札中的语言很客气，但神宗对自己需要礼遇韩琦这一点并不满意。当言官邵亢（1014～1074）抱怨吴奎的复任时，神宗写手札解释自己的行为："此无它，欲起坚卧者尔。""坚卧者"自然是指韩琦。[55]

126　　神宗让吴奎官复原职带来了多种后果。一方面，他说服韩琦回来工作，而且有效防止了那些同情吴奎的官员对他的不满；另一方面，吴奎复职事实上对高官重臣有利，对王陶和其他台谏不利。也就是说，他无意间鼓励了高官试图迫使王陶噤声。

　　王陶赴任陈州，照例要上表谢恩，他却借此机会，攻击宰执篡夺皇帝的决策权。宰执被这封谢表触怒，要求再次贬谪王陶。[56]尽管司马光曾劝神宗皇帝不要和高官重臣敌对，但这一回他建议皇帝顶住高官的压力。司马光早先的建议旨在确保神宗地位稳固。当他发现某些官员权力过于膨胀，皇权因此受损时，他就不再介意与之对抗。司马光向神宗解释：

　　自仁宗皇帝已来，委政宰辅，宰辅之权，诚为太重。加以台谏官被贬者，多因斥大臣之过失，少因犯人主之颜色，是威福之柄潜移于下。

　　司马光认为，既然神宗已经开始恢复自己赏罚的权力，这个问题就终于要解决了。皇帝因此应该谨慎地避免重蹈仁宗覆辙。虽然王陶对宰执的批评是过激的，但神宗处罚他只是因为不想在英宗去世后不久疏远宰执。如果神宗因同一过失再次处罚王陶，就相当于允许宰执过度影响他的决策。用司马光的话说，"臣恐人主之权益去，大臣之势遂成"。

司马光解释了要神宗对抗高官重臣们的理由，也为皇帝谋划了一个详细的策略：

> 臣愚伏望陛下于执政进呈王陶谢上表之际，但谕以躁人之辞，不足深罪，前已左迁在外，岂可更加贬责？若其再三执奏，陛下当正色语以王陶前作中丞，讥切朕躬，非无过当之言，朕亦未尝加怒，欲以开广言路，岂可触犯卿等，则必欲再三责降，方为快意邪？若犹执不已者，陛下但不复应答，彼当自退。所以然者，非以保全王陶，盖欲使其余臣僚知陛下英武可恃，万一它日大臣有欺罔聪明为大罪者，群臣敢言之耳。

127

司马光给了皇帝一份详细的策略，又巧妙地避免让自己显得比皇帝明智，因为他的目的是维护皇权。他以赞美神宗的英明结束这封奏疏：

> 凡此，皆陛下圣智所能自知，臣复屑屑尽言者，诚荷陛下不世之恩，贪于报效，不复自顾形迹之嫌故也。

在司马光的努力下，王陶免于另一重贬谪。[57]

王陶事件的最后，神宗和宰执的关系被重塑，且向着对神宗有利的方向发展。在将吴奎官复原职之后，神宗依然享受着宰执们的辅佐。他拒绝了进一步处罚王陶的要求，宣示了他的权威。更重要的是，他还向其他官员表明了高官没有权力毫无忌惮地报复批评。这种新的君臣关系正是司马光希望帮助神宗建立的。

与蒋之奇的攻击使欧阳修离朝一样，王陶事件也最终导致了韩琦离朝。在英宗死后不久（王陶攻击韩琦之前），韩琦曾被安排监修英宗陵寝。[58] 在治平四年（1067）的秋天，英宗的陵墓甫一修

128

毕，韩琦就不去官署了，请求神宗皇帝允许他致仕。在上书中，他列举了四项退休理由：第一，他担任宰相的时间长于宋朝既往的任何一任宰相；第二，他病了不能胜任宰相的工作；第三，他的工作招致越来越多的批评，这说明他不能胜任；第四，根据唐五代的先例，已故皇帝的宰执如果被安排监修陵墓，就可以在陵墓建成之后请求致仕，而这请求应该得到批准。[59]

当然，韩琦并不是真的认为上述理由足以让他退休。他只是编造一堆借口来辞职。正如前面章节指出的，韩琦在英宗朝要求退休时，就用过第一条理由。英宗觉得它不足以支持韩琦的致仕。第二条理由像是善意的谎言。这在下一章会更加明晰地分析，因为韩琦在神宗的要求下，离开朝廷赴陕西担任军事指挥，所以他即便真的有病，也不会太严重。至于第三个理由，韩琦自己的行为表明他根本不同意言官对他的批评。第四个理由也没有说服力，值得注意的重点是，韩琦引的先例是唐五代的，不是宋朝的。[60]更重要的是，正如韩琦承认的，他担任仁宗的宰相，被安排在仁宗身后监修陵寝，但因为英宗生病，他并没有在修完陵寝后被允许辞去宰执之位。[61]事实上，如前面章节所述，英宗从不同意韩琦辞职，甚至在他完全有能力自行履行皇帝职责的时候也是如此。所以唐五代先例的效力在韩琦时代是很可疑的。

129　　韩琦的真正动机也不难推测。他久居政府高层，对于辛劳的工作和政治斗争感到厌倦。神宗的行为已经表明年轻的皇帝希望看到韩琦的权力受到限制。从欧阳修离朝一事可见，神宗不像英宗那样坚持要维持仁宗朝的老臣班底。在修完英宗陵寝后辞职，是一种光鲜的退休方式。如果神宗允许他退休，韩琦就可以体面地离开；如果神宗强行要他留下，那韩琦至少可以确定神宗不想除掉他，然后接着干。

鉴于韩琦过往对宋朝的贡献，神宗不得不装作自己不舍得韩琦离开，以示对他的珍惜。然而，在韩琦第三次递交致仕请求时，他感受到神宗皇帝其实愿意让他走，尽管口头上表示反对。[62]神宗关注的是最好不要让人觉得自己不知感恩地罢免了年长的支持者。因此，神宗最终同意韩琦的请求时，含泪表示他让韩琦转到地方上任职是出于后者的坚持。[63]

神宗为了维持与韩琦之间良好的个人关系，继续慷慨地优待后者。韩琦甫一离朝，神宗就在京城赐了他一组房产，并给他儿子升了官。[64]这些奖励有助于将韩琦的离朝定义为一种荣耀的半退休，而不是因为过错受到处分。

虽然神宗允许韩琦从宰执的位上退休，但他仍然有意充分利用韩琦的才能。韩琦从相位退下来后还没来得及离开开封，宋夏边境就发生了一场军事危机，神宗立刻改将韩琦派往陕西主管军队。[65]显然，神宗虽然不喜欢韩琦在朝中专断，但不怀疑他的忠诚。

纵然神宗表现出了信任，韩琦还是吸取了教训：权力集中于自己之手给他带来了太多的政治困境。所以，他不情愿接受经略使的军事任务。他解释说："王陶指臣为跋扈，今陛下乃举陕西兵柄授臣，复有劾臣如陶者，则臣赤族矣。"换言之，掌握了军权容易让人告他谋反。神宗亲口保证对他的信任，韩琦才接受了任命。[66]

神宗朝权力的重新分配从两个方面影响了司马光的仕途。首先，司马光在王陶事件中扮演的角色加固了他和神宗皇帝之间的关系。在英宗朝，神宗必定目睹过司马光帮助英宗巩固统治。如今神宗亲自享受到司马光忠诚的辅佐，他更加确信司马光的忠诚有用，尤其是在制衡朝廷权贵方面。正如下一章将要揭示的，直到最后，神宗一直将司马光视作制衡的法宝。

其次，权力的重新分配为神宗朝之后发生的所有政治变革扫清了障碍。在稳固地掌控朝政之后，神宗可以更自由地按照自己的意愿重塑政府。与此同时，欧阳修、韩琦离朝，朝廷也需要补充高官要员。这一需求为司马光在政府管理层的崛起带来了前所未有的机遇。尽管司马光拒绝把这些机会利用到极致，但它们仍然是司马光

130

事业发展的重要因素。而且，神宗对改革的渴望和对新的人才的需求带来了王安石的崛起，而司马光正是在反对王安石新政的过程中，在中国政治史上赢得了不朽的名声。

神宗朝权力的再分配本质上是神宗利用官员之间的斗争，逐渐获得政府真正控制权的过程。司马光忠诚地扮演了维护皇权的角色。这个过程不仅使神宗受益，也为以后司马光政治影响力的增强提供了机遇。

第七章
神宗的大战略与异论的作用

在神宗朝的余下岁月里，司马光的政治生涯呈现出两个矛盾的特点：一是，他大多数时间都处在退休状态；二是，他在士大夫中间的政治影响力与在民众中的声名却与日俱增。分析这一现象不仅能更好地理解司马光的政治生涯，还能对王安石变法期间的政治生态给出一些新的解释。

虽然神宗对司马光有着深厚的个人感情，但终受两人目标的匹配度（有时可以说是不匹配的程度）制约。作为皇帝，神宗有两个主要目标：第一，正如第一章提及的，他希望通过一系列充满雄心的改革，加强宋朝的国力。他希望这些改革不仅能加强国家的经济和军事实力，还能够让他成功地在边境上发起对辽战争。改革的宏图使得他和宋代其他皇帝大为不同。第二，他当然也有和其他皇帝一样的更加基本的目标——维持对于政府的控制。事实上，如果神宗不能控制权力，就无法如愿地改革。在欧阳修和韩琦离朝之后，神宗能轻松地控制政府。但他依然警惕，保护自己的权力不受任何潜在力量的挑战。

这一章将论述神宗这两个目标对司马光的职业生涯产生了至关重要的影响。神宗最初希望司马光帮助他改革国家财政，但司马光拒绝参与改革。此外，当神宗委任王安石管理政府，推行变法时，司马光强烈反对王安石的变法方案（又称王安石新政）。事实上，只要王安石的新政得到皇帝的支持，司马光就不愿意在中央政府任职。他坚决拒绝与神宗的改革目标合作，这导致了他从政治中心的自我放逐。

与此同时，正是因为司马光反对王安石新政，神宗才把他作为朝廷的改革派官员制衡者。的确，随着改革派在朝中的势力增强，司马光作为制衡者的作用也越来越重要。正如第一章提及的，余英时教授指出，神宗朝是宋代政治的一个重要转折点。在神宗朝及以后，皇帝以特定的政治共识（"国是"）实施统治，并根据它来选任高级官员。当"国是"支持改革，高官尤其是宰相，必须赞同改革。同样，在神宗朝以后，"国是"变了，支持改革的高级官员就被迫下台。[1]在某种意义上，"国是"的新现象表现出对高官间互相制衡这一统治理念的背离。神宗想要推行改革，就不能允许保守官僚对改革计划干预过多。尽管如此，我们如果用另一种方式来审视"国是"的现象，就会发现在神宗的统治下，制衡并没有消失。相反，它以迥异于此前的方式运作着。事实上，从保持控制权的角度来看，正因为倚重改革者，所以皇帝需要与改革派相抗衡的力量。

后文会解释清楚，神宗允许改革派垄断了政府中与改革相关的职位，在政府其他地方，他仍维持了一套平衡改革派和反改革派的体系。此外，通过持续向离开朝廷的保守派大量示恩，神宗避免了改革派对手中的权力志得意满。神宗厚待司马光是权力制衡体系的重要组成部分。换言之，从皇帝维持对朝政的掌控这一目标来看，司马光对于神宗是有用的。这种作用，加上神宗对司马光助力英宗被收为皇嗣一事的感激，以及皇帝对其忠心的信任，共同成为神宗与司马光之间特殊信赖关系的基础。司马光与皇帝的关系和他在官员中的威望相互影响，使他的政治影响力不断上升。皇帝越信任他，熙丰变法的反对者就越发将希望寄托在他身上，司马光也就得到了反改革派更多的尊重。于是，对皇帝来说，他成了更有助于制衡改革领导者的力量。

一　司马光和神宗的改革目标

这一部分将从皇帝改革目的的角度，分析司马光与神宗的关系。神宗扩展边境的目标促使他增加国家收入，增强政府对国内物质和人力资源的控制。然而，这些做法与司马光的保守信念背道而驰。而司马光虽反对王安石的改革方案，但他始终没有提供其他立竿见影的办法帮神宗达到他的改革目的，这使他对神宗的变法本身毫无帮助。

正如邓嗣禹指出的，神宗希望从契丹人手中收回燕云十六州。他想要为太宗在契丹人那里所受的屈辱复仇。[2] 尽管太宗被契丹人击败是神宗出生 60 多年前的事情，年轻的皇帝却对此感同身受。他尤为憎恨景德元年（1004）签订的澶渊之盟，里面约定宋朝每年要送银子和丝绸给契丹来维持和平。在登基之初，他曾向他信赖的官员滕元发（1020~1090）抱怨：

> 太宗自燕京城下军溃，北虏追之，仅得脱。凡行在服御宝器尽为所夺，从人宫嫔尽陷没。股上中两箭，岁岁必发。其弃天下竟以箭疮发云。盖北虏乃不共戴天之仇，反捐金缯数十万以事之为叔父，为人子孙，当如是乎！[3]

对神宗而言，积累国家财富是赢得边境战争的先决条件。对于税收与战争之间至关重要的关系，他的理解并无新意。正如刘子健指出的，太祖皇帝管理财政收入手段高明，这对他征服中国南方各政权很有帮助。[4] 为了给未来的战争积累军费，太祖皇帝建立了一个特殊的储存系统（封桩库）来存储盈余。[5] 他甚至明确计算过赏赐所能转换的军事效能。一次宋军在与契丹军队的边境冲突中取得了胜利，太祖皇帝以此为基础计算后，高兴地说道：

契丹数侵边，我以二十匹绢购一契丹首，其精兵不过十万，止不过费我二百万匹绢，则契丹尽矣。[6]

太祖的计算虽然过于简单，却清楚地表明他重视财政积累。显然，神宗继承了以财富作为军事力量基础的传统。在他统治后期，随着政府积累了越来越多的财货，他将它们储存在两套仓库里。为了给这些仓库命名，他写了两首诗。第一首诗有32个字，第二首诗有20个字。这些诗写得很聪明，没有重复的字。这套仓储设施共有52个仓库，他可以用不同的字来命名每个仓库。诗是这样写的：

135

五季失国，狯犹孔炽。艺祖造邦，思有惩艾。爰设内府，基以募士。曾孙保之，敢忘厥志。

每虔夕惕心，妄意遵遗业。顾予不武姿，何日成戎捷。[7]

显然，神宗皇帝的财政和军事目标是紧密联系在一起的。正如第一章提到的，神宗初期受困于长久以来的军队羸弱，因此在准备与契丹开战前，需要改革军队。另外，为了负担大战的开销，宋朝也需要积累大量财货。

正如前文揭示的，韩琦和欧阳修离开朝廷之后，神宗才得以牢固地控制政府。牢固控制政府之后，神宗才能够按自己的喜好重塑它。他继位时只有二十岁，这位年轻的皇帝没有足够的经验按自己的喜好设计并实施改革计划，所以，他渴望找到一个有才干的人来帮助他实现富国强兵。

皇帝给了富弼和司马光机会，请他们辅佐他解决宋王朝的问题。但两人很快证明了他们并不赞同神宗的雄心壮志。失望之余，神宗不得不将二人排除在他的改革之外。

有一段时期，富弼对神宗而言似乎是极富吸引力的人选。他是

仁宗朝范仲淹新政的领导人之一。富弼在设计和实施改革方面富有
经验。不像韩琦和欧阳修，富弼在神宗朝并未把持朝政。如第五章
所论，富弼不满韩琦自英宗朝起的专权。此外，在神宗朝，他已经
处于退隐状态。他对于神宗的权力不像韩琦和欧阳修那样具有威
胁性。[8]

　　神宗希望富弼辅佐自己，在熙宁元年（1068）将他召回首都。
当他就边境事务咨询富弼建议时，神宗皇帝立即明白了富弼并不赞
成自己的军事扩张壮志。富弼告诉神宗："陛下即位之始，当布德
行惠，愿二十年口不言兵。"[9]

　　据叶坦所言，富弼的回答表明他已丧失年轻时在政治上的雄心
壮志。[10]但本书要给富弼的回复一种截然不同的阐释：富弼事实上
依然怀有壮志，可此种壮志不在于帮助皇帝达成目标，而在于阻止
神宗陷入任何好大喜功的计划。为了理解富弼想做什么，我们需要
审视一下几代以前的先例。真宗朝初期的宰执李沆（947~1004）
在这方面的举动极具启示意义。[11]

　　在景德元年（1004）与契丹议和后不久，李沆开始了一系列
努力，以求让真宗皇帝克制好大喜功的冲动和搞奢侈工程的欲望。
他天天给真宗皇帝汇报国家发生的自然灾害和小规模的叛乱。参知
政事王旦（957~1017）告诉李沆不该用这些小事去烦扰皇帝。李
沆解释说：

> 人主少年，当使知四方艰难。不然，血气方刚，不留意声
> 色犬马，则土木、甲兵、祷祠之事作矣。吾老，不及见此，此
> 参政他日之忧也。[12]

换言之，皇帝的年轻活力天生就是危险的，如果官员们不能以不断
的警告教会他自我节制，那皇帝要么会玩忽职守，要么会给国家酿
成祸端。在李沆死后，真宗大量耗费国家资源搞了很多奢侈浪费的

活动，比如大办宗教仪式，大兴土木。王旦无法劝阻真宗，终于理解了李沆的先见之明。他叹息道："李文靖真圣人也。"因此，当时很多人都把李沆视为"圣相"。[13]

没有直接证据表明富弼有意以李沆为榜样，但富弼在神宗朝初期的行为明显与李沆相似。像李沆一样，富弼也提醒皇帝，许多农民在饥荒中流离失所。[14]富弼担忧皇帝不会自我克制，因而严厉批评那些告诉皇帝天变并非上天对人间事进行裁断的人。他说："人君所畏惟天，若不畏天，何事不可为者。去乱亡无几矣。"在富弼看来，一旦统治者不再敬畏上天，就不再能听取臣下关于其政策的批评。换言之，对上天的畏服是大臣控制皇帝肆意妄为的唯一有效工具。为了确保神宗保持对上天的敬畏，富弼上呈了一封几千字的长文来"证明"上天确实会就人间事做出反馈。[15]富弼显然将神宗看成了一个任性的、需要抑制冲动的年轻人。既然这是富弼的态度，神宗就不能指望从他这里获得实现自己雄心壮志的帮助。

司马光既不赞同富弼对皇帝的评价，也不完全同意神宗的目标。司马光认为皇帝的首要任务是保持过去取得的成果，但也在现状中看到一些有待解决的问题。比如他清楚地意识到宋朝政府面临一些财政上的困难。神宗当然也意识到这一问题。然而，司马光虽能在意识层面和皇帝达成共识，但在实践层面与皇帝有分歧。他实际上不认为有任何快速有效的方法。

正如叶坦所述，神宗最初想要司马光和王安石联手工作。皇帝将二人任命为翰林学士已经表明了他的意图。两个任命都是在治平四年（1067）九月内下达的，先后间隔在五日之内。到了熙宁元年（1068）八月，神宗注意到王安石和司马光提出了截然相反的改革方案。两人在当月的一场辩论中明确表达了分歧。司马光希望政府节省开支，而王安石认为政府应该增加收入。司马光认为扩大国家开支对人民有害，王安石则认为节省开支效果甚微而且又不必要。既然神宗希望开拓版图，那么增加收入必然对他更为重要。据叶坦所论，这是神宗皇帝决定在政策上倾向于王安石最重要的原因。[16]

叶坦的分析是对的，可她可能遗漏了神宗做此决定的另一个重要原因。在熙宁元年（1068）八月的辩论之前，司马光已经表达了他既没有意愿也没有能力帮助神宗皇帝迅速节省政府开支。司马光一直持论要削减政府开支，神宗便任命他到新成立的部门（裁减局）当官。但司马光声称他缺乏适宜的能力，拒绝赴任。此外，他还觉得设立这个新部门实属不必。他对神宗写道：

> 窃惟方今国用所以不足者，在于用度太奢、赏赐不节、宗室繁多、官职冗滥、军旅不精。此五者，必须陛下与两府大臣及三司官吏，深思其患，力救其弊，积以岁月，庶几有效，固非愚臣一朝一夕所能裁减也。

实际上，司马光的上书在指出问题的同时，又拒绝为解决问题提供任何具体帮助。他建议皇帝、宰执和财政官员一起耐心地工作，却又不能保证这样一定会带来好的结果。在上书的最后，他写道，因为修《资治通鉴》占据了他太多的时间，他没有余暇做财政事务工作。[17]

熙宁元年（1068）七月三日司马光呈了这封札子，次日神宗皇帝收回了任命，只让三司派官员去裁减不必要的开支。[18]神宗看起来接受了司马光的建议，但也明白了司马光对自己的用处是有局限性的。

司马光一贯认为节俭至关重要，他拒绝参与节省开支的改革或许让人感到费解。然而，如果把宋朝政府的所谓"国用不足"放到当时具体环境中考察，他的拒绝就变得可以理解了。在神宗朝初期，官员普遍抱怨政府财政困难。[19]但仔细检视，可以发现困难程度并没有看起来那么严重。

正如我在别处讨论过的，虽然此时宋朝财政困难是真实存在

139

117

的，但至少部分是由划分皇帝私人收入和政府收入人为造成的。每年朝廷的收入被分成两块：大部分被纳入政府财政系统，由三司管理；一小部分划进皇帝个人小金库，被称为"内藏库"。内藏库不仅用于支付皇帝个人支出，也是政府财政系统的应急准备金。在熙丰变法前几十年里，每当三司财用枯竭，内藏库总能借款补足。当三司无法偿还时，皇帝通常会完全免除债务，值得注意的是，尽管很多官员都警告说要防止内藏库耗尽，但在神宗朝初期，内藏库并无用罄的风险。事实上，熙宁二年（1069）七月，神宗还能从中拿出 500 万贯钱作为均输法的启动资金（详见下文）。大约两个月后，神宗又动用内藏库的 100 万贯钱作为青苗法贷款的本金。显然在神宗朝初期，内藏库闲钱很多。[20]

140　　皇帝和官员们都对依赖于内藏库的现状感到不满。于皇帝而言，内藏库的消耗阻碍了他备战资金的快速积累。对官员们来说，三司无法仅凭日常收入维持收支平衡，就产生了财政赤字。但因为内藏库有足够的收入和储备来补足三司的短缺，所以宋朝政府远远没有破产。

　　因此，司马光不特别急于采取激进的行动来削减政府开支是可以理解的。如果我们按第三章中讨论过的司马光的比喻，可以发现宋朝这个"居室"并没有衰败到"大坏"的程度，因此不需要对财政系统进行激烈彻底的大修，要求行政官员逐步调整政府支出才是正确的做法。

　　由于富弼和司马光不能帮助神宗改革政府，王安石就成了皇帝唯一的改革人选。宋朝士大夫都知道，在登基之前王安石的声名就给神宗留下了深刻的印象——王安石对彻底改革的一贯呼吁尤其让神宗难忘。[21]

　　对熙丰变法，尤其是王安石领导下的第一阶段，很多学者做了充分研究。为避免重复，本章只对王安石改革做概述。熙宁二年（1069）二月，王安石被任命为参知政事，这标志着熙丰变法的开始。[22]在任命之后不久，王安石设立了一个新的机构，叫"制置三司条例司"，并由他亲自领导。[23]

这个部门虽然仅存在了一年多，但在变法中起到了两个关键作用：第一，它监督了对于国家财政问题的研究，并给出解决建议。第二，它帮助王安石控制了国家财政。三司本来是不受宰执控制的独立政府部门。通过亲自设计三司条例，王安石有效地将三司这个政府机构置于自己的管控之下。[24]

王安石担任参知政事（副相），直至熙宁三年（1070）十二月升为同中书门下平章事（宰相）。熙宁七年（1074）四月，他暂时退居地方官任上。十个月后，他回朝复相。但在熙宁九年（1076）十月之后，他再未回朝。[25]

在熙宁七年（1074）罢相前，王安石无疑是朝廷最有权威的官员，哪怕是他担任副相参知政事时，同中书门下平章事也没有权力阻止王安石做自己想做的事。这种巨大的权力自然来源于王安石与神宗的特殊关系。[26]正如宰相曾公亮一度悲叹的那样："上与安石如一人，此乃天（上天的意志）也！"[27]

两人关系如此稳固的原因不止归于"天"。正如第一章所述，许多学者已经指出，王安石新政致力于强国。这些政策与神宗的目标一致，神宗在王安石与保守派之间的较量中选择支持王安石。

关于王安石变法的概述已有很多。尽管如此，它们仍是继续讨论一些更重要问题的基本背景资料。为了表述清楚，我跟随叶坦将政策分为三类。第一类包括旨在使国家富裕的政策。

1）均输法［熙宁二年（1069）七月在东南方六路实施］

朝廷不再从地方定额收集贡品，而是预测对不同种类物品的需求，并在价格最低时购买。此外，在离使用地点最近的地方购入。如此一来，朝廷可以节省运输成本。再有，这个方案也帮助朝廷利用市场价格波动，低价买入，高价卖出，以此赢利。[28]

2）青苗法［熙宁二年（1069）九月起实施］

142

朝廷用常平粮仓的钱粮向农民提供贷款，后来也向城市居民贷款。本来每年都有青黄不接的几个月，许多农民陷入粮食短缺。根据青苗法，农民可以在这段时间从政府借贷粮食和钱，然后在收获时偿还贷款。政府收取20%至30%的利息。这个政策有两个目的：不让富人借出高利贷剥削穷人和让政府赚取贷款利息。

3）农田水利法［熙宁二年（1069）十一月起实施］

朝廷鼓励农民修建灌溉系统，开垦农田。费用将由受益人支付。如果受益人无力支付，他们可以比照青苗钱向政府借贷。

4）免役法［亦称募役法，熙宁二年（1069）十二月起实施］

农民可以支付免役钱来替代劳役。政府可以用免役钱雇人来服劳役。因此，农民不需要停止农业生产。同时，政府也能够获得额外的收入，因为免役钱比雇佣劳动力的成本高出20%，据说是用于备荒的。此外，那些原来不需要服差役的人也需要缴纳免役钱。政府因而增加了课税基数。

5）市易法［熙宁五年（1072）三月起实施］

各个主要城市设立了市易司（新的办事处），接管批发市场。市易司在商品便宜时购买，在其很贵的时候抛售。通过这种方式，市易司在获得利润的同时稳定了物价。

6）方田均税法［熙宁五年（1072）八月起实施］

政府重新勘测了国家的农田。根据个人土地的面积和肥力重新
143 评估农业税。这项政策的目的是让征税更公平，并通过防止逃税来增加税收。

第二类是增强军事实力的政策，具体如下。

1）保甲法［熙宁三年（1070）一月起在开封实施，此后扩展到其他地区］

农民家庭被组织成保（相互负责的小组）。每个小组里的成员都要对其他人的行为负责。他们被要求报告同保其他成员的非法活

动。每个有两个或更多的成年男子的家庭要派一个男人加入民兵组织。民兵负责维护当地的安全。王安石希望民兵能接受足够的训练，最终成为一支可堪驱遣的军事力量。到熙宁十年（1077），民兵总数已超过 56 万人。

2）军器监［熙宁六年（1073）八月起实施］

新成立的军器监负责监督军事装备的生产。在军器监的监督下，开封府和各个有原材料的州县均设立了作坊。

3）保马法［熙宁六年（1073）八月起实施］

政府把战马交给私人家庭饲养，作为交换，养马家庭可以减税。但如果战马死了，那负责饲养的家庭要进行赔偿。

4）将兵法［熙宁七年（1074）九月起实施］

军队被改组成几十上百"将"（军事单位），每将由正副将共同领导。这一政策的意图是结束兵将分离的旧习，提高军事训练水平。在这一政策正式实施前，政府裁汰了过于年老或体弱的士兵，缩小了军队规模。

第三类与人事和科考相关，王安石打破了原有的论资排辈的用人体系，破格提拔那些支持他新政的官员。在科举考试中，王安石以他自己对儒家经典的解释作为官方标准，目的是只招募赞同其学说的人进入官场。他还推出了新的学校制度（三舍法）。最高级别的（上舍上等）毕业生可以免试直接进入官僚系统。[29]

值得注意的是，虽然王安石裁减了军队中士兵的数量，但节省开支并不是他的首要目标。为了减少新政推行的阻力，王安石有意增加了政府的薪水支出。首先，他给很多官吏加薪。其次，他给从政府中退休的高级官员提供了慷慨的财政支持。再次，他虽然设立了新的机构来推行改革，但没有撤销旧的部门。因此政府的开销变得更加繁多。[30]

在政府财政方面，新政带来的增收远高于官员薪资支出的增加。正如安焘后来回忆的那样："（神宗）熙宁、元丰之间，中外府库，无不充衍，小邑所积钱米，亦不减二十万。"[31] 显然，王安石新政使政府摆脱了资金短缺的情况。虽然他的政策在强化军力、改革教育制度等方面没有带来同样惊人的结果，但加强了国家机器对社会的控制力。

尽管新政策在财政上取得了成功，但仍然引起了许多官员的强烈反对。叶坦将反对的原因分为四类。第一类，一些官员反对新政，因为他们认为王安石的性格不适合当政府中最有权势的官员。第二类，许多官员认为王安石的改革推行过急，他们不一定反对所有的新政，但担心人民可能无法一下子适应这么多根本性的变化。第三类，司马光和其他一些官员可能认为需要做一些微小的调整，但反对改变政府的基本结构。第四类，许多官员认为新政在盈利方面是不合理的。[32]

虽然叶坦只在第三类中提到司马光，但显然第三类和第四类都适用于他。司马光向神宗皇帝提出反对激进变法，在本书第三章已有引用，此处不惮重复：

> 且治天下，譬如居室，敝则修之，非大坏不更造也。大坏而更造，非得良匠美材不成。今二者皆无有，臣恐风雨之不庇也。[33]

同样显而易见的是他反对王安石新政带来了盈利。如第三章所示，他假定了可获得的资源总量有限。政府取走的越多，留给人民的就越少。如果人民生活拮据，他们可能会造反，从而破坏宋朝的和平与稳定。[34]

考虑到司马光的思想和宋朝财政机制，不难解释司马光为何反对王安石改革，即便宋朝的"国用不足"已经逐渐转向盈余。就朝廷的权力平衡而言，改革前的"国用不足"并不一定有强君弱臣或者强臣弱君的作用。它在政治上的作用是使提倡节俭的政策显得有理，同时提高了与该政策有关的所有人的地位。表面上看，三司对内藏库的依赖加强了皇权，因为皇帝可以否决某项政府支出。政府经常花内藏库的钱，所以限制政府开支以节省皇帝私人资金是符合皇帝的利益的。然而，我们也必须记住，让政府因为缺乏资金而瘫痪并不符合皇帝的利益。因此，在实践中，当政府缺钱时，皇帝别无他法，只能用内藏库资源贴补行政部门，除非他能找到削减成本的具体方法。由于从皇帝小金库到政府公账的资金转移并不是可有可无的，政府财政赤字实际上抽走了皇帝很多可支配收入，从而也限制了他在支出方面的个人选择。因此，财政短缺对皇帝和政府部门而言都产生了压力。对于像司马光这样的保守主义者而言，唯一的解决方法就是节省开支。 146

同样，由于王安石努力为国家开拓财源，政府的财政逐渐由赤字转为盈余。这种好转没有影响君臣之间的权势消长，而是同时增强了皇帝及其政府的力量。政府不需要依靠内藏库资金时，皇帝的私人财富增多了，皇帝对财富的自由支配权也随之增大。此外，政府财政独立于内藏也给了官员们更大的自由来增加政府开销。正如前文提及的，王安石大规模扩大政府支出，资金正是来自新政增收。因此，虽然王安石的改革方案具有消除政府财政赤字的益处，但也同时意味着政府花销更大，从纳税者身上盘剥更多。[35]

熙宁三年（1070），司马光给王安石写了三封信，试图劝他终止新政。从信上看，司马光的观点非常清楚：新政违反了好政府的一切原则。如第三章所示，司马光认为好的政府关键在于维持既定制度，专注于好的人事管理。在选用官员时，他认为美德比才能更重要。然而，王安石在体制上进行了重大变革，提拔了一些司马光认为德行有亏的官员。[36] 司马光认为政府应该削减开支，减轻人民的负担。但是，王安石政策榨取人民的利益，加重人民的负担。[37]

如第三章所示，司马光认为，不能仅因过去的智慧看起来很普通而陈腐，就弃之脑后。如果只为创新而创新，那就无法获得预期的好结果。对司马光而言，王安石政策的错误，正是因为他忽视了前人的庸常的智慧。他在信中写道：

147

> 夫侵官，乱政也，[38]介甫[39]更以为治术而先施之；贷息钱，鄙事也，介甫更以为王政而力行之；[40]繇役自古皆从民出，介甫更欲敛民钱雇市佣而使之。此三者，常人皆知其不可，而介甫独以为可。非介甫之智不及常人也，直欲求非常之功，而忽常人之所知耳。[41]

毫无意外，王安石没有被司马光的信说服。他简短地回了一封信给司马光，否认自己犯了任何错误。在信的末尾，王安石明确宣称他不愿追随司马光的保守主义："如曰今日当一切不事事，守前所为而已，则非某之所敢知！"[42]

司马光在多次劝阻王安石和神宗推行新政的同时，也明确表达了要离开朝廷的意愿。他不想在朝廷执行自己反对的政策的时候继续留在那里。[43]司马光采取了拒绝妥协的立场，使自己对神宗改革国家的目标而言完全无用。

二 司马光作为与新党抗衡的力量

神宗虽然不能在改革中起用司马光，但并没有完全弃用他。如第四章所示，神宗很感激司马光在仁宗收养英宗为皇嗣的过程中付出的努力。此外，如第五章和第六章所示，司马光向英宗和神宗表现出了他总是作为一个皇权捍卫者存在。遵循宋朝皇帝制衡官员的传统，神宗利用司马光作为王安石和其他新党权贵的有效制衡力量。皇帝对司马光的信任使后者在士大夫中的声望和他对皇帝的价值形成一个互相加强的良性循环。

如前一章所示，神宗朝初始的权力再分配巩固了皇帝对政府的

控制。在神宗统治的剩余时间里，他一直保持警惕，维持这种控
制。事实上，无论宋朝的统治看起来多么稳固，生活在宋朝的人并
不会视之为理所当然。正如第四章讨论的，仁宗曾指控自己的妻子
企图弑君。虽然他是在精神错乱的状态下提出指控的，但仍能说明
他害怕对他的皇位与个人安全可能存在的威胁。仁宗朝的文彦博和
曹皇后（仁宗的妻子，在仁宗死后被尊为太后）没有患精神疾病
的迹象，但依然警惕地防范篡权夺位和宫廷政变的可能性。嘉祐元
年（1056）仁宗患病期间，文彦博要确保皇宫大门在晚上没有被
打开，大概是为了防止有人突袭皇宫。仁宗死后，曹皇后不仅紧闭
宫门，还封锁消息，直到拂晓时分，宰执们才被召集到皇宫。[44]

　　对神宗而言，控制朝局并不意味着表现得像个暴君。事实上，
他经常表现出一种温和宽容的态度，这帮助他赢得了各级臣民的忠
诚和爱戴。例如，元丰二年（1079）五月的一个晚上，神宗和群
臣讨论国家事务。讨论过程中，官员们看到有一只虫子从衣襟边沿
爬到御巾上。神宗迅速把它拂到地板上。那是一种爬行虫，经常进
入人们的耳朵。但神宗却说"此飞虫也"，这样侍者就不必因为打
扫不力让虫子在殿中爬行而被追责。[45] 另一个例子是元丰六年
（1083）的一天，神宗准备动身去参加冬祀，侍从忘了在他的辇上
放坐垫。神宗不仅没有指责，反而装作没有看到，站在外面谈论其
他事。坐垫被放上后，他才走进车辇。这样就没有人因为疏忽而受
到惩罚。[46]

　　尽管外表温和，神宗却从未放松对掌控政府一事的警觉。他的
警觉从宰相任期长短上可以看出。在统治的前半段，神宗依靠王安
石规划和实施大多数的改革方案，但后者并不是任期最长的同中书
门下平章事。任期最长的是王珪，王珪是一个有文学才华的人。他
依靠写作获得了仁宗、英宗、神宗三朝天子的赏识。熙宁三年
（1070）十二月起担任参知政事，熙宁九年（1076）十月被提拔为
同中书门下平章事。直到元丰八年（1085）五月去世，王珪一直

占据这个官缺，而此时神宗逝世已有两个月了。做正副相的时间加起来，他的任期几乎跨越整个神宗朝。没有哪个同僚，无论是参知政事，还是同中书门下平章事，有如此长的任期。

当然，作为变法的支持者，王珪的官运在神宗当政时应该好些，不过单单这个因素还不足以解释他的任期为何比王安石本人还长。王珪和其他高官大为不同的是他对神宗的意见极为尊重和服从。虽然其他高官也尊重神宗，但他们都不像王珪那样将自己的政治形象塑造得仿佛只是一个实现皇帝愿望的行政工具。他不能独立于皇帝做政治决策的形象使他被戏称为"三旨相公"。这外号指的是有事需要做决定，他说"取圣旨"；神宗做完决定，他说"领圣旨"；退回官署回答那些上呈问题的官员就说"已得圣旨"。[47]王珪也会为自己的利益耍政治手腕，[48]但他对神宗的顺从态度使他成为一个对皇帝而言完全没有威胁的有用工具。同时，因为王珪给人的印象是他所执行的政策很少代表他本人主动提出的意见，所以反对派也不会将他视作主要政敌。这些可能都是他任期长的重要原因。

显然，神宗朝并非所有的官员都像王珪一样行事。如果只有顺从的官员，朝廷也不能有效地运作。因此，神宗需要一种方法来控150 制使用那些思想更加独立的官员。神宗控制这些官员的方法主要是挑动官员彼此斗争，而他自己与各方都保持良好的关系。这样一来，他既能牵制官员又能确保官员对他的忠诚和爱戴。

神宗尽管支持王安石的改革方案，但不能完全依靠改革派来履行一切政府职能。如果王安石及其改革派垄断了政府，神宗万一对重大改革政策有不同意见，就会遭遇孤立无援的危机。因此，神宗在支持王安石新政的同时，也保留了一些反对者，这样做是有政治收益的。

正如叶坦指出的，神宗虽然以反对新法为由迁谪了很多官员，但他还是保留了一些持反对意见的重臣，以制衡王安石的影响力。[49]在反变法者中间，司马光占据了重要的一席。在王安石与司马光表露出重大分歧后，神宗无意贬谪司马光。相反，他试图提拔司马光担任更有权位之职。熙宁元年（1068），神宗站在了王安石一边，与司马光就一桩法律案件进行了争辩。此后不久，神宗任命司马光为权知审官院，同时保留司马光此前翰林学士、侍读学士的头衔。[50]这个新职位，表现了皇帝对于司马光观点的格外尊重——司马光一直认为选贤举能是朝廷最重要的任务之一。

熙宁元年（1068）底，司马光因为与王安石持续不和而自请外任。神宗用下面一番言论劝他留在朝中："汲黯在朝，淮南寝谋，卿未可去也。"这里的典故出自《汉书》。汲黯是汉武帝朝一个因忠直敢谏而知名的官员。据说淮南王曾因为害怕汲黯在朝而推迟反叛。[51]尚不清楚神宗是否想过要把谁视作"淮南王"，但他的言论表明他珍视司马光捍卫皇权的角色。

这个司马光与汲黯的类比很能说明神宗对司马光的态度。据班固记载，汉武帝认为汲黯的治理才能至多算中等，但因他是皇室的可靠捍卫者而信任他、尊重他。再者，汲黯表忠心的方式不是盲从，而是每次觉得皇帝犯错都会进谏。[52]这些对汲黯的评价都可以套用到司马光身上：尽管他拒绝帮助神宗进行雄心勃勃的改革，但皇帝可以依靠他的忠诚。

神宗对司马光的信任与个人感情，加之对《资治通鉴》的兴趣，使得司马光有特别的途径上达天听。利用侍读学士的职务之便，司马光经常在侍讲《资治通鉴》时加入自己的政治观点。[53]神宗也渴望听取司马光对政治形势的分析。他甚至一度让司马光推荐朝廷谏官的人选。考虑到谏院在朝廷权力平衡中的重要性，神宗的要求表现了他对司马光深厚的信任，尽管司马光推荐的人选没有即刻得到任命。[54]

司马光能够得到神宗持续的信任，原因之一就是他从不滥用皇帝的信任。皇帝要他秘密举荐，他就对此事守口如瓶。尽管他记不清某些他要推举的人的具体官职，他也不找别人核对，以免皇帝与他之间的秘密被公之于众。[55]

神宗完全相信司马光会保守秘密。当和司马光单独谈话时，皇帝可以确信他不会泄露谈话内容来提升自己的声誉。神宗曾对司马光说："卿所言，外人无知者；台谏所言，朕未知，外人已遍知矣。"[56]换言之，神宗怀疑他的谏官在将建议递交给他之前就公之于众了。

152　虽然司马光没有公开皇帝与他的私人谈话，但举国皆知他反对新法。因为他有特殊的渠道上达天听，许多反对变法的人都把司马光视作他们最大的希望，寄望于司马光说服皇帝听取他们的意见。苏轼后来回忆，王安石实施新政之后，不认同王安石的官员们都将司马光看作领袖。[57]

司马光声望与日俱增，这使得他对皇帝更加有用。因为有众多的反改革者寄望于司马光，所以神宗只要一想提拔司马光，就被解读为他对新法的态度有变。因此改革派不听话的时候，神宗就可以用提拔司马光的可能性将其压服。

神宗想重用司马光，以制衡新党。最明显的是在熙宁三年（1070），他想任命司马光做枢密副使，没有成功。[58]在任命之前，神宗就提拔司马光至更重要的官位咨询过王安石的意见。王安石的回复是这样做就好比"与异论者立赤帜也"来反对变法。[59]

神宗既然已经支持王安石变法，就不能轻举司马光这面"赤帜"。但当神宗需要使王安石服从的时候，晋升司马光是绝妙的武器。熙宁三年（1070），韩琦上了两封奏疏，批评王安石的青苗法。[60]神宗对此表示欣赏，并有意重新考虑青苗法。为了不让神宗变卦，王安石居家，拒绝回朝处理政务。[61]王安石的举动可以被视作罢工。他指望皇帝依赖他处理政务，他给自己的履职设置了条件，条件就是皇帝要完全支持他的政策。

但是神宗不愿让王安石控制他（神宗）和其他官员的关系，所以利用司马光和王安石的矛盾迫使王安石就范。王安石一罢工，神宗就立刻任命司马光为枢密副使。这个决定使和司马光一起反变法的人们非常高兴。可司马光拒绝了这一任命，因为他不想在神宗继续推行王安石政策的情况下受到提拔。司马光的决定可能出于厌恶违背良知做官，但这样做的实际效果也是以履职为筹码，换取神宗对其政治立场更大的支持。正如对王安石一样，神宗没有屈从于司马光的隐形压力，改变自己的基本政策。他只是坚持对司马光授官，尽管后者一再上书推辞。据神宗的说法，司马光拒绝任命的理由并不成立，因为在新职位上并不需要实施新政。可神宗没有坚持多久，王安石一回朝履职，皇帝就立刻接受了司马光的坚辞。[62]

在短暂的政治博弈中，神宗稳居双赢的位置。如果司马光接受了任命，皇帝就能更好地利用他的力量来守护皇权。由于大部分的改革计划与枢密院没什么关系，司马光即便批评改革对改革派造成困扰，也不会在实际意义上阻挠改革。另外，司马光拒绝任命时，神宗仍可以利用他坚持任命司马光作为与王安石讨价还价的筹码。同时，神宗对司马光的任命也向反对派表明他并没有闭目塞听，仍然有兴趣听取他们的意见，发挥他们的才能。

王安石由于主动从神宗跟前离开，因此丧失了与反对者竞争、让皇帝听取自己意见的便利。神宗提醒王安石，他不会提供全部的支持来换取后者复工，相反，是王安石需要忠于职守来赢得皇帝的支持。王安石回到官署时，神宗取消了提拔司马光的计划，这就等于是给王安石听话复工的报酬。

对司马光任命的重要性可以通过分析北宋枢密院的职能阐明。以同中书门下平章事为首的宰相（负责民政）对枢密院没有行政权力。这种安排不仅是为了避免军事权力落入宰执之手，也是为了让平行机构之间形成制衡。

神宗清楚地知道这一安排的双重目的。元丰五年（1082）他实行制度改革时，很多官员建议裁撤枢密院，将其职能归并给隶属于尚书省的兵部，神宗拒绝了，他说："祖宗不以兵柄归有司，故专命官以统之，互相维制，何可废也？"[63]

邓广铭指出，尽管神宗支持王安石的保甲法，但他从未允许保甲取代常备军。神宗不仅是出于军事效能的考虑，也是为了限制宰相的权力。邓先生认为，由于民兵由宰相管理，用民兵取代常备军意味着宰相将接管枢密院的职能。[64]

神宗故意让枢密院作为与宰相抗衡的机构，这在他对枢密院的人事任命上显而易见。纵观神宗朝，他从未允许新党改革派垄断枢密院的首脑之位。另外，从治平四年（1067）继位起，神宗一直让至少一个（常常是两个或者更多）旧党反改革派在枢密院担任一把手或副手，[65]直到元丰六年（1083）七月，他找到了一个人选，此人不属于变法斗争中的任何一方。神宗于元丰八年（1085）三月逝世。在此期间，枢密院里正副交椅由二人到四人担任。这并不是说神宗没有任命新党，而是说他总是确保这些职位不被新党完全占满。

对神宗朝枢密院里旧党反改革派做简要描述可以更详细地说明这一点（为了叙述简单，我不再提及在此时期担任这些官职的新党人员）。[66]治平四年（1067）一月，神宗继位，文彦博和吕公弼（1007~1073）分别担任正副枢密使。八个月后，文彦博和吕公弼开始同时任枢密使。两人都反对变法。[67]文彦博担任此职直到熙宁六年（1073）四月。吕公弼担任此职直到熙宁三年（1070）七月。吕公弼离职的那天，神宗任命了反改革旧党冯京（1021~1094）担任枢密副使，因而在枢密院高层中维持了同样数量的反改革派。冯京只做了短短两个月的枢密副使。他不再担任该职是因为被转为参知政事，故而任期虽短，却不表明皇帝对他有何不满。

取代冯京的是吴充（1021~1080）。他的儿子娶了王安石的女儿。虽然有姻亲关系，但是吴充不喜欢王安石的政策。[68]他担任枢密副使直到熙宁八年（1075）四月被提拔为枢密使，任期一直到熙宁九年（1076）十月。他卸任那天，冯京又知枢密院。不久之后，旧党孙固（1016~1090）和吕公著（1018~1089）分别在元丰元年（1078）一月和九月被任命为同知枢密院事。两人从改革之初就支持司马光反对王安石新政。[69]元丰三年（1080）九月，冯京再度被任命为枢密使。冯京在元丰四年（1081）一月离开枢密院，吕公著和孙固相继于元丰五年（1082）四月、元丰六年（1083）七月离开。

孙固离开之后，枢密院里的旧党基本没有了。但这并不意味着神宗皇帝只任命新党做枢密院高层。孙固一离开，神宗任命安焘为同知枢密院事。安焘是军事专家，可谓这一职位的理想人选。另外，安焘既不忠于新党，也不忠于旧党。[70]因此，他能够在政府中有效制衡新党。

如果司马光接受了枢密副使的任命，他会被加到那一长串枢密院高层反变法者的名单中。还有，他在士大夫中的声望意味着他将比其他在此位置上的旧党人士更有分量。虽然司马光没有接受这一任命，但仅仅是给司马光提供这一职位，就足以让神宗迫使王安石屈服。

神宗从这次政治操纵中获益，司马光也是如此。为了推行变法，神宗贬谪了很多旧党。通过一再试图让司马光担任这一职位，神宗再次向其他官员表明了司马光对他的重要性。

司马光坚辞枢密副使一职，表明他绝不会为个人利益而做违背原则的妥协。韩琦听闻神宗要任用司马光做枢密副使，便要文彦博敦促司马光接受任命。[71]由于韩琦反对新政，他显然希望司马光的任命能增强旧党在朝廷的影响力。司马光拒绝任命后，韩琦对他严守原则印象深刻。他写信给司马光说：

> 多病浸剧，阙于修问。但闻执事以宗社生灵为意，屡以直言正论，开悟上听，恳辞枢弼，必冀感动。大忠大义，充塞天地，横绝古今，固与天下之人叹服归仰之不暇，非于纸笔一二可言也。[72]

156

司马光坚辞任命也给神宗皇帝留下了深刻的印象，很多年后，神宗依然对他坚守原则赞赏有加。元丰六年（1083），新党蒲宗孟在某个场合批评司马光用他的保守思想"坏"了人才。神宗不作声，默默盯着蒲宗孟看。在蒲宗孟感受到威慑之后，皇帝说：

> 蒲宗孟乃不取司马光耶！司马光者，未论别事，其辞枢密副使，朕自即位以来，惟见此一人。他人则虽迫之使去，亦不肯矣。[73]

在司马光拒绝枢密副使任命七个月后，神宗皇帝满足了他的愿望，给了他远离朝廷的地方官职衔，任命他为知永兴军事。[74] 在地方官任上，司马光继续反对变法。在某种程度上，当地方官比当朝官更有用。得益于他和神宗的特殊关系，他说服皇帝让他的辖区不实行青苗法、免役法和民兵招募。[75]

因为无法说服皇帝废除新法，所以司马光决定申请一个洛阳的闲差，以便舒舒服服地退休，并专注于修《资治通鉴》。可是神宗仍然希望司马光待在都城。神宗似乎非常思念司马光作为知己与忠谏者伴其左右。神宗似乎想用另转外任的借口把司马光召到朝廷，然后他一到就在朝堂上向他施加压力，让他在朝廷任职。一位朝廷官员警告神宗说，除非皇帝接受司马光关于变法的建议，否则司马光不会来。神宗回答说："未能用其言与否，如光者常在左右，人主自可无过矣。"

不出所料，司马光不仅拒绝了新的任命，也拒绝去往开封。他反而提出了担任另一个闲差的请求。神宗知道不放弃新政就无法召回司马光，于是勉强答应了司马光的请求。司马光也知道阻止变法无望，便完全停止讨论新政，[76] 毕竟，自我保护也是他保守主义思想的重要部分。既然他的反对无法获得期望的结果，他也就没有理由白白地招致新党的怨愤。

在神宗朝此后的时间里,司马光只上呈了一份反对新法的上书。这发生在熙宁七年(1074),当时因为天灾,神宗皇帝下诏征求对朝政的批评。读到这个诏书,司马光喜极而泣。他立刻上呈一封长长的奏疏批评新法,列了新法的六个主要问题: 158

> 一曰广散青苗钱,使民负债日重,而县官实无所得。二曰免上户之役,敛下户之钱,以养浮浪之人。[77]三曰置市易司与细民争利,而实耗散官物。四曰中国未治而侵扰四夷,得少失多。五曰结保甲,教习凶器,以疲扰农民。六曰信狂狡之人,妄兴水利,劳民费财。[78]

司马光的上书显然关注的是平民,但政府"实无所得"的断言是与事实不符的。实际上,新政让政府积累了大量财富,无怪乎司马光的上书无法说服神宗皇帝停止变法。

尝试失败后,司马光再次克制了自己就政策问题进行公开表达的欲望。元丰五年(1082)秋,他短暂地丧失了流利说话的能力,可能是中风了。司马光怀疑死之将至,因此,他起草了他当时心目中最后一封反对变法的奏疏。他没有立刻上呈,而是藏在床上,让修《资治通鉴》的助手在他死后上呈。根据这封上疏,司马光计划在身后上疏,因为他希望表现自己不求回报,力图有补于国家。[79]人们或许会怀疑他还有别的动机,也许是害怕在有生之年说出自己的想法,朝中新党会攻击他;或许希望神宗对他的死哀伤,故而不仅能让他的家人免受惩罚,还能更严肃地考虑他的意见。

尽管司马光保持沉默,但他的声名继续增长。事实上,即便司 159 马光不想对新党持有更激进的立场,一些旧党也会代他这样做。在司马光退隐前,曾有人伪造他的著述攻击王安石。伪造的文字甚至称上天惩罚神宗使其无嗣。伪造的东西通常都十分流行。新党对此很警觉,甚至处决了一个伪造者。幸运的是,神宗不相信司马光写了这些文字。尽管如此，这些伪作表明，一些旧党想把司马光作为抵制新法的象征，而不考虑司马光自己的意愿。[80]

　　司马光退隐后，旧党仍然希望他领导反变法运动。其中韩琦希望司马光重出并积极参与政治。他对司马光写道："在于高识，固有优游之乐，其如苍生之望何！此中外之所以郁郁也。"[81]

　　值得注意的是，司马光退休后，韩琦也意识到自己的政治生涯正走向低谷，无可逆转。正如前文谈到的，韩琦离开朝廷的时候，他已经理解了权力集中于他个人之手是其政治困境的来由。尽管韩琦已经丧失了绝大部分政治权力，但某些人还是要借他的声名来满足自己的目的。熙宁三年（1070），一个官员在和神宗就新政问题愤怒地争论时，威胁说韩琦可能带兵反叛。[82]此时，韩琦是大名府安抚使，可以指挥驻扎在当地的军队。另外，因为韩琦年轻时有过杰出的军事表现，他至少在理论上有能力成为一场军事叛乱的领导者。神宗相信韩琦不会反叛，韩琦自己却因朝中谣言而相当不安。

　　为了证明自己不会对皇位造成威胁，韩琦请求皇帝解除他现在的职务，并转而任命他知徐州，让他有机会养"病"。曾公亮指出，在正常情况下，韩琦应该先申请回相州老家。韩琦此前多次请求回老家。可这次他避免提到相州，因为相州驻扎重兵，换言之，韩琦担忧他请求退休回相州，某些人会指控他图谋利用当地的军队造反。神宗不想失去继续利用韩琦的能力的机会，要韩琦相信自己对他的信任，劝他留在大名府。[83]

　　虽然神宗表示信任，但显然韩琦再也不能回到政府最高层了。事实上，韩琦似乎也知道他需要加倍小心、保持低调，保证自己的安全。再者，他频繁地提到自己的疾病（有时还会提到具体症状和用药的细节），很明显他的身体状况恶化了。[84]既然自己无法领导反对新政的活动，韩琦唯一能做的就是寄望于司马光。

　　比司马光年轻的苏轼也敦促司马光公开反对新法。[85]在关于司马光的园林的诗歌中，苏轼清晰地表达了这一意向。熙宁六年

（1073），司马光在洛阳给自己建了一个小花园，名叫"独乐园"。据司马光《独乐园记》，只有王公大人才有责任与他人分享欢乐，贫贱者如他只能尽己所能自我娱乐。[86]很明显，司马光用园林的名称来宣告他不想再和政治有任何瓜葛。可是苏轼想要将他拉回到政治浪潮中。他写道：

> 先生独何事，四海望陶冶。儿童诵君实，走卒知司马。……抚掌笑先生，年来效喑哑。[87]

苏轼解释说，他写这首诗是为了激励司马光攻击新政。[88]苏轼对司马光的评价与其他同时代人的描述相符。例如，司马光去世多年后，地方低级退休官员王辟之仍然记得司马光享有的声誉。据王辟之说，在司马光退居后的漫长岁月里，"天下之人"都希望他被召回朝廷再受重用。王辟之回忆了以下事件： 161

> 熙宁末，余夜宿青州北淄河马铺，晨起行，见村民百余人，欢呼踊跃，自北而南。余惊问之，皆曰："传司马为宰相矣。"余以为虽出于野人妄传，亦其情之所素欲也。[89]

似乎司马光成了那些对国家现状不满者的希望象征。尽管苏轼说司马光广受拥戴是正确的，但司马光保持沉默似乎是明智的选择。苏轼在元丰二年（1079）因为公开批评新政而被捕，案子延续了几个月之久。最后苏轼和几个同党遭到流放，还有一些人被罚款。司马光也因收到苏轼的诗歌而被罚款。[90]

提升司马光声誉的另一个因素在于他与老一辈退休高官的友谊。这些老人本身就反对变法，他们将希望寄托在司马光身上。同时，他们让司马光和他们平等社交，也就等于把他罩在老一辈盛誉的光环里。

元丰五年（1082），司马光加入了新成立的"耆英会"，他与这些老者的友谊达到了巅峰。此时，老一辈名臣富弼、文彦博都已退居洛阳。在文彦博的建议下，十一位七十岁及以上的老者组成了"耆英会"，以便会员轮流组织简单的聚会。虽然司马光只有六十四岁，但因为他声名藉甚，文彦博还是邀请他参加了。[91] 加入耆英会又提升了司马光的名声。每次老者们在洛阳的名胜处聚会，总有成群的人跟随着，既好奇又赞叹。[92] 结果就是，在洛阳居民心目中，司马光和文彦博、富弼为同一类人。

随着司马光的名声越来越大，神宗继续用他来制衡新党。正如第四章所述，神宗一直支持司马光的《资治通鉴》编纂计划，在司马光漫长的退休期间也是如此。再者，如前文所述，皇帝在新党蒲宗孟批评司马光时，公开维护他。

162　　叶坦认为，神宗朝可以被分为两个阶段。第一阶段从神宗继位初期到熙宁九年（1076）十月王安石罢相。这一阶段，神宗依靠王安石设计和实施改革计划。他为了保持自己对朝政的控制，利用不同的派别相互攻击。在统治的第二阶段，皇帝已经非常自信，足以自行组织变法。所以这一阶段的主要特征是神宗亲自掌控所有重要决策。既然不再依靠任何强势官员的建议，他也不用像之前那样让官员互相制衡。再者，神宗对反变法的旧党处置更加严厉了。[93]

虽然叶坦分析的整体框架是正确的，但我们还是要记得制衡在神宗朝始终是最重要的。正如前文所述，神宗从不让新党独占枢密院的高层位置。对于司马光的政治生涯而言，神宗朝的制衡更是至关重要，司马光发挥制衡改革派的作用一直是他与皇帝关系的突出方面。

在神宗统治的后一阶段，皇帝继续利用司马光来刺痛宰执。元丰五年（1082），神宗完成政府重组（元丰改制）后，他突然告知宰相王珪和副相蔡确（1037~1093），改制完成后他要起用司马光当御史大夫。[94]

神宗尽管很可能是真心希望司马光回朝，表达这一愿望也是有意提醒王珪和蔡确，他们不能把皇帝的支持视为理所当然。王珪和蔡确十分惊慌，要求神宗推迟司马光的任命。作为回应，神宗没有立即召司马光回朝，而是又给了他 30 个月任期的闲职，并要他 30 个月后，立刻回京。[95]

这样一来，神宗同时完成了多个目标。第一，他向司马光发出了一个明确的信号——皇帝还想让他重新回朝。第二，由于司马光在旧党中享有广泛支持，向他示好可以帮助皇帝赢得人心。第三，将司马光回朝推迟 30 个月，神宗让王珪和蔡确继续推行新政，也给了他自己更多的时间去思考如何任用司马光。第四，神宗没有打消重新起用司马光的想法，实际上是继续用司马光威胁王珪、蔡确，提醒他们，宰执依赖于皇帝的保护。

163

元丰五年（1082）秋，神宗病了。考虑立储时，神宗告诉大臣，他想任命司马光和吕公著为储君的师保。[96]叶坦说，在神宗朝的最后三年，皇帝已经开始对新法有所怀疑了。在神宗统治下，宋朝对西夏打了一些胜仗，但元丰五年（1082）最后一次对西夏大用兵以失败告终，宋军伤亡惨重。此外，尽管新政已经为政府积累了大量资源，但没有有效地利用。考虑到旧党在一些问题上可能是对的，神宗决定让其中一些人回朝。[97]

叶坦对神宗之于旧党态度的分析固然是正确的，但任命司马光为储君的师保背后还有另一重原因：早在熙宁三年（1070），神宗曾将司马光比作汉代的名臣金日磾。据神宗说，金日磾虽在治国上平庸无能，却是幼主最可靠的保护人。[98]神宗病中讨论立储时，一定很担心自己死后储君的安全，因为他的这个儿子（后来的哲宗）在元丰五年只是个小孩。[99]如果神宗很快去世，哲宗需要忠诚且有力的官员来保护。

当时的两位宰相不够可靠，神宗不放心把哲宗交给他们。首相（左仆射）王珪尽管忠诚，但性格软弱。蔡确一被任命为副相（右

仆射），就骗王珪放弃对行政细节的控制权。[100] 王珪既然如此容易 164
受骗，那也不太可能有效地保护年轻的天子。另外，蔡确对王珪的
背叛也很难让人相信他会是一个值得信赖的人。

与这两位相比，司马光是个合适得多的人选。他在英宗最弱的
时候保护过英宗。在神宗登基之初，司马光也帮助神宗巩固了权
力。司马光功勋卓著，神宗在考虑储君的前途时，想到司马光也就
不难理解了。

尽管司马光在神宗朝大部分时段都是退隐闲居的状态，但因为
与神宗皇帝及其他旧党的关系，他的潜在政治影响力还是与日俱
增。旧党将司马光当作领袖，神宗用他来制衡新党。此外，神宗对
司马光特殊的信任从未动摇。这种特殊的信任反过来又提高了司马
光在旧党和大众中的声望。从某种意义上说，旧党和神宗都寄望于
司马光。对旧党而言，司马光升至政府高层，意味着他们的政治事
业取得胜利。在神宗看来，如果司马光回到政府，皇帝会有一个值
得信任的官员，他的嗣君会有一个强有力的保护者。如下一章所
示，司马光直到神宗死后才回朝，可在神宗朝的显赫声名，使他在
高太皇太后摄政时被任命为首相（左仆射）。

第八章

胜利的悲剧——司马光的最后 18 个月

在生命的最后 18 个月中，司马光到达了他政治生涯的顶点，　165
但他的政治敏锐度随着身体衰老而下降。这一章将分析司马光权力
的攀升和他如何试图扭转神宗朝的变法方案。太皇太后高氏，在神
宗死后摄政。她将政府委托给司马光来领导。于是，司马光成为当
时最有权力的官员。这一章将揭示促使太皇太后做出这一决定的不
仅是她的保守主义倾向，还在于她需要加强对整个帝国的控制。对
她而言，不幸的是司马光已在修史的事业上耗尽了精力。司马光强
烈地意识到自己大限将至，于是他要在有生之年将新法的害处尽数
消除。这种极端的紧迫感使他放弃了既往的谨慎，以和他自己的保
守主义截然相反的方式行事。

一　太皇太后高氏的政治目标与司马光
返回权力中枢

元丰八年（1085）三月神宗去世，他的皇嗣哲宗只有十岁。
因为新皇帝太年幼，太皇太后高氏摄政。高氏是英宗的遗孀，故而　166
是神宗的母亲，哲宗的祖母。[1]作为新的摄政者，太皇太后高氏的
首要目标就是强化权力。鉴于司马光过去与皇室的关系，高氏发现
司马光在捍卫自己的权力方面是最有用的。此外，她和司马光都反
对变法，[2]她可以指望司马光替她废除新政。出于这些考虑，太皇

太后高氏使他成为朝廷中最有权力的官员。对司马光而言不幸的是，这一次他的健康状况无法维持繁重的行政工作。由于太皇太后依赖司马光处理政务，所以司马光基本上是被累死的。

哲宗朝初期，太皇太后高氏面临着与英宗朝曹太后相似的挑战。与她已故的婆婆曹太后一样，高氏此前没有任何参政经验。还有，她继承了一班比她政治经验丰富得多的官僚。结果是她面临着被笼罩在官员阴影之下的危险。让事情更糟糕的是，太皇太后还必须面对额外的问题：她不同意大臣们实施的新法。

太皇太后避免被自己不喜欢的大臣的阴影笼罩的一个有效方法是任命她认可的官员。幸运的是，她有一些曹太后没有的优势，这些优势让她比曹太后更容易离开现任宰执。既然高太皇太后与大臣们的分歧使她很难依赖他们，她就不需要担心失去他们。而且，因为哲宗过于年幼，无法统治国家，没有人会以归政于皇帝的名义强迫她退休。

再者，虽然宰执是富有经验的官僚，但他们从未像韩琦、欧阳修那样享有巨大声望。左仆射是以恭顺、服从出名的"三旨宰相"王珪，如上一章所述，元丰五年（1082）蔡确成为右仆射时，他曾诱骗王珪放弃所有实际行政权力。结果是蔡确成为唯一负责日常政务的宰相。尽管蔡确在强化权力和行政管理上都很聪明，但从未赢得神宗和士大夫的尊重，所以他的地位比当年的韩、欧要弱。[3]

因为高太皇太后不喜欢蔡确和其他新党所代表的王安石变法遗产，她需要寻找其他人来根据她的喜好管理政府。从她的视角来看，司马光是显而易见的合适人选。作为英宗的遗孀，高太皇太后一定记得司马光是如何效忠英宗的，也一定知道司马光反对变法。

司马光的行动也保证了高太皇太后不会忘记他。一听闻神宗过世，司马光就发出了不同寻常的要求，他要回朝——他要回朝悼念已故的神宗皇帝。他在等到回复之前就启程赴阙。[4]有种说法是，司马光起初不敢启程，可听说另外两名官员已经去到都城，他也壮了胆。[5]

　　司马光到达开封后，被皇帝的守卫认了出来。他们喊出了司马光的名字。司马光立即被几千人围住了。许多人高喊要他留在首都再任朝官。这种热情让司马光吃了一惊。因为担心被指责煽动骚乱，司马光立即返回了洛阳。[6]

　　这次都城之行大大提升了司马光的政治地位。不知是有意还是无意，他给人留下一种印象：虽然已有六十七岁了，但健康状况仍允许他为朝廷服务。[7]同时，他在首都街道上受到热情欢迎，表明了他在民众中的威望，也提醒朝廷他可以为政府服务。

　　太皇太后很快将司马光召回政治中枢。她一听说司马光开封之行引发了轰动，就派一个宦官去慰问他。宦官还有个更重要的任务，就是询问司马光的意见——太皇太后甫一摄政，首先应该做什么。司马光递交了一份上疏，建议太皇太后让百官和百姓表达他们对于朝政的意见。[8]

168

　　根据司马光的建议，民众应该被允许自由地通过地方和中央政府递交上疏。接收部门应该直接将上疏转呈太皇太后，不该要求留下一份副本存档。上疏的民众不应因为表达意见而受到惩罚，哪怕他们的意见是错误的。另外，太皇太后应该奖励和提拔那些写了对她有帮助的上疏的人。[9]司马光实际上为太皇太后提供了一种绕过高级官员直接与百姓和非京朝官沟通的方法。通过允许人们自由表达观点，司马光为旧党提供了一个绝佳的机会来攻击新党。太皇太后本人反对改革，因此任何削弱改革派的事情都会自动提升她的地位。

　　新党希望通过严格限制上疏来挫败司马光的计划。他们表示，以下六种情况的上疏者应该受到惩处：1）别有用心，2）所言超过职权范围，3）试图破坏重要政策，4）对已确立的政策表忠心，5）希望通过迎合当权者来获取回报，6）希望通过取悦流俗来邀名。

司马光指出，这些情况过于宽泛，几乎可以覆盖任何可能的上疏内容。[10]在司马光的建议下，太皇太后拒绝了对上疏进行限制的提议，结果是几千人上疏批评王安石新政。[11]

169

在动用舆论来巩固自己地位的同时，太皇太后想找一个代理人为她管理行政的实际细节。为此她决定把朝廷委托给司马光管理。可以推断出她的选择有五个理由：第一，司马光的忠诚是毋庸置疑的。第二，他一直反对王安石新政。第三，虽然他反对新政，但神宗一直相信他的忠诚。再者，如前一章所述，神宗真心想召司马光回朝，因此，太皇太后如果把政权托付给他，就既可以依靠旧党，又能表现出对神宗遗志的尊重。第四，由于司马光广受爱戴，太皇太后可以通过赋予他权力来赢得民众的支持。第五，司马光虽然名声显赫，但他的威信不足以使统治者黯然失色。

第五个原因需要进一步阐述。值得注意的是，司马光不是当时旧党唯一在世的领袖。早年文彦博当过同中书门下平章事和枢密使。尽管文彦博已经八十岁了，但足够健康，可以胜任。我们不能自行推定他不如比他小十三岁的司马光有活力，毕竟，在司马光去世以后，文彦博又活了十一年。[12]

元丰七年（1084），司马光完成《资治通鉴》呈给神宗的时候，他的健康状况已经恶化。熙宁七年（1074）他递交了批评新政的奏疏，一些新党诬告他浪费政府资源。他们指控说，司马光故意拖延修书进程，以便继续获得《资治通鉴》项目的特殊津贴和文房用品。为了证明这些指控不成立，司马光夜以继日地工作，加速成书。他仍和朋友交游，但试图限制和他们在一起的时间。[13]繁重的工作使他的身体不堪重负。在给神宗的上表中，他说修《资治通鉴》耗尽了他的精力。他不仅近视，牙齿也落得不剩几颗，记忆力也衰退得厉害，刚做完的事很快就会忘记。[14]

可能范祖禹在给司马光草拟表文时，夸大了司马光的身体衰弱程度，以强调他为《资治通鉴》做出的牺牲。[15]但范祖禹描述得如

此详细，至少可以推测在某种程度上这是事实。还有，元丰八年
（1085）司马光在给范纯仁的信中也抱怨了自己的健忘。[16]

　　除了健康因素外，还有其他因素能够说明文彦博可能是比司马
光更好的人选：文彦博比司马光更熟悉政府的运作。到神宗去世 170
时，司马光已经远离政务达 14 年。[17]据司马光说，他在此期间没
有考虑过政府的事务。他早已忘记了曾经知道的行政先例。他不仅
不熟悉熙丰新政的实际运作，也不熟悉在他退隐期间进入朝廷的大
批官员。正如他在给范纯仁信中说的，他只认得 3%～4%的朝中官
员。[18]司马光或许夸大了他与政治的心理距离，[19]但他说自己对当
前朝政不熟悉有一定的事实依据。比如，倘若他认识很多朝中官
员，但告诉老朋友自己大部分都不认识，这对他不会有什么益处。

　　和司马光不同，文彦博直到元丰六年（1083），神宗去世前两
年还活跃于政坛，[20]所以他不会像司马光那样与日常政务隔绝。还
有，文彦博当过同中书门下平章事和枢密使，司马光此前从未被提
拔到如此高位。显然，文彦博本可以成为比司马光更加高效的
宰执。

　　但效率并不是太皇太后唯一的关注点。正如她曾通过宦官向
司马光传达的，她害怕文彦博，因为文彦博在朝廷最高层的任职
积累了极高的声望，他的出现会让她和年轻的皇帝感到"震主
之威"。[21]

　　司马光极受众人推戴，但从未担任过正副宰执。如果太皇太后
任命他当宰执，人们普遍会认为他的晋升得益于太后的支持，是她
首次给予司马光机会来证明自己的领导能力。而文彦博已经充分证
明过他的能力。文彦博现在带着一些备受尊崇的头衔闲居退隐，如
果重返政坛，除了再次品尝权力的滋味，他将一无所获。召文彦博
回朝，外界的普遍感受将是太皇太后试图依靠文彦博的智慧与 171
经验。

　　因为司马光是最理想的人选，所以太皇太后坚持要他到朝中任

职。在元丰八年（1085）五月，她任命司马光为副相（门下侍郎），司马光试图以患病为由，拒绝这一任命。太皇太后则利用司马光想让理想成真的欲望迫使他接受任命。

在太皇太后下达任命之前，司马光已经递交了很多奏札，建议废黜新政。他也把自己的政治理论讲给太皇太后和哲宗。[22] 为了保证人民无畏地表达对新政的反对，他建议太皇太后再次下诏鼓励人们自由评论朝政。[23]

高氏对司马光表示她不仅需要他的建议，还需要他在朝中任职。正当司马光准备上呈第二封婉拒任命的札子时，宦官带来了太后的手诏。她告诉司马光，只有他接受任命，她才会再次呼吁人们发表意见。事实上，她接受司马的建议的条件就是司马光接受任命。她的手诏非常有效，司马光立即决定不再上疏辞谢。[24]

在成为副相之后，司马光依然试图请辞。但太皇太后坚持挽留他。元祐元年（1086）一月，司马光病重。当年二月，他递交了两封奏疏请求批准他退休。据司马光称，他病得太重，不能下跪也不能骑马，甚至无法抛开手杖独立行走。[25] 太皇太后没有准许他退休，而是在闰二月蔡确迫于新任命的旧党谏官压力离开朝廷时，任命司马光为尚书左仆射。[26]

蔡确的离去表明高太皇太后给予了司马光全部的信任，她放弃了用制衡限制权力的传统。司马光开始当副相时，蔡确还在位。但司马光和高氏决意废除很多新政。[27] 蔡确，以及支持新法的知枢密院事章惇（1035～1105）仍能够阻碍司马光的计划。太皇太后可能出于对神宗人事安排的尊重而保留蔡确、章惇，但她的动机还有确保任何官员不能获得过多的权力。刘挚（1030～1097）在元祐元年（1086）第一个月向高氏进言道：

> 陛下虽用司马光，而反使确等牵制之，故为政将一年矣，虽更制改法，利于民者固多，而大病根本皆在。又天下推行之

人，犹怀疑贰，依违不肯尽心，使民不能尽被惠泽也。

据刘挚所说，地方官犹豫不决的原因是他们害怕蔡确和章惇。只有解除蔡确、章惇的权位，才能消除这种恐惧。[28]

在早先的上书中，他警示过太后，因为司马光老病，她需要尽快将蔡确、章惇换成反对变法的官员。否则，司马光一旦去世，蔡确、章惇可能会重新让新政占得上风。[29]

显然，制衡体系一方面让太皇太后将司马光的权力限制在一定范围之内，另一方面也阻止了司马光和其他旧党一起彻底废除高氏不喜欢的新政。在之前的某一次场合，司马光曾敦促她在决策中发挥更大的作用，这样朝政就不会因高层官员之间的分歧而受到阻碍。[30]司马光一向认为，统治者应该从上面完全掌控整个政权，而他对蔡确和章惇的阻挠感到沮丧，也使得他的建议更具紧迫性。

虽然旧党反反复复提出建议，但太皇太后迟迟没有撤换蔡确、章惇。事实上，甚至高氏起初都不愿接受蔡确请辞。最终，在旧党的不断敦促下，她还是接受了。元祐元年（1086）闰二月，在蔡确离朝后，她也将章惇逐出朝廷。[31]

她改变主意与司马光的病密切相关。元祐元年（1086）一月，173 刘挚上书时，司马光病情已经开始转重了。到了闰二月，病状明显加剧。司马光希望安享晚年，再次请求调任闲差。[32]在这种情况下，似乎太皇太后外放蔡确、章惇是为了劝服司马光留任，毕竟，司马光是她所有官员中最为忠诚可靠的。而且，司马光已经病重，不太可能对太皇太后构成任何严重的威胁。再者，可能太皇太后也担心司马光来日无多，所以希望司马光为她尽一切所能，免得他日悔之晚矣。

太皇太后坚持重用司马光的表现非常值得注意。司马光被任命为左仆射时，已然病休。他一边称病一边一再恳辞任命。司马光明白高氏在朝中需要一个强有力的旧党，所以建议太皇太后任命文彦博来代替他。[33]但太皇太后拒绝撤回对司马光的任命。元祐元年（1086）五月，司马光的健康状况有所好转，但还是腿脚无力。太皇太后急于要司马光为她主持政务，要求他立即复工履职。太皇太后传信给司马光说如果他不能下跪，就不必入宫朝见太皇太后和年轻的皇帝。他要做的就是三日一次乘轿去办公。[34]

可以理解，司马光想多休息一阵子。当他给太皇太后上书时，已经请了130多天的病假。这么长时间没有和太皇太后直接接触，司马光不可能不跟她直接交谈就真正重新开始领导政府。[35]

太皇太后没有给司马光更多的休息时间，而是给了他坐轿子进宫的特权。他要在儿子（司马康）的搀扶下走进小殿。因为他的腿有毛病，太皇太后不让他跪。司马光怕显得太傲慢，还是（请求）进延和殿参见，行拜礼以示对太皇太后的尊敬。[36]

司马光请病假时，太皇太后任命吕公著、文彦博为宰相，与他一同供职。尽管吕公著和文彦博也反对变法，但她不想让他们中的一位来替代司马光主导政府。[37]文彦博被加衔"平章军国重事"和"太师"。这些头衔名义上使得他位居司马光之上，但文彦博实际上的行政权力受到很大限制。他的职责包括每一个月至两个月参加经筵和每六日与宰执一起在都堂议事。具体的行政细节则不会来"打扰"他。[38]司马光是太皇太后最信赖的官员，她固执地拒绝任何人来取代司马光。对司马光而言不幸的是，太皇太后特别的信任对他的健康造成了致命的伤害。

为了对太皇太后的信任表示感激，司马光勤勉工作。他的病情很快加重了。元祐元年（1086）九月，也就是高氏迫使他复工四个月后，司马光去世了。在最后的日子里，司马光失去了对周围环境的意识。他像说梦话一样不断喃喃自语，讲的好像都是国家的政务。[39]用苏轼的话说，是"欲以身徇天下"。[40]健康状况的恶化与工作的紧张让他急于求成。正如下一节要论述的，自知所剩时间不多的急迫感影响了司马光废除王安石新政的方式。

二　最后的政治举措

司马光担任正副宰相的时间很短，但对宋朝政治的影响深远。他在政治上的关注点在于废除新政。他因为急切地想实现这一目标，背离了一贯的对于制度改革的审慎态度。每况愈下的健康状况，对新政策长期累积的不满，以及大限将至共同造成了司马光的紧迫感。

如前一节所述，司马光的病情恶化。从记忆力衰退的情况来看，他的头脑不如从前敏锐了。此外，他的另一劣势在于已经脱离 175 行政事务达 14 年。一个经验欠缺又年老体衰的人，忽然被征召担任政府最重要的职位。他必定很难有时间与精力去学习自己 14 年隐退期间朝政的变化。在去世前不到两个月，司马光抱怨过烦琐的行政工作使他几乎没有时间去研究朝廷的重要问题。[41]换言之，他不仅缺乏对朝廷当时情况的细节化理解，也很难获得这种理解。

虽然司马光想花更多的时间考虑重大问题，但他无意用一种开放包容的视角研究王安石新政。在新政体制下隐忍 14 年以后，他早就确定了他对新政的态度。前一节指出，熙宁七年（1074），司马光坚持认为国家没有从新政策中得到任何好处，尽管国家积累了巨额财物。回到中央政府后，他仍然无视新政策可能带来的好处。

甚至在重返官场以前，司马光就已经试图说服太皇太后废止新政。元丰八年（1085）五月二十八日，司马光上书推辞副相的任命。同日，他递交了另一封札子，敦促彻底废除新政。他写道：

> 陛下深知其弊，即政之初，变其一二，[42]欢呼之声已洋溢于四表，则人情所苦、所愿，灼然可知。陛下何惮而不并其余悉更张哉？譬如有人误饮毒药，致成大疾，苟知其毒，

斯勿饮而已矣，岂可云姑少少减之，俟积以岁月，然后尽舍之哉？[43]

176 上文中"毒"的比喻表明此时司马光已抛弃了谨小慎微的姿态。第三章和第七章指出，在司马光劝说神宗不要支持王安石新政时，他曾将国家制度比作房屋，除非它坏到无法修缮，否则不能遽然推倒重建。如果有人轻率地拆毁自己的房屋，就会失去遮风避雨的住所。然而，如果将神宗去世之后既有的新政视作"房子"，那它就不应该被拆除。由此可见，司马光在生命的最后 18 个月的政治行为与其"房屋"之喻的保守主义倾向是不一致的。

司马光开始废除新政时，一些新党指出，要尊重神宗的政治遗产。为了平息异论，司马光提出了两个论点：第一，新政的始作俑者不是神宗，而是王安石。王安石在最后八年远离权力中心，神宗显然不再支持他的新政。[44]至于由神宗自己设计的好的改革（如元丰官制改革），司马光无意废除。第二，即使有人声称神宗对新政负有全责，太皇太后依然可以废除它们。母亲没有义务去尊重儿子的政治遗产（"以母改子"）。太皇太后高氏是神宗的母亲，她不必遵从已故的神宗皇帝的遗志。[45]这两点对神宗与新政关系的论述是相反的，显而易见，司马光对此并不真正感兴趣。他真正关心的是建构废除新政的正义性。

虽然受到蔡确、章惇的阻碍，到元丰八年（1085）底，司马光还是废除了大部分的新政，剩下的还有免役法、青苗法和将兵法。免疫法和青苗法是新政关乎财政的重要政策，因为针对农业人口，无疑影响的人最多。另一项改革遗产——与西夏的军事紧张局势依然持续。[46]元祐元年（1086）一月，司马光病重，他对废除剩
177 余的新政、终结边境的紧张局势更加急不可耐。想到死亡即将降临，他叹息道："四患未除，吾死不瞑目矣。"[47]

司马光在其急迫感的重压下，拒绝听取任何有悖于其目标的建

议。比如，在他计划废除免役法时，他的朋友苏轼强烈反对。据苏轼说，这一政策的初衷相当合理：农民在服差役时，由于不习惯非农业劳动，往往会遭受很大的痛苦。他们支付免役钱比亲自服役更好。它的问题是，政府为雇用服差役者筹集的资金超过所需，从而给纳税人带来了过重的负担。只要政府降低免役钱征收标准，就可以解决过度征收的问题。然而，司马光拒绝考虑这一温和的做法。[48]

因为急于求成，司马光有时不惜自相矛盾。例如元祐元年（1086）一月二十二日，他写了一封很长的上书，来反对免役法。他说，这项政策对于富人和穷人都有损害。在免役法出台之前，富户每隔几年才轮到一次差役，因而可以在未轮到的年头休养生息。但在免役法之下，富户每年都要缴纳巨额免役钱。而且，他们交的免役钱比服役时所需的花费要多得多。至于穷人，他们负担过重，经常破产。[49]

一个月后，司马光听说太皇太后同意支持废除免役法，但很多官员对执行此事仍犹豫不决。为了让太皇太后坚定决心，司马光在病榻上又写了一封奏疏，试图解释人们为什么反对这个决定。他说一些人反对废除免役法，原因之一在于这个政策虽对穷人有害，但对富人来说很方便。这一论断与他早先的观点——免役法对富人、穷人都有害——是矛盾的。[50]

178

他认为这项政策已经实施了将近20年，人们习以为常，废除它必然会造成一些烦扰，也会引起一些人的反对。然而，他虽理解人们的反对，但仍要太皇太后坚持早先废除免役法的决定。[51]

司马光固执地主张废除免役法，但对青苗法的态度则不那么僵硬。他认为这个政策最大的问题是地方官员强迫农民借钱。只要贷款是完全自愿的，这项政策就可以保留。因此，他说服太皇太后下旨，禁止官员违背农民的意愿借钱给他们。[52]

但是苏轼很轻易地说服了司马光抛弃这一温和的立场。苏轼说青苗贷款很容易得到，这会鼓励贫穷的农民增加开支。许多农民没有能力进行长远规划，可能会借贷以满足自己即时的物欲。之后就会受困于积累的债务。一听到苏轼的观点，司马光立刻要求全面废除青苗法。[53]

不难理解苏轼为何如此轻松地说服了司马光。正如第三章所述，司马光认为节俭无论对于个人还是对于国家都非常重要。苏轼称青苗法鼓励额外的花销，正好说到憎恶奢侈和厉行节约的司马光的心里，因而改变了后者的态度。

虽然没有废除将兵法，但司马光对其进行了调整，使得军权从将官转移到地方文官手中。在文彦博的支持下，司马光力排众议，与西夏恢复了和平的关系，[54]但宋朝为此付出了高昂的代价：在西夏的要求下，宋朝交出了几个有争议的地区。[55]

最终，司马光成功地废除了几乎所有新政。尽管实现了目标，但他个人的成功并不尽然对国家有益。新政废止后，宋朝政府的财政收入锐减。几年之内，宋朝政府就快把新政积累起来的盈余花光了。结果就是，政府再次"借"皇帝私人内藏库的钱。[56]不过，从保守主义的观点来看，恢复到改革前"国用不足"的时代，也并非全无可取之处。毕竟，如果内藏库的钱不得不被用来补充政府的日常开支，统治者和官员就没有那么多的资源来进行不被司马光赞同的冒险。例如，司马光去世十多年后，因为财用匮乏，朝廷不得不考虑叫停与党项（西夏）的战争。[57]对于司马光及其保守派同僚来说，让政府勒紧裤腰带和把资源从平民转移到国库以扩大财政支出二者相较起来，前者似乎害处要轻微得多。

在废除新政的同时，司马光还提出一种由官员举荐人才的新方法。如第三章所示，他认为遴选人才是政府最重要的任务之一。他认为官员应该被允许专攻自己擅长的领域，因此他建议根据十个类别来举荐新人：1）行义纯固可为师表科，2）节操方正可备献纳科，3）智勇过人可备将帅科，4）公正聪明可备监司科，5）经术精通可备讲读科，6）学问渊博可备顾问科，7）文章典丽可备著述科，8）善听狱讼尽公得实科，9）善治财赋公私俱便科，10）练习法令能断请谳科。[58]司马光的计划虽然得以实施，但事实上没有官员按照这些类目来举荐人才。[59]

在生命的最后 18 个月中，司马光废止了大部分新政，创新甚微。他的努力不完全对宋朝有益，但在他去世时，废除新政的财政后果还没有明显地表现出来。所以直到去世，司马光的威望未有减损。

正如前一章提到的，在神宗朝大部分时间，旧党都将司马光视为他们的领袖。对新政策不满的百姓也把他当作希望的象征。下面这段小插曲可以清楚地看出司马光在担任副相期间的人望：元丰八年（1085）底，苏轼从登州（山东半岛尖端）被召回朝。苏轼与司马光的友谊是众所周知的，故而在回朝路上，苏轼总是被大群人围住，人们都希望他传话给司马光："寄谢司马丞相，慎毋去朝廷，厚自爱以活百姓。"[60]司马光去世时，不仅太皇太后和他的朋友哀悼他，很多百姓也哀悼他。全国各地对他的画像有巨大需求，一些画家和工匠靠卖他的画像发家致富。[61]

在生命的最后 18 个月里，司马光政治权力的显著增长与其身体、精神状况的恶化形成了鲜明对比。在太皇太后摄政期间，将司马光推向政治生涯顶峰的因素都是其来有自的。如第五章所述，他与皇室的特殊关系始于仁宗末年。多年来，他在士大夫中的声望和在百姓中的声望不断提高。对司马光而言不幸的是，在取得了巨大成功的同时，他的身心健康却每况愈下。虽然保守主义是他最初反对新政的原因，但急于废除这些政策，反而导致他放弃了他一贯的对制度变革的保守态度。对司马光来说，政治上的成功来得这么晚，是一个巨大的悲剧。

第九章
结　语

181　　司马光终其一生，思想和行为始终如一。从他政治生涯早期到神宗统治的末期，他基本上信奉保守思想体系，并按照它行事。在生命的最后几个月，他没有经过慎重考虑就废除了大部分新政，背离了保守主义。然而，即使在那时，他的行为仍然反映了他早期的许多信念。作为一个保守的政治家，司马光在政治上扮演着一些重要角色。在分析他的生活和思想的同时，本书也对宋朝政治做出了动态的分析。在司马光的政治生涯中，统治者对朝廷的控制程度不时波动，他们不断试图加强或维持自己的权力。

　　司马光早年在思想与行为上受到其父和庞籍的影响，他的为官经历也受益于其父的地位与庞籍的庇护。虽然在履历与思想上，司马光超越了这些人，但他们在他的生命中留下了永久的印记。

　　司马光保守主义的基本特征包括对前人智慧的尊崇和对维护前
182　人成果的关注。因为很难超越过去的智慧，那么偏离既定的办事模式是危险的。因而对过去智慧的尊崇也起到了维护现存成果的作用。

　　对于司马光来说，宋朝的和平与稳定是一项难得的成就。很难获得，也很容易因为疏忽或冒险而失去。因此，他认为朝廷的主要任务是维护这一成就。他对等级关系的看法反映了这一观点。如果等级制度崩溃，国家就会陷入混乱和冲突。为了防止这种可怕的情况，统治者应该手握最高权力，臣民必须保持绝对的忠诚。

　　由于没有足够的时间和精力来监督朝政的每一个细节，所以统治者应该专注于最基本的任务——管理官员。换句话说，控制政府最有效的方法就是控制官员。对大多数统治者来说，制定新的制度和法律并不是必要的，因为这些早已由王朝的创建者制定了。为了避免被欺骗，统治者应从尽可能多的渠道接收信息和建议。官吏的任用、奖惩都应由统治者掌控，绝不能被大臣篡夺。这不仅有益于统治者，也有益于官员。因为如果大臣权力过大，君主就会认为后者是自己权力的威胁，从而对其本人和家族采取行动。

据司马光所言，天下的财富是有限的。政府索取越多，人民保有的就越少。如果人民的财富过少，就可能会反叛。因此政府应当厉行节俭，减轻人民的负担。司马光还认为，政府需要为外国入侵和自然灾害之类的紧急情况做好防备。方法依然是节省政府开支。所以，司马光关于政府财政的理念与其维持既有和平与稳定的思想密切相关。

司马光关于个人和家庭的自我保护思想，与他关于政府的思想是相一致的。一个家庭当下的人很难比前辈做得好，却很容易比前几代人做得差。因此，家庭成员应该小心谨慎地以勤俭来保护家庭财富。但是无论如何，司马光都不允许牺牲统治者或国家的利益来牟取私利。对他来说，忠诚是一种基本的道德价值，他愿意为之牺牲自己的生命。

183

司马光的政治行为与他的政治思想密切相关。忠实于他对忠诚和对统治者终极权力的信仰，司马光一直深受统治者信任。而这种信任是司马光获得声望和人气的重要原因，也是他从统治者那里得到优待的重要原因。他一获得权位，在朝政中扮演显要角色，就矢志不渝地捍卫统治者的权力。哪怕在与统治者意见相左的时候，他也发挥制衡权臣的作用，维护皇权。

反对王安石新政与他的政治思想是一致的。他反对激进的变革，也反对全面的改革。他相信应该减轻人民的负担，所以反对任何大大增加政府收入的法规。虽然在废除王安石新政时，他抛弃了保守主义的谨慎，但他废除新政的理由仍然基于他的政治思想。此外，即便在晚年获得了巨大的政治权力，他也从未动摇过对统治者（太皇太后高氏和年轻的皇帝哲宗）的忠诚。

我对司马光生平的记述，反映了宋朝政治的一个普遍现象。皇帝（有时还有摄政者）从不觉得对权力这事可以高枕无忧，相反，他们总是试图加强和维护自己手中的权力。统治者维护和控制权力是一个永无止境的过程。统治者刚登基时，需要在有着丰富经验的大臣面前维护自己的权威。统治者大病初愈时，往往不得不从那些在他失去执政能力时代他执政的人手中夺回权力。统治者病危时，需要安排好继承事宜，同时确保权力不会在自己咽气前就落在别人手里。

184　　　统治者维护和加强权力的最重要工具是官员之间的制衡。第二梯队的官员，尤其是谏官，常常对此出力尤多。他们不愿意看到朝廷被高官重臣主导。正因为言官渴望攻击高官，所以统治者几乎不需要直接针对什么人，他要做的不过是允许派别斗争，默许斗争的结果。于是，尽管有些官员可以一时主导朝政，但朝政的机制还是倾向于最终把他们推下来。另外，因为实际的攻击是由其他官员发起的，而不是皇帝，所以皇帝能够在政治斗争中保持仁慈宽容的形象，比如英宗和神宗，既善待当权的宰执，同时也制服了他们，这主要是通过对那些攻讦他们的人施以恩惠来实现的。此外，在一轮政治斗争结束后，皇帝广泛施予恩惠也发挥了有益的作用。通过赏赐斗争失败的官员，皇帝保证了两件事：第一，他能够保持官员们对其忠诚，从而让他们继续效忠自己。第二，通过保护输家不受赢家的伤害，他能够利用输家来约束赢家。

神宗朝开始出现"国是"之后，表面上看好像朝廷里的制衡减少了。神宗要推行改革，就要确保所有与改革相关的机构都由新党官员主持。但实际上另一个制衡系统仍在他治下运作。为了避免朝中尽是新党，神宗常常在与改革无关的部门保留一些反改革的旧党。同时，他借助对司马光等著名旧党的厚爱，确保了那些脱离朝廷的旧党官员的忠诚。此外，神宗还利用他与司马光的良好关系来制衡新党的权力。每当新党自以为不可或缺时，神宗就威胁将司马光召回朝廷来提醒他们要安分守己。

权力制衡的传统在哲宗朝依然存在。即使托付给司马光废除新政这一艰巨任务，太皇太后仍然对他加以制衡。直到司马光命不久矣，她才罢免了那些与他意见相左的官员。 185

因为人主（皇帝或摄政）的信任，也因为朝廷需要权力制衡，所以即便政见与人主大相径庭，司马光也依然能使人主和自己的事业受益。在朝臣之间的争议中，皇帝如果选择支持其中一方，就需要确保他们的权力不会过大。在这种情况下，反对派中有一个像司马光这样信得过的官员是非常有用的。与此同时，其他的反对派官员也会因为司马光享有人主特殊的信任，对其寄予厚望。因此，司马光的威望得以提升。随着声望越来越高，司马光对当权的大臣的制衡作用对人主来说就更有用了。更大的用处使司马光得到人主更大的恩宠，而这恩宠又反过来帮助司马光进一步提升威望。

显然，司马光的思想驱使着他的行动，他所处的环境也极大地影响着其事业的发展。通过考察司马光的生平和思想，我们不仅更好地了解了他本人，也更好地了解了他那个时代朝廷政治权力的复杂动态。

注　释

第一章　引　言

【1】 如参见包弼德《政府、社会与国家：论司马光与王安石的政治观念》的翻译，收于韩明士（Robert P. Hymes）、谢康伦（Conrad Schirokauer）编《治理天下：宋代中国的国家与社会观》（*Ordering the World：Approaches to State and Society in Sung Dynasty China*）（伯克利：加利福尼亚大学出版社，1993 年），第 185 页。

【2】 所引用的林肯之语，以及对现代西方保守主义信仰富有影响力的总结，见拉塞尔·柯克（Russell Kirk）《保守主义精神：从柏克到艾略特》（*The Conservative Mind：From Burke to Eliot*）第七版（华盛顿：Regnery Publishing，1995 年），第 8~9 页。要对司马光的保守主义思想和现代西方保守主义思想进行负责任的比较研究，就需要对西方现代保守主义思想进行深入的研究，这超出了本书的讨论范围。

【3】 余英时《朱熹的历史世界——宋代士大夫政治文化的研究》第 1 册（台北：允晨出版社，2003 年），第 505 页。

【4】 已故的刘子健教授在关于庆历新政（1043~1045）的争论中已指明了这一点。参见氏著《欧阳修：十一世纪的新式儒家》（*Ou-yang Ilsiu：An Eleventh Century Neo-Corifucianist*）（斯坦福：斯坦福大学出版社，1967 年），第 63·64 页。根据刘教授的说法，在这场争论中，双方官员都声称己方是真正忠诚的，并请求得到皇帝的支持。因此，忠诚的价值被重新肯定，皇帝的地位得到了提升。在我自己的研究中，我发现皇帝从官员的不和中获益的情形，并不是庆历新政之争独有的，而是本书所述及的几十年里反复出现的现象。

【5】 关于司马光政治思想在《资治通鉴》中的表达，我已经在其他处提出了一些发现。参见拙文《为政之镜：司马光在〈资治通鉴〉中的政治观和执政观》，收于李弘祺编《新颖与多元：宋代对过往的观感》（香

156

港：中文大学出版社，2004 年）。因为不可能脱离司马光的思想来谈他的生平，我在第三章中重申了这些发现。

【6】方志彤译司马光《资治通鉴》第 69～78 卷《魏纪》（220～265），百思达（Glen W. Baxten）编（坎布里奇：哈佛大学出版社，1952 年），第 xvii 页。

【7】司马光《资治通鉴》卷 212（北京：中华书局，1957 年），第 6759 页。四库全书总纂官纪昀（1724～1805），在给《资治通鉴》作提要时赞成并引用了胡三省的评论。见纪昀等纂，四库全书整理所整理《钦定四库全书总目》（北京：中华书局，1997 年），第 650 页。

【8】许多历史学者用这样夸张的断言来强调《资治通鉴》的重要性：只要读通一部《资治通鉴》，即使像陈寅恪眼睛失明了也一样可以做学问。陆键东《陈寅恪的最后二十年》（北京：三联书店，1995 年），第 261 页。

陈寅恪自己也非常尊崇《资治通鉴》，他甚至将自己富有开拓性的唐代政治史研究称为阅读《资治通鉴》的参考资料。见陈寅恪《唐代政治史述论稿》，收于氏著《陈寅恪先生论集》（台北："中研院"史语所，1971 年），第 105 页。

【9】见柏杨《柏杨版资治通鉴》（台北：远流出版社，1983～1993 年），共 72 册。这个译本可读性很强，但过于别出心裁。柏杨几乎将所有的官衔替换为他所认为的职能相近的现代官名。他还称呼所有皇帝的姓名，而非谥号和庙号。虽然这些做法使他的文本对外行读者而言更易懂了，但也使他的翻译对学者来说就不那么有用了。

【10】陈明锐《资治通鉴的史学》（The Historiography of the Tzu-chih tung-chien：A Survey），《华裔杂志》第 16 期，1974～1975 年，第 2～38 页。关于这门学科，最著名的中文介绍莫过于张煦侯《通鉴学》（合肥：安徽教育出版社，1982 年）。关于《资治通鉴》的学术论文，可看刘乃和、宋衍申主编《司马光与资治通鉴》（长春：吉林人民出版社，1986 年）。

详细讨论所有相关的史学研究至少需要一本书的篇幅，因而超出了本书的范围。本章的后面部分，将讨论一些最著名的研究。

【11】陈明锐《资治通鉴的史学》，《华裔杂志》第 16 期，1974～1975 年，第 5～8 页。

【12】同上，第 34～35 页。

【13】同上，第 36 页。除了陈明锐文中提供的信息，中华书局版《资治通鉴》也收录了胡三省的注，它同样值得我们注意。中华书局版《资

治通鉴》一般被认为是最权威的版本，也是本书引用的文本。其他此段提及的当代整理本，见毕沅《续资治通鉴》（北京：中华书局，1957 年）和王夫之《读通鉴论》（北京：中华书局，1975 年）。对胡三省注的重要研究，见陈垣《通鉴胡注表微》（香港：广角镜出版社，1978 年）。王夫之《读通鉴论》的当代研究，见宋小庄《读〈读通鉴论〉》（昆明：云南人民出版社，1991 年）。

【14】袁枢此书在当代最好的整理本是袁枢《通鉴纪事本末》（北京：中华书局，1964 年）。

【15】陈明铼《资治通鉴的史学》，第 36～37 页。朱熹《资治通鉴纲目》似乎没有当代标校本。

【16】冯惠民《通鉴严补辑要》（济南：齐鲁书社，1983 年），第 2～3 页。在 20 世纪以前，《资治通鉴补》只被完整地印过两次：一次在 1851 年，一次在 1876 年。冯惠民的《通鉴严补辑要》似乎是 20 世纪唯一的严衍《资治通鉴补》删节本。1876 年再版的《资治通鉴补》被收录于首都图书馆编辑《通鉴史料别裁》第 4～11 册（北京：学苑出版社，1998 年）。

【17】岑仲勉《通鉴隋唐纪比事质疑》（香港：中华书局，1977 年）。岑仲勉在 1958 年完成这一著作。

【18】吴玉贵《资治通鉴疑年录》（北京：中国社会科学出版社，1994 年）。

【19】田浩《改写中国历史文本的自由与约束——以司马光对诸葛亮故事的重构为例》（Textual Liberties and Restraints in Rewriting China's Histories: The Case of Ssu-ma Kuang's Reconstruction of Chu-ko Liang's Story），收录于李弘祺编《新颖与多元：宋代对过往的观感》。亦见于田浩《史学与文化思想：司马光对诸葛亮故事的重建》，收录于《中央研究院历史语言研究所集刊》第 73 本第 1 分册，2002 年 3 月，第 165～195 页。

【20】张元教授《读田浩教授〈史学与文化思想：司马光对诸葛亮故事的重建〉》一文，收录于《中央研究院历史语言研究所集刊》第 73 本第 1 分册，2002 年 3 月，第 199～204 页。

【21】而当代的司马光传记中也有不错的作品，见宋衍申《司马光传》（北京：北京出版社，1990 年）及木田知生（木田知生）《司马光及其时代》（司馬光とその時代，东京：白帝社，1994 年）。宋衍申的书改了一个更适合向大众普及的版本，叫《司马光评传——忠心为资治鸿篇传千古》（南宁：广西教育出版社，1995 年）。

【22】黄宽重和王曾瑜都指出王安石和岳飞（1103～1142）是被研究最多的宋代人物。见黄宽重《海峡两岸宋史研究动向》，收录于《历史研

究》1993 年第 3 期，第 144 页；以及王曾瑜《宋史研究的回顾与展望》，收录于《历史研究》1997 年第 4 期，第 153 页。黄宽重的文章被翻译成了英语，见黄宽重（Huang K'uan-ch'ung）《海峡两岸宋史研究动向》（Trends in Song Historical Research in Taiwan and Mainland China），大卫・C. 赖特（David C. Wright）译《宋元研究杂志》（*Journal of Song-Yuan Studies*）1995 年第 5 期，第 265~302 页。

中文专著有漆侠《王安石变法》（增订本）（石家庄：河北人民出版社，2001 年出版，2002 年印刷），以及邓广铭《北宋政治改革家王安石》（北京：人民出版社，1997 年）。江西省纪念王安石逝世九百周年筹备委员会编《王安石研究论文集》（南昌：江西省历史学会，1986 年）提供了 23 篇关于王安石的学术论文样本。它还提供了 21 世纪王安石的中文和日文学术综述书目。编者承认，该书目并不完整，但仅其中所列的中文书目就有 27 本。日文的王安石研究著作，见东一夫（東一夫）《王安石新法研究》（王安石新法の研究，东京：风间书房，1970 年）；东一夫《王安石事典》（王安石事典，东京：国书刊行会，1980 年）；东一夫《王安石与司马光》（王安石と司马光，东京：冲积舍，1992 年）；宫崎市定《王安石的吏士合一政策——以创法为中心》（王安石の吏士合一策——創法を中心として），收于氏著《亚洲史研究》（アジア史研究）第 1 册（京都：东洋史研究会，1957 年），第 311~364 页，王安石研究的主要英语著作，有 H. R. 威廉生（H. R. Williamson）《王安石——中国宋代的政治家与改革家》（*Wang An-shi*：*Chinese Statesman and Educationalist of Sung Dynasty*）两卷本（伦敦：亚瑟出版社，1035~1937 年）；约翰・穆四基（John Meskill）编《王安石：改革实践者?》（*Wang An-shih*：*Practical Reformer?*，波士顿：列克星顿图书公司，1963 年）刘子健（James T. C. Liu）《宋代中国的改革：王安石及其新政》［*Reform in Sung China*：*Wang An-shih*（*1021~1086*），坎布里奇：哈佛大学出版社，1959 年］

【23】见叶坦《大变法：宋神宗与十一世纪的改革运动》（北京：三联书店，1996 年），第 22、30、36 页。漆侠《王安石变法》，第 14 页。

【24】这一问题将在第七章深入讨论。亦见冀小斌《北宋"积贫"新解——试论"国用不足"与王安石新法之争》，收录于周质平、裴德生编《国史浮海开新录——纪念余英时教授荣休论文集》（台北：联经出版社，2002 年），第 283~300 页。

【25】邓嗣禹《王安石改革新见》，收录于刘子健博士颂寿纪念宋史研究论

集刊行会编《刘子健博士颂寿纪念宋史研究论集》（东京：同朋社，1989年），第546~547页。

【26】脱脱等《辽史》卷9（北京：中华书局，1974年），第102页。王铚《默记》（北京：中华书局，1981年），第20页；脱脱等《宋史》卷4（北京：中华书局，1977年），第63页；叶坦《大变法：宋神宗与十一世纪的改革运动》，第6页。

【27】叶坦《大变法：宋神宗与十一世纪的改革运动》，第7~8页。李焘《续资治通鉴长编》卷72（北京：中华书局，1979~1995年），第602~614页。

【28】正如包弼德所指出的，对王安石新政的评价在今天的中国仍然具有相当大的政治意义。王安石与司马光孰优孰劣的问题，常引起政府与社会的正确关系争论。见包弼德《政府、社会与国家：论司马光与王安石的政治观念》，收于韩明士、谢康伦编《治理天下：宋代中国的国家与社会观》，第187页。关于王安石变法功过的新一轮争论，两篇比较有影响力的文章是王曾瑜《王安石变法简论》，《中国社会科学》1980年第3期，第131~154页；漆侠、郭东旭《关于王安石变法研究中的几个问题》，《中国史研究》1989年第4期，第32~46页。王曾瑜的文章是第一篇质疑当时主流观点对王安石变法的正面评价的学术文章，漆侠、郭东旭的文章是对这种修正观点的反驳。

【29】刘子健《宋代中国的改革：王安石及其新政》，第115页。

【30】包弼德《政府、社会与国家：论司马光与王安石的政治观念》，收于韩明士、谢康伦编《治理天下：宋代中国的国家与社会观》，第136页。

【31】东一夫《王安石与司马光》，第174~178页。

【32】包弼德《政府、社会与国家：论司马光与王安石的政治观念》，收于韩明士、谢康伦编《治理天下：宋代中国的国家与社会观》，第183~186、158~160页。

【33】我的简要总结不可能全面反映叶坦的分析。要了解她比较王安石与司马光经济思想的详情，详见叶坦《传统经济观大论争——司马光与王安石之比较》（北京：北京大学出版社，1990年），尤其详见第58页。她在《大变法：宋神宗与十一世纪的改革运动》一书中也扼要地复述了她这方面的观点，见《大变法：宋神宗与十一世纪的改革运动》，第59~60页。

【34】叶坦《大变法：宋神宗与十一世纪的改革运动》，第97页。

【35】叶坦《大变法：宋神宗与十一世纪的改革运动》，第98页。

【36】萧公权《中国政治思想史》（台北：中国文化大学出版社，1980 年），第 489~491 页。

【37】安东尼·萨瑞提《司马光的政治思想：北宋的官僚专制主义》（The Political Thought of Ssu-ma Kuang：Bureaucratic Absolutism in the Northern Song，乔治敦大学博士学位论文，1970 年），内容提要。

【38】安东尼·萨瑞提《司马光政治思想中的君主制、官僚主义与专制主义》（Monarchy，Bureaucracy，and Absolutism in the Political Thought of Ssu-ma Kuang），刊于《亚洲研究杂志》（Journal of Asian Studies）第 17 册第 1 分册，1972 年 11 月，第 75 页。

【39】在海峡两岸宋史研究综述中，黄宽重认为君相关系是宋史研究中需要进一步深入的课题之一。参见他的《海峡两岸宋史研究动向》，《历史研究》1993 年第 3 期，第 160 页。

【40】钱穆《论宋代相权》，收于《宋史研究》第 1 册（台北：中华丛书委员会，1958 年），第 455~462 页。这篇文章最初在 1942 年发表。钱穆教授在他的《国史大纲》重印本（香港：商务印书馆，1989 年）一书中重申这一观点，见第 411~414 页，亦见于氏著《中国历代政治得失》（九龙：人生出版社，出版年不详）。

【41】北宋前五朝包括太祖（960~976 年在位）、太宗（976~997 年在位）、真宗（997~1022 年在位）、仁宗（1022~1063 年在位）、英宗（1063~1067 年在位）。

【42】柯睿格《宋初的官员选任》（Civil Service in Early Sung China）（坎布里奇：哈佛大学出版社，1953 年），第 24~26 页。

【43】刘子健《中国历史上的行政周期：以北宋帝王为例》，收于《亚洲杂志》第 11 册第 2 分册，1962 年 2 月，第 137~151 页。

【44】张其凡关于宋代政治史的看法在他的论文集《宋初政治探研》（广州：暨南大学出版社，1995 年）中有透彻的讨论。

【45】余英时《朱熹的历史世界——宋代士大夫政治文化的研究》第 1 册，第 440~441 页。

【46】比如见邓广铭《北宋政治改革家王安石》，第 255~270 页。

【47】叶坦《大变法：宋神宗与十一世纪的改革运动》是一个明显的例外，她以神宗为中心对变法展开研究。

第二章　司马光的成长时期（1019~1057）

【1】李裕民《司马池的一生及其对司马光的影响》，《山西师大学报》1986 年司马光逝世 800 周年特辑，第 16 页。其文章简要分析了司马池对司马光的影响，也顺便提及了庞籍对他的影响。

【2】 苏轼《司马温公行状》在《苏轼文集》卷 16（北京：中华书局，1986
年），第 475 页。亦参见庞籍给司马池作的《天章阁待制司马府君碑
铭》，见《全宋文》第 9 册卷 366（成都：巴蜀书社，1988 年），第
388 页。至于司马孚传，见房玄龄等《晋书》卷 37（北京：中华书局，
1974 年），第 1081~1085 页。

目前，《全宋文》本是阅读很多宋人文集最方便的标点本。所以，我
常常引用《全宋文》文本，除非可以获得更好的版本。司马光的散文
被收录于《全宋文》第 27、28 册。这部分的编者叶坦是司马光思想研
究专家。讨论司马光文章的时候，也会用到最近编的《全宋文》（译
者按：上海辞书出版社，2006 年，和现今通行本不同）。

【3】 房玄龄等《晋书》卷 37，第 1084~1085 页。

【4】 见司马光给族人写的墓志铭（《宋故处士赠尚书都官郎中司马君墓志
铭》），收于《全宋文》第 28 册卷 1226，第 624 页。关于司马氏世系
更详细的罗列，见宋衍申《司马光传》，第 20~21 页。

【5】 《苏轼文集》卷 16，第 475 页。我没有找到关于司马炫生卒年的记载，
宋衍申写道，司马炫的墓碑还在山西夏县的司马家族墓地，但铭文漫
漶，不可辨识。见宋衍申《司马光传》，第 21 页。1995 年，我去凭吊
了司马光墓，看到了疑似为司马炫的墓。尽管和几人一同努力，也只
认出了若干残句。

【6】 这个县现在依然叫"光山县"，见宋衍申《司马光传》，第 21 页。

【7】 马峦、顾栋高编著《司马光年谱》（北京：中华书局，1990 年），第
25~26 页。宋衍申《司马光传》，第 30~32 页。

【8】 《全宋文》第 28 册卷 1222，第 547 页。司马光提及了"书"，编《全
宋文》司马光文章的叶坦将其作为书名，意谓"《尚书》"。但宋衍申
将其作为泛指的"书"，见氏著《司马光传》，第 33 页。从句子结构
来看，似乎叶坦的理解更好。其理解还得到了其他论据的支撑：司马
光七岁的时候，能够理解《左传》的大意。（见正文下 一段落）考
虑到《尚书》素称难读，对早慧的尚是儿童的司马光来说也无法理
解，所以尽管已能成诵，他还是无法掌握大意。用现代的观念看，教
一个六岁（即西方的 5 岁）的孩子学《尚书》或许操之过急。但这一
壮举也并非对所有人都不可及。伟大的近代史学家顾颉刚（1893~
1980）回忆说他在能够走路以前就学了阅读。三岁（西方的 2 岁）
时，母亲教他写字。六岁被教了《大学》。那时他已经能够自己阅读
小说和简单的古文。见顾潮编著《顾颉刚年谱》（北京：中国社会科
学出版社，1993 年），第 6~8 页。

【9】《苏轼文集》卷 16，第 475 页。

【10】司马光通过进士科考试的日期，见马峦、顾栋高编著《司马光年谱》，第 29 页。

【11】《苏轼文集》卷 16，第 475 页；马峦、顾栋高编著《司马光年谱》，第 28 页。

【12】《苏轼文集》卷 9，第 146 页；马峦、顾栋高编著《司马光年谱》，第 29 页。

【13】《苏轼文集》卷 16，第 475 页；马峦、顾栋高编著《司马光年谱》，第 30~33 页。

【14】庞籍给司马池作的《天章阁待制司马府君碑铭》，见《全宋文》第 9 册卷 366，第 386 页。

【15】马峦、顾栋高编著《司马光年谱》，第 30 页。亦见于李裕民《司马池的一生及其对司马光的影响》，《山西师大学报》1986 年司马光逝世 800 周年特辑，第 12 页。

【16】《全宋文》第 28 册卷 1223，第 563 页；马峦、顾栋高编著《司马光年谱》，第 27 页；李裕民《司马池的一生及其对司马光的影响》，《山西师大学报》1986 年司马光逝世 800 周年特辑，第 13~16 页。群牧司监管各政府组织负责维护的国有牧马场。见中国历史大辞典·宋史卷编纂委员会编的《中国历史大辞典·宋史卷》（上海：上海辞书出版社，1984），第 490~491 页。考虑到宋朝长期战马不足，这个官僚机构显然在国防中扮演了重要的角色。

【17】司马光给庞元鲁写的《庞之道墓志铭》（作于 1063 年，按庞之道即庞元鲁），收于《全宋文》第 28 册卷 1226，第 633 页。

【18】我综合比对各种史料后得出了这一结论：司马光《庞之道墓志铭》提到了庞元鲁的第二任妻子是吏部侍郎张存的女儿（《全宋文》第 28 册卷 1226，第 634 页），司马光《礼部尚书张公墓志铭》列了张存五个女儿夫婿的名字，但庞元鲁不在女婿之列（《全宋文》第 28 册卷 1227，第 643~644 页）。因此两方墓志对庞元鲁与张存是否有关系的表述似乎是矛盾的。因为司马光与庞元鲁是儿时的挚友，几乎不可能写错庞元鲁的岳父。另外，他也同样不可能写错自己岳父有几个女儿，以及她们分别嫁给了谁。因此不能够推想庞元鲁娶了张存的第六个女儿，或者墓志中列举的女婿名字有误。这时候有人也许会试着给出这样一个假说：司马光的岳父和庞元鲁的岳父不是同一个张存。因为他给自己岳父的墓志铭中写到其终官为礼部尚书，而非吏部侍郎。但细加考索，可以发现，嘉祐二年（1057）张

存致仕时的头衔就是吏部侍郎，在接下来的 15 年中，他都保有这一荣衔（作者注：值得一提的是，吏部侍郎的头衔是荣誉性的虚衔）。司马光给庞元鲁写墓志的时间刚好在这 15 年之内。所以墓志中并非提了两个张存。

下面的解释，也许能比较合理地调和两篇墓志铭的表面冲突。庞元鲁的妻子张氏是司马光的岳父张存的女儿。庞元鲁死后，张氏再嫁了，因为北宋妇女再嫁还很常见。虽然《庞之道墓志铭》作于 1063 年，但庞元鲁实际上是 1047 去世的（《全宋文》第 28 册，卷 1226，第 634 页）。而张存则去世于 1071 年（《全宋文》第 28 册，卷 1226，第 641 页）。因而庞夫人有足够的时间在两人去世的日期之间再嫁。假如她确实在这段时间再嫁，那么即使只为了避免让她的第二任丈夫不快，司马光也有理由在张存的墓志铭里只提新丈夫，不提庞元鲁。

精研北宋婚姻形态的柏文莉（Beverly Bossler）教授同意我对这个问题的分析（1995 年 3 月 22 日电子邮件）。《宋史》里没有庞元鲁传。《宋史 庞籍传》也没提庞元鲁（《宋史》，卷 311，第 10198～10201页）。《宋史》里有一篇张存传。这篇传内容与司马光给张存写的墓志铭是符合的，但是《宋史》的传里没有提供张存所有的女婿的名单。

【19】《全宋文》第 28 册卷 1230，第 678 页。

【20】司马光为庞籍作的《太子太保庞公墓志铭》，《全宋文》第 28 册卷 1226，第 632 页。

【21】脱脱等《宋史》卷 311，第 10198～10201 页；脱脱等《宋史》卷 211，第 5471～5474 页。《全宋文》第 28 册卷 1226，第 625～632 页。

【22】《全宋文》第 28 册 1209，第 344 页。

【23】《全宋文》第 28 册 1230，第 678 页。

【24】马峦、顾栋高编著《司马光年谱》，第 35 页。

【25】脱脱等《宋史》卷 211，第 5468 页。

【26】《全宋文》第 28 册 1209，第 344 页。

【27】《全宋文》第 28 册卷 1209，第 344 页。脱脱等《宋史》卷 211，第 5471 页。马峦、顾栋高编著《司马光年谱》，第 27～43 页。

【28】《全宋文》第 28 册卷 1226，第 628 页。马峦、顾栋高编著《司马光年谱》，第 45 页。

【29】《苏轼文集》卷 16，第 476 页。马峦、顾栋高编著《司马光年谱》，第 44～47 页。

【30】宋衍申也用司马光与庞籍的特殊关系来解释他为什么跟着庞籍到地方

任职。见宋衍申《司马光传》，第 68~69 页。

【31】《全宋文》第 28 册卷 1226，第 631 页。李焘《续资治通鉴长编》卷 185，第 4476~4478 页。《苏轼文集》卷 16，第 476 页。

【32】根据《苏轼文集》（卷 16，第 476 页）及脱脱等《宋史》（卷 336，第 10758 页），司马光递交了三份上书。可是我能看到的所有版本的司马光文集中只有两篇有对麟州之难的陈述。

【33】《全宋文》第 28 册卷 1226，第 631 页。《苏轼文集》卷 16，第 476 页。

【34】《苏轼文集》卷 16，第 476 页。

【35】司马光《太子太保庞公墓志铭》，《全宋文》第 28 册卷 1226，第 631 页。

【36】《苏轼文集》卷 16，第 476 页。

【37】《全宋文》第 9 册卷 366，第 386 页。

【38】庞籍给司马池作的《天章阁待制司马府君碑铭》，见《全宋文》第 9 册卷 366，第 388 页。

【39】《曹利用传》，见脱脱等《宋史》卷 290，第 9705~9708 页。《中国历史大辞典·宋史卷》，第 421 页。曹利用之死，参见徐自明《宋代宰辅编年录校补》（下称《宰辅编年》）卷 4（北京：中华书局，1986年），第 180~181 页。根据《宋史·曹利用传》，他侄子被指控醉酒穿黄袍，让人向他高呼"万岁"，换句话说是装扮成皇帝。这一行为的危险显而易见，很难相信官僚家庭的成员会蠢到真正这样做。不过，这个侄儿还是被判有罪，鞭笞至死。

【40】《全宋文》第 9 册卷 366，第 388 页；脱脱等《宋史》卷 298，第 9904 页。

【41】脱脱等《宋史》卷 298，第 9903 页。

【42】邵博《邵氏闻见后录》（北京：中华书局，1983 年），第 166~167 页。

【43】《全宋文》第 28 册卷 1223，第 563 页。

【44】《全宋文》第 28 册卷 1223，第 563 页。

【45】《全宋文》第 28 册卷 1221，第 558 页。

【46】马峦、顾栋高编著《司马光年谱》，第 32 页。上书被概括成几个段落，全文收录于《全宋文》第 27 册卷 1176，第 524~525。治平元年（1064），司马光写了六封上书来反对陕西将农人招募为义勇军。在这些上书中，他重复了康定元年（1040）上书中的论点，除了涉及两浙人民特殊性格的部分。见《全宋文》第 28 册卷 1189，第 20~33 页。在本书第三章、第七章中，我会进一步讨论司马光总是坚持要减轻人民负担，这一理念在康定元年的上书中已经强有力地表达过了。

【47】《全宋文》第 27 册卷 1176，第 524~5525 页。

【48】《全宋文》第 28 册卷 1226，第 626、628 页。

【49】《全宋文》第 28 册卷 1226，第 626 页。

第三章　一个预防体系：司马光的保守主义

【1】 正如第一章所说，司马光历史著作的贡献不仅限于表达他的保守主义。可是，在这一章节中，我会关注他历史书写的这个方面。本章的大多数材料，在拙文《为政之镜：司马光在〈资治通鉴〉中的政治观和执政观》中有所涉及，收于李弘祺编《新颖与多元：宋代对过往的观感》。本章并不是该文的机械重复，而是重新为本书的写作处理了材料。该文的重点在于《资治通鉴》，而本章强调的是司马光整体的政治思想。

【2】《全宋文》第 28 册卷 1201，第 197 页。关于统治者履践美德、关注用人等观念将会在本章的后文中详细讨论。

【3】 司马光《资治通鉴》卷 69，第 2187 页。

【4】 陈明铄《资治通鉴的史学》，《华裔杂志》第 16 期，1974～1975 年，第 29 页。

【5】 本章后面讨论司马光关于官宦人家自保的观点时会用到一段这类引文。

【6】 据郝若贝（Robert Hartwell）研究，11 世纪、12 世纪的许多政治决策者相信可以通过检视历史情境，从历史中学习道德的以及实用的经验，并且可以将其与时事类比。见郝若贝《十一、十二世纪中国的历史类比、公共政策和社会科学》（Historical Analogism, Public Policy, and Social Science in Eleventh-and Twelfth-Century China），载于《美国历史评论》（American Historical Review）第 76 期第 3 分册，1971 年 6 月，第 690～7272 页，主要在第 695 页。

【7】 司马光《资治通鉴》卷 259，第 8441 页。

【8】 1995 年夏，我在山西夏县寻访司马光墓时看到了这方石碑，并抄下了碑文。当时这方石碑在司马光墓附近的展览室。

【9】 马峦、顾栋高编著《司马光年谱》，第 212～213 页。

【10】《全宋义》第 28 册卷 1215，第 435 页。

【11】 这段引文来自《尚书》中的"五子之歌"。见孔颖达《尚书正义》卷 7，阮元校刻《十三经注疏》（北京：中华书局，1979 年），第 44 页。这段文字只收录在《古文尚书》中，《今文尚书》不收。清代学者阎若璩（1636～1704）有力地论证了只见于《古文尚书》的篇章出于伪托。见阎若璩《尚书古文疏证》（上海：上海古籍出版社，1987 年）。所以很多 20 世纪出版的《尚书》不收这些篇目。参见江灏、钱宗武译注《今古文尚书全译》（贵阳：贵州人民出版社，1990 年），第 6、

95 页。

【12】这出自《尚书·君牙》，见孔颖达《尚书正义》卷 19，阮元校刻《十
三经注疏》，第 134 页。这也是只有《古文尚书》收的篇目。

【13】《全宋文》第 27 册卷 1178，第 561～562 页；李焘《续资治通鉴长编》
卷 194，第 4702～4704 页。

【14】范晔《后汉书》卷 66（北京：中华书局，1965 年），第 2164；司马
光《资治通鉴》卷 55，第 1790 页。

【15】陈明铄《资治通鉴的史学》，《华裔杂志》第 16 期，1974～1975 年，
第 16 页。

【16】司马光《资治通鉴》卷 1，第 3 页。

【17】司马光《资治通鉴》卷 1，第 2 页。

【18】司马光《资治通鉴》卷 1，第 2 页。

【19】司马光《资治通鉴》卷 1，第 6 页。

【20】安东尼·萨瑞提《司马光思想中的君主专制、官僚政体以及专制主
义》（乔治城大学博士学位论文，1970 年），第 75 页。

【21】如《全宋文》第 28 册卷 1203，第 232 页。

【22】《全宋文》第 28 册卷 1188，第 5 页。

【23】《全宋文》第 27 册卷 1178，第 554 页。采用了包弼德《政府、社会
与国家：论司马光与王安石的政治观念》的翻译，收于韩明士、谢康
伦编《治理天下：宋代中国的国家与社会观》，第 153 页。

【24】包弼德《政府、社会与国家：论司马光与王安石的政治观念》，收于
韩明士、谢康伦编《治理天下：宋代中国的国家与社会观》，第
153 页。

【25】这个问题包弼德已在研究中关注到了，出处同上，第 153 页。司马光
向其他皇帝也提过这个建议，见《全宋文》第 28 册卷 1188，第 5
页；卷 1193，第 83 页；卷 1196，第 137 页；卷 1201，第 197 页。

【26】《全宋文》第 27 册卷 1178，第 553 页。译文来自包弼德《政府、社
会与国家：论司马光与王安石的政治观念》，收于韩明士、谢康伦编
《治理天下：宋代中国的国家与社会观》，第 153 页。

【27】包弼德文中已指出这一现象，出处同上，第 153 页。司马光就此问题
给其他皇帝的上书，见《全宋文》第 28 册卷 1193，第 82 页；卷
1201，第 197 页。

【28】《全宋文》第 28 册卷 1201，第 197 页。

【29】司马光《资治通鉴》卷 245，第 7900 页。

【30】司马光《资治通鉴》卷 104，第 3295 页。

【31】包弼德《政府、社会与国家：论司马光与王安石的政治观念》，收于韩明士、谢康伦编《治理天下：宋代中国的国家与社会观》，第158页。

【32】王曾瑜《宋朝兵制初探》（北京：中华书局，1983年），第327~329页。

【33】《全宋文》第27册卷1181，第614页。

【34】《全宋文》第27册卷1177，第540页。

【35】司马光《资治通鉴》卷180，第5614页。

【36】司马光《资治通鉴》卷25，第821页。

【37】司马光《资治通鉴》卷11，第363页。

【38】关于冯道的传记资料，参见薛居正等《旧五代史》卷126（北京：中华书局，1976年），第1655~1666页；欧阳修等《新五代史》卷54（北京：中华书局，1974年），第612~615。现代研究见王赓武《从儒家忠诚观念论冯道》（Feng Tao：An Essay in Confucian Loyalty），收于芮沃寿（Arthur F. Wright）、崔瑞德（Denis Twitchett）所编《儒家人格》（*Confucian Personalities*）（斯坦福：斯坦福大学出版社，1962年），第123~145页。

【39】《全宋文》第28册卷1221，第528页。

【40】司马光《资治通鉴》卷291，第9512页。采用了王赓武《从儒家忠诚观念论冯道》（收于芮沃寿、崔瑞德编《儒家人格》）一文的翻译，第140页。

【41】司马光此处引用了《论语》15篇（《卫灵公》）第9章："子曰：志士仁人，无求生以害仁，有杀身以成仁。"此处采用了刘殿爵所译《论语》（纽约：企鹅出版社，1979年），第133页。刘殿爵将"仁"译作"benevolence"，不过在这段文本中，也许陈荣捷的翻译"humanity"更加适合。根据陈荣捷的意思，"仁"这个词可以根据语境译成善行、完美的德性、善良、人的善性、爱、利他主义等等。没有一个译法囊括其所有含义。它代表了一种特别的德行——仁善，同时又是一般的道德，是善良的基石。陈荣捷《中国哲学文献选编》（*A Source Book in Chinese Philosophy*）（普林斯顿：普林斯顿大学出版社，1963年），第788页。

【42】司马光《资治通鉴》卷291，第9512页。

【43】《全宋文》第28册卷1221，第528页。

【44】司马光《资治通鉴》卷291，第9512~9513页。

【45】司马光《资治通鉴》卷11，第360~361页。

【46】《全宋文》第 9 册卷 366，第 386 页。本书第二章详细引用了庞籍的描述。

【47】《全宋文》第 28 册卷 1222，第 548 页。

【48】包弼德《政府、社会与国家：论司马光与王安石的政治观念》，收于韩明士、谢康伦编《治理天下：宋代中国的国家与社会观》，第 148 页。

【49】司马光对曹参取得成就的描述，见司马光《资治通鉴》卷 12，第 412~413 页。

【50】用现代汉语来翻译"法"，会译作"法律"，但在这段引文中，"法"意谓政府的大体结构和运作模式，这就是我为什么要解释成"机构和政策"。

【51】李裕民校注《司马光日记校注》，（北京：中国社会科学出版社，1994 年），第 98~99 页。

【52】司马光《资治通鉴》卷 80，第 2539 页。

【53】司马光《资治通鉴》卷 80，第 2550 页。

【54】司马池的论辩详见本书第二章。

【55】《苏轼文集》卷 16，第 485 页。

【56】《全宋文》第 27 册卷 1182，第 619 页。李裕民校注《司马光日记校注》，第 98~99 页。

【57】陈明銶认为司马光在《资治通鉴》中表达这一观点是为了抨击王安石和他的党羽。见氏著《资治通鉴的史学》，《华裔杂志》第 16 期，1974~1975 年，第 23 页。不过很难证明这到底是不是《资治通鉴》中相关文章的写作动机，可以确信的是，司马光并非在与王安石政见不合后才有了这样的想法，他早在庆历五年（1045）就撰文讨论过德与才的二元对立，这比王安石变法早了 20 多年。见《全宋文》第 28 册卷 1218，第 491~492 页。一些段落会在此章稍后的部分被引到。

【58】司马光《资治通鉴》卷 1，第 14~15 页。

【59】这四个人在汉高祖建立汉朝的过程中扮演了至关重要的角色。

【60】《全宋文》第 28 册卷 1218，第 491 页。

【61】这段引文出自《论语》第八篇第六章。曾子曰："可以托六尺之孤，可以寄百里之命，临大节而不可夺也。君子人与？君子人也。"我用了刘殿爵的译本但稍有改动，见刘氏译第 93 页。现在的尺差不多等于一英尺，不过在曾子的时代远比这要短，见刘殿爵此页的注。

【62】《全宋文》第 28 册卷 1219，第 491~492 页。在司马光《资治通鉴》卷 1，第 29 页，他同样引了这个故事论证同一问题。

【63】《全宋文》第 28 册卷 1219，第 492 页。

【64】《全宋文》第 27 册卷 1182，第 619 页。

【65】同上。

【66】《全宋文》第 27 册卷 1182，第 619～620 页。

【67】叶坦《传统经济观大论争——司马光与王安石之比较》，第 49～50 页。

【68】叶坦已指出这个预设在司马光经济思想中的重要性。见她的《传统经济观大论争——司马光与王安石之比较》，第 16～18 页。

【69】李裕民校注《司马光日记校注》，第 130～131 页。

【70】司马光《资治通鉴》卷 211，第 6702 页。

【71】正如第二章中提到的那样，康定元年（1040），司马光曾代表父亲上书反对增加两浙弓手（训练农民掌握军事技能），见《全宋文》第 27 册卷 1176，第 524～525 页。在治平元年（1064），他写了六道札子，（代表自己）反对陕西训练农民充当义勇。见《全宋文》第 28 册卷 1189，第 20～33 页。第七章将讨论司马光再次反对王安石变法中的军事计划。

【72】司马光《资治通鉴》卷 43，第 1404 页。

【73】司马光《资治通鉴》卷 22，第 747～748 页。

【74】司马光《资治通鉴》卷 56，第 1817 页。

【75】《全宋文》第 27 册卷 1182，第 618～619 页。

【76】《全宋文》第 27 册卷 1182，第 619 页。

【77】《全宋文》第 28 册卷 1223，第 564 页。

【78】《全宋文》第 28 册卷 1223，第 564 页。

【79】《全宋文》第 27 册卷 1182，第 618 页。

第四章　发达之路：与皇室建立特殊关系

【1】《宋史·韩琦传》和《续资治通鉴长编》讲到韩琦的一段称仁宗的这场疾病始于至和年间（1054～1056），没有给出具体的时日（脱脱等《宋史》卷 312，第 10224 页；李焘《续资治通鉴长编》卷 195，第 4727～4728 页）。但是，《宋史》在《仁宗纪》中的编年记叙和《续资治通鉴长编》对这场疾病前后事件的描述，表明了这场病始于嘉祐元年（1056）的第一天（脱脱等《宋史》卷 12，第 289 页；李焘《续资治通鉴长编》卷 182，第 4344 页）。司马光给范镇作的传也将这场病追溯到嘉祐年间（1056～1063）（《全宋文》第 28 册卷 1224，第 598 页）。史料中明显的抵牾也许可以解释为 1056 年既是至和三年，也是嘉祐元年。在 1056 年的农历九月，仁宗改元嘉祐。换言之，在农历九

月之前，当时的宋朝人会认为此年是至和三年，而非嘉祐元年。所以可以在某种程度上解释这件事发生在 1056 年的元月，尽管被回溯事件时安排到了嘉祐元年。

【2】《全宋文》第 28 册卷 1224，第 598 页。

【3】李焘《续资治通鉴长编》卷 182，第 4349 页。

【4】宋朝政府对于契丹的小心防范还体现在后来到了嘉祐八年（1063），仁宗皇帝去世，宋朝官员犹豫着要不要知会契丹。司马光辩称宋朝朝廷必须马上知会契丹仁宗的死讯以及英宗的即位，因为考虑到契丹有间谍在宋朝，不可能真正防止契丹人知道死讯。所以，不发正式通知反而会被契丹人理解成宋朝皇室继承问题不确定。比起知会契丹新君即位，企图隐瞒会使得宋更加危险。见李焘《续资治通鉴长编》卷 198，第 4796 页。

【5】李焘《续资治通鉴长编》卷 182，第 4394 页。

【6】李焘《续资治通鉴长编》卷 182，第 4395 页。

【7】这样的警惕事出有因。北宋的都城中发生过叛乱，在庆历八年（1048）的一个夜晚，四名皇室近卫发起了一场小规模的叛乱。他们进入内宫，放了一把火，伤了一个宦官。守卫宫廷的士兵杀死了三个叛乱者。第四个叛乱者在追捕下逃亡了数日，最后一被士兵们抓到就立刻受到了肢解。结果就是无人能够确定叛乱的动机，以及小规模叛乱背后的计划。见李焘《续资治通鉴长编》卷 162，第 3908～3909 页。

【8】都虞候的基本职责是维持军队的纪律。见贺凯（Charles Hucker）《中国古代官名辞典》（*A Dictionary of Official Titles in Imperial China*）（斯坦福：斯坦福大学出版社，1985 年），第 590 页。

【9】李焘《续资治通鉴长编》卷 182，第 4396 页。

【10】《全宋文》第 27 册卷 1177，第 539 页。

【11】现代学者对此次继承问题的研究，例见方豪《宋史》（台北：中华文化出版实业委员会，1954 年），第 24～26 页；邓广铭《宋太祖太宗皇位授受问题辨析》，收于他的《邓广铭学术论著自选集》（北京：首都师范大学出版社，1994 年），第 94～126 页（这篇文章最早在 1944 年就发表了）；李裕民《揭开"斧声烛影"之谜》，《山西大学学报》（哲学社会科学版）1988 年第 3 期，第 8～14 页；林瑞翰《宋代政治史》（台北：正中书局，1989 年），第 38～44 页；刘洪涛《从赵宋宗室的家族病释"烛影斧声"之谜》，《南开学报》（哲学社会科学版）1989 年第 6 期，第 56～64 页；刘子健《宋太宗与宋初两次篡位》，《中国史研究》1990 年第 1 期，第 156～160 页；王瑞来《"烛影斧

声"事件新解》，《中国史研究》1991 年第 2 期，第 85～90 页；邓广铭《试破宋太宗即位大赦诏书之谜》，《历史研究》1992 年第 1 期，第 119～125 页；张邦炜《宋代皇亲与政治》（成都：四川人民出版社，1993 年），第 22～28 页。亦可参见贾志扬（John Chaffee）《宋代宗室史》（*A History of the Imperial Clan of Sung China*）（剑桥、麻省：哈佛大学亚洲中心、哈佛大学出版社，1999 年），第 26～30 页。

【12】 李焘《续资治通鉴长编》卷 38，第 818 页。

【13】 刘子健教授曾在《宋太宗与宋初两次篡位》（《中国史研究》1990 年第 1 期）一文中指出过这一点，在第 157～158 页。为充分体现其重要意义，我们或许可以追随刘教授的引领，继续研究《辽史》中此后相关时段对宋代新君继位的表述。此后，《辽史》都用"嗣位"一词。见脱脱等《辽史》卷 13，第 149 页；卷 16，第 190 页；卷 22，第 262 页；卷 22，第 266 页；卷 22，第 290、313 页。再者，契丹的国史，也就是《辽史》的基本史源，在形容宋皇室继承时遵循着非常严格的用语规范。下面的例子也许可以说明这种严格性：在辽寿昌六年（1100），辽朝的史官描述宋徽宗继位时，把"嗣位"写成了"登宝位"。结果，宰相郑颙和另外两个高官被贬出朝廷，到地方上任职。见脱脱等《辽史》卷 22，第 313 页。此外，《辽史》的历史记录早于宋朝开国，"自立"这一词只在两次被用来形容明显的篡位，以及一次自己宣告的即位。见脱脱等《辽史》卷 5，第 65、66 页；卷 6，第 76 页。

【14】 刘子健《宋太宗与宋初两次篡位》，《中国史研究》1990 年第 1 期，第 159 页。

【15】 刘教授的分析见上，第 159 页。关于太宗的怨恨与德昭的自杀，详情见司马光《涑水记闻》卷 2（邓广铭、张希清点校，北京：中华书局，1989 年），第 36 页。司马光的叙述被李焘《续资治通鉴长编》（卷 20，第 460 页）采用；脱脱等《宋史》卷 244，第 8676 页。关于营中骚乱的分析，见傅乐焕《关于宋辽高梁河之战》，收于氏著《辽史丛考》（北京：中华书局，1984 年），第 29～35 页。

【16】 李焘没有提及德芳死因，见李焘《续资治通鉴长编》卷 22，第 490 页。然而《宋史》的作者声称德芳死于疾病。见脱脱等《宋史》卷 244，第 8685 页。亦见漆侠《宋太宗与守内虚外》，收于田余庆主编《庆祝邓广铭教授九十华诞论文集》（石家庄：河北教育出版社，1997 年），第 164 页。

【17】 脱脱等《宋史》卷 244，第 8666～8668 页。根据漆侠的分析，形形色

色的官员对廷美进行错误的指控，因为太宗希望消除这样一个潜在的对手。见漆侠《宋太宗与守内虚外》，收于田余庆主编《庆祝邓广铭教授九十华诞论文集》，第 164~165 页。

【18】 李焘《续资治通鉴长编》卷 38，第 818 页。李焘用"足"来描述受伤部位。一般来说"足"会译成"脚"，可是另一处宋代的史源引神宗的话说太宗在和契丹的战役中伤了大腿，见王铚《默记》。再者，李焘还写到太宗提起衣服来展示他足上的旧伤。因此更可能的是足有较宽泛的指称，既包括腿也包括脚。事实上，一些中国的南方人依然用"脚"来指称整个下肢，包括大腿和脚。

【19】 李焘《续资治通鉴长编》卷 38，第 818 页。《宋史》称观者为真宗欢呼，称他为"少年天子"。《宋史》中剩下的记载都和《续资治通鉴长编》一致。见脱脱等《宋史》卷 281，第 9529 页。亦见张邦炜《宋代皇亲与政治》，第 36 页。

【20】 司马光《涑水记闻》卷 6，第 121 页。脱脱等《宋史》卷 281，第 9516 页。程应镠《读宋史札记》，《上海师范学院学报》（哲学社会科学版）1981 年第 2 期，第 53~54 页。

【21】 脱脱等《宋史》卷 285，第 9601 页。李焘《续资治通鉴长编》卷 92，第 2121 页。

【22】 仁宗生在大中祥符三年（1010）农历四月十四日，见脱脱等《宋史》卷 9，第 175 页。

【23】 司马光声称罗织指控周是出自真宗妻子的指令。见司马光《涑水记闻》卷 6，第 107 页。而《续资治通鉴长编》《宋史》则说指控的内容属实。李焘《续资治通鉴长编》卷 96，第 2209 页；脱脱等《宋史》卷 466，第 13615~13617 页；脱脱等《宋史》卷 281，第 9532~9533 页。不管周是否真的布置了一场阴谋，这三种史料都一致倾向于同意他希望真宗退位以便把仁宗送上皇位。此外，据司马光所言，寇准和周怀政最初请求真宗传位给仁宗，然而《续资治通鉴长编》和《宋史》则说他们最初是要真宗指定仁宗为储君，但周后来谋划着要强迫真宗禅位给仁宗。见司马光《涑水记闻》卷 6，第 107 页；李焘《续资治通鉴长编》卷 96，第 2209 页；脱脱等《宋史》卷 281，第 9532~9533 页。在本书研究过程中，我倾向于采信司马光的说法，因为这是我能找到的现存最早的记载。不管哪种记载是对的，可以确定的是，周要求真宗退位的时候，仁宗显然成了他父亲在控制皇权方面的潜在对手。

【24】 司马光《涑水记闻》卷 8，第 146 页；李焘《续资治通鉴长编》卷

96，第 2210 页；脱脱等《宋史》卷 310，第 10173 页。《宋史》记载真宗有六个儿子，仁宗是最年幼的一个。长子、三子和五子都早夭。二子九岁夭亡，被追谥为悼献太子。见脱脱等《宋史》卷 245，第 8707 页。四子没有被提及，也并未在《宋史》的其他部分出现。这个奇怪的现象不仅出现在中华书局本《宋史》中，百衲本（见《百衲本二十四史·宋史》卷 245，《四部丛刊》本，第 15a~15b 页）也是如此。马端临《文献通考》对真宗的子嗣做了更简单的记载：郭皇后生了周王（夭亡的二子的另一个追封），李皇后生了仁宗，剩下四个儿子都早夭。见马端临《文献通考》卷 257（北京：中华书局，1986 年），第 2038 页。我的猜测是第四子也早夭，他的姓名因为抄录者的疏忽，在《宋史》中被遗漏。可是，既然这个错误在三种文本中都存在，也许在《宋史》很早的传本中，甚至初编时就如此。

【25】李焘《续资治通鉴长编》卷 182，第 4406 页。

【26】引自司马光为范镇作的《范景仁传》，《全宋文》第 28 册卷 1224，第 598 页。

【27】《全宋文》第 28 册卷 224，第 598 页；李焘《续资治通鉴长编》卷 182，第 4407~4408 页；脱脱等《宋史》卷 337，第 10785~10787 页。

【28】《全宋文》第 38 册卷 1215，第 436 页；脱脱等《宋史》卷 336，第 10758 页；马峦、顾栋高编著《司马光年谱》，第 46~47 页。司马光的上书见《全宋文》第 27 册卷 1176，第 534~541 页。一直保护提携司马光的庞籍也上书敦促仁宗早日立储，见《全宋文》第 28 册卷 1226，第 630 页；脱脱等《宋史》卷 311，第 10201 页。

【29】《全宋文》第 27 册卷 1176，第 535 页。

【30】李焘《续资治通鉴长编》卷 187，第 4513 页。亦见孔繁敏编《包拯年谱》（合肥：黄山书社，1986 年），第 98~99 页。

【31】李焘《续资治通鉴长编》卷 195，第 4723 页。

【32】仁宗的子嗣，见脱脱等《宋史》卷 245，第 8708 页。

【33】李焘《续资治通鉴长编》卷 195，第 4728 页。

【34】李焘《续资治通鉴长编》卷 195，第 4728 页。《续资治通鉴长编》在对这一事件的描述中引用了不止一种材料。

【35】《全宋文》第 27 册卷 1179，第 583 页。在引用汉成帝作为先例时，司马光精明地忽略了这样一个事实：汉成帝在立储之后一年就去世了。见班固《汉书》（北京：中华书局，1962 年），第 328~330 页。当然，司马光忽略这一信息是为了不给仁宗留下这样的印象：他认为仁宗行将就木。

【36】李焘《续资治通鉴长编》卷195，第4722～4723页。马峦、顾栋高编
著《司马光年谱》，第57～58页。欧阳修在早些时候，也向仁宗做了
相近的陈述，这也许为司马光成功劝服仁宗立储铺平了道路。见脱脱
等《宋史》卷319，第10379页。

唐代的宦官杨复恭在拥立昭宗（888～904年在位）时起到了至关重
要的作用。因此他自认为是"定策国老"，他还抱怨昭宗成了一个不
知感恩的门生天子。杨复恭的传记，见刘昫等《旧唐书》卷184（北
京：中华书局，1975年），第4774～4775页；欧阳修、宋祁《新唐
书》卷133（北京：中华书局，1975年），第5889～5892页。

【37】正式收养皇子时的宰相已不同于首次提议收养之时。

【38】李焘《续资治通鉴长编》卷195，第4623页；马峦、顾栋高编著
《司马光年谱》，第58页。

【39】脱脱等《宋史》卷312，第10224～10225页。

【40】实际收养的过程包括几个阶段。在韩琦的建议下，仁宗先给宗实一些
官方的头衔来增加他的威望，见李焘《续资治通鉴长编》卷195，第
4727；卷197，第4769～4772页。关于在皇室事务中讨论收养宗实一
事，见贾志扬《宋代宗室史》，第64～66页。

【41】李焘《续资治通鉴长编》卷198，第4792～4793页。

【42】这一点来自包弼德的提示（1997年1月的个人交流）。

【43】司马光写给神宗的《进资治通鉴表》，见《全宋文》第27册卷1175，
第517页。顾栋高将这些福利的起点追溯到治平三年（1066）的四
月，见马峦、顾栋高编著《司马光年谱》，第104页。

【44】李焘《续资治通鉴长编》卷209，第5088页。

【45】杨仲良《续资治通鉴长编纪事本末》卷33（台北：文海出版社，
1967年），第10页b；马峦、顾栋高编著《司马光年谱》，第120
页。亦见于邵伯温《邵氏闻见录》卷24（北京：中华书局，1983
年），第189页；《全宋文》第27册卷1174，第508～509页；脱脱
等《宋史》卷336，第10763页。当司马光收到神宗的赏赐时，他
不仅是翰林学士，还是侍读学士，侍读学士的一项职责就是给皇帝
讲授经筵。

【46】脱脱等《宋史》卷14，第263页。

【47】脱脱等《宋史》卷242，第8621～8622页。邵伯温《邵氏闻见录》卷
3，第23页。

【48】邵伯温《邵氏闻见录》卷3，第23、26页。

【49】《全宋文》第16册卷690，第643页。

【50】《全宋文》第 28 册卷 1213，第 420～421 页。

第五章　巩固特殊关系：进谏保护英宗皇帝

【1】李焘《续资治通鉴长编》卷 197，第 4776～4777 页。

【2】李焘《续资治通鉴长编》卷 197，第 4777 页。

【3】后一说是张邦炜提出的，见张邦炜《宋代皇亲与政治》（成都：四川人民出版社，1993 年版），第 43 页。

【4】李焘《续资治通鉴长编》卷 198，第 4792 页。

【5】李焘《续资治通鉴长编》卷 198，第 4793 页。这种措施的经典依据见《论语·宪问》第 40 章：

> 子张曰："《书》云：'高宗谅暗，三年不言。'何谓也？"子曰："何必高宗？古之人皆然。君薨，百官总己以听于冢宰三年。"

据刘殿爵译《论语》，第 130～131 页。这篇中的高宗指的是商王武丁，子张称引的故事能够在《尚书》中找到。见孔颖达《尚书正义》卷 10，阮元校刻《十三经注疏》第 62 页。虽然孔子这样说，但在宋代没有先例。

【6】李焘《续资治通鉴长编》卷 198，第 4795 页。刘洪涛认为宋代宗室普遍有罹患精神疾病与高血压的倾向。见刘洪涛《从赵宋宗室的家族病释"烛影斧声"之谜》[《南开学报》（哲学社会科学版）1989 年第 6 期，第 56～64 页]。但他的说法并没有被宋史学界普遍接受。

【7】李焘《续资治通鉴长编》卷 198，第 4795 页。

【8】李焘《续资治通鉴长编》卷 198，第 4815 页。

【9】李焘《续资治通鉴长编》卷 198，第 4793～4797 页。在太后摄政期间，英宗皇帝依然接见政府的军政要员。这些官员先在一个房间向皇帝汇报，再到另一个房间向太后汇报。由太后完成通常情况下应由皇帝做出的决策。见李焘《续资治通鉴长编》卷 198，第 4797 页。

【10】李焘《续资治通鉴长编》卷 198，第 4809 页。

【11】李焘《续资治通鉴长编》卷 198，第 4815 页及卷 199，第 4838 页。李焘没有具体描述英宗的言行，也没有具体解释宦官的流言。

【12】李焘《续资治通鉴长编》卷 199，第 4838 页。

【13】李焘《续资治通鉴长编》卷 198，第 4809 页。

【14】李焘《续资治通鉴长编》卷 199，第 4825 页。

【15】脱脱等《宋史》卷 211，第 5477～5481 页。

【16】脱脱等《宋史》卷 312，第 10221～10224 页及卷 211，第 5461～5462、

5477～5478 页；《中国历史大辞典·宋史卷》，第 452 页。英宗在治平四年（1067）一月驾崩。韩琦和欧阳修都在神宗朝继续干了几个月。

【17】脱脱等《宋史》卷 312，第 10223 页。

【18】脱脱等《宋史》卷 312，第 10229 页。

【19】李焘《续资治通鉴长编》卷 198，第 4812 页。

【20】李焘《续资治通鉴长编》卷 198，第 4815 页。

【21】李焘《续资治通鉴长编》卷 199，第 4838 页；亦见于脱脱等《宋史》卷 312，第 10225～10226 页。

【22】李焘《续资治通鉴长编》卷 199，第 4838 页。

【23】李焘《续资治通鉴长编》卷 199，第 4838 页；亦见于脱脱等《宋史》卷 319，第 10379 页。

【24】李焘《续资治通鉴长编》卷 199，第 4838～4839 页。

【25】李焘《续资治通鉴长编》卷 198，第 4815～4816 页。

【26】李焘《续资治通鉴长编》卷 199，第 4825～4826、4827～4828 页。

【27】李焘《续资治通鉴长编》卷 199，第 4830 页。

【28】《全宋文》第 27 册卷 1186，第 692 页。

【29】李焘《续资治通鉴长编》卷 201，第 4862～4864 页。

【30】李焘《续资治通鉴长编》卷 201，第 4866 页。

【31】李焘《续资治通鉴长编》卷 201，第 4866 页。

【32】李焘《续资治通鉴长编》卷 201，第 4866 页。

【33】王夫之也将韩琦成功迫使太后还政作为他为宦生涯的顶点。不过比起看重他所行使的权力，王夫之更多关注的是他此举对宋朝的贡献。见王夫之《宋论》卷 5（北京：中华书局，1964 年），第 110 页。

【34】徐自明《宰辅编年》卷 6，第 346 页；李焘《续资治通鉴长编》卷 201，第 4866 页。在《续资治通鉴长编》中，"当如"作"当时"。《宰辅编年》的校补者王瑞来认为《续资治通鉴长编》的文本是正确的，《宰辅编年》有误。可是，宋本《续资治通鉴长编》的文本也是"当如"，见李焘宋本《续资治通鉴长编》第 7 册（北京：中华全国图书文献微缩复制中心，1995 年），第 267 页。《续资治通鉴长编》援引司马光的《涑水记闻》作为富弼衔恨韩琦的出处，然而今存的《涑水记闻》已不再完整。事实上，为了辑补更全备的文本，邓广铭不得不从《续资治通鉴长编》中摘取这一段（司马光《涑水记闻》附录 1，第 345 页）。因此宋本《续资治通鉴长编》看来是我们目前见到的这段文字最早的出处。

再者，从逻辑的角度看，《宰辅编年》和宋本《续资治通鉴长编》的文本也更加可信。如果韩琦声称"此事当时出太后意"，那他接着说的"安可显言于众"就讲不通了。换言之，如果这一切都出自太后的本意，那就不必对众人掩盖真相。要解释他需要限制他人对此事的讨论，我们必然确信韩琦要向众人掩藏些什么。也就是说，太后对交出权力不情不愿。

鉴于上述原因，对于此处异文更好的结论是：宋本《续资治通鉴长编》的文本"当如"是正确的，中华书局点校本《续资治通鉴长编》的异文是晚出的传写之误。

关于富弼与韩琦友谊的终结，亦见于邵伯温《邵氏闻见录》卷3，第22页。

【35】李焘《续资治通鉴长编》卷200，第4854～4855页。

【36】《全宋文》第27册卷1183，第645页。

【37】正如第三章提到的，我总结的第二点来自包弼德《政府、社会与国家：论司马光与王安石的政治观念》，收于韩明士、谢康伦编《治理天下：宋代中国的国家与社会观》，第158页。

【38】《全宋文》第27册卷1183，第657页。

【39】《全宋文》第27册卷1185，第672页。

【40】《全宋文》第27册卷1183，第657页。

【41】《全宋文》第27册卷1186，第681页。

【42】《全宋文》第27册卷1186，第682页。

【43】《全宋文》第27册卷1187，第694页。亦见于李焘《续资治通鉴长编》卷201，第4871页。李焘说他不能确定英宗是否采纳了司马光的建议。可是，当司马光抨击宦官任守忠（本章下面会讨论）时，司马光称任守忠未经准许，从皇宫的奉宸库中获取珍宝。根据司马光的一则笔记，任守忠能够获取珍宝，正是因为他谎称此举受太后的命令。（见《全宋文》第28册卷1188，第10～11页，本章稍后将引述）看来英宗接受了司马光的建议，给予曹太后不经预先许可便能取走库物品的权力。这点马峦、顾栋高在《司马光年谱》第84页中已经指出了。

【44】无法确知高皇后具体如何冒犯了曹太后，就司马光的调停来看（详见下文引文），似乎冲突属于日常家庭生活的范畴之内。

【45】《全宋文》第27册卷1187，第697页。

【46】《全宋文》第27册卷1187，第696～698页。亦见于李焘《续资治通鉴长编》卷201，4974～4876页。

【47】马峦、顾栋高编著《司马光年谱》，第84页。

【48】《全宋文》第 27 册卷 1187，第 697 页。亦见于李焘《续资治通鉴长编》卷 201，第 4875 页。

【49】李焘《续资治通鉴长编》卷 202，第 4897 页。李焘《续资治通鉴长编》中这段在治平元年（1064）八月之下，但司马光在当年七月十八日的札子中已经提到任守忠呈送这些珍宝给皇后。因此任守忠的罪行至迟在七月就已暴露。司马光札子的内容综述见以下正文。

【50】《全宋文》第 28 册卷 1188，第 8 页。

【51】李焘《续资治通鉴长编》卷 202，第 4897~4898 页。

【52】《全宋文》第 28 册卷 1188，第 10~11 页。亦见李焘《续资治通鉴长编》卷 202，第 4899~4900 页。

【53】李焘《续资治通鉴长编》卷 202，第 4897 页。《续资治通鉴长编》只提到了任守忠被流放。司马光在任受到惩处之后很快又给英宗皇帝上书，他说任守忠等人应负罪责，虽然这些罪责他此前归于任守忠一人。他进一步说任守忠等人被放逐后，都城内外的人都感到欢欣鼓舞。见《全宋文》第 28 册卷 1188，第 11 页。

【54】《全宋文》第 28 册卷 1188，第 11 页。李焘《续资治通鉴长编》卷 202，第 4902 页。

【55】比如宋衍申称司马光的调停使得英宗改善了对曹太后的态度，曹太后很满意，于是决定结束摄政（宋衍申《司马光传》，第 110 页）。这当然是不对的，见本章对于曹太后归政的描述。

【56】《全宋文》第 28 册卷 1191，第 57~57 页。

【57】这里说的另一位太后当然是高太后，见第八章对她摄政的详细讨论。

【58】据曹太后说，那些反对收养的奏疏原本保存在仁宗的床上。换言之，它们从未被公开过。在她摄政时，她号称将它们焚毁了。她没有解释为什么这么做。李焘《续资治通鉴长编》卷 204，第 4946 页。

【59】李焘《续资治通鉴长编》卷 204，第 4946~4947 页。

【60】李焘《续资治通鉴长编》卷 205，第 4979 页。

【61】李焘《续资治通鉴长编》卷 201，第 4868 页；亦见于李焘《续资治通鉴长编》卷 204，第 4955 页。

【62】见李焘《续资治通鉴长编》卷 205，第 4967 页：英宗不愿让有经验的官员离开，尽管他们自己请求致仕。

【63】《全宋文》第 20 册卷 835，第 58~59 页。

【64】《全宋文》第 20 册卷 835，第 57~65 页。

【65】《全宋文》第 20 册卷 835，第 65 页。李焘《续资治通鉴长编》卷 205，第 4966 页。显然侵扰自来宋夏边境。

【66】李焘《续资治通鉴长编》卷 205，第 4966 页、第 4979 页。

【67】李焘《续资治通鉴长编》卷 206，第 4987～4989 页。

【68】李焘《续资治通鉴长编》卷 205，第 4967 页；卷 206，第 4990 页。

【69】李焘《续资治通鉴长编》卷 205，4971 页；亦见脱脱等《宋史》卷 13，第 257 页。

【70】《全宋文》第 27 册卷 1184，第 650 页。

【71】李焘《续资治通鉴长编》卷 205，第 4972 页。《续资治通鉴长编》中这段文字没有指出提议称"皇考"的高官名字，但根据下面攻击韩琦、欧阳修的记载，可以清楚地知道这个主意由欧阳修首唱，韩琦紧接着赞同。见李焘《续资治通鉴长编》卷 207，第 5023 页及 5034 页；亦参见欧阳修自己的解释，《全宋文》第 18 册卷 744，第 178～179 页。

【72】李焘《续资治通鉴长编》卷 205，第 4972 页；亦见《全宋文》第 19 册卷 744，第 79 页。

【73】李焘《续资治通鉴长编》卷 205，第 4972～4976 页。

【74】李焘《续资治通鉴长编》卷 205，第 4971～4976 页；卷 206，第 5010～5013 页；卷 207，第 5023～5029 页。

【75】李焘《续资治通鉴长编》卷 207，第 5023～5024 页。

【76】李焘《续资治通鉴长编》卷 207，第 5029 页。

【77】李焘《续资治通鉴长编》卷 207，第 5029～5030 页。脱脱等《宋史》卷 13，第 258 页。我们不清楚太后是如何被说服去支持这个计划的。根据一位谏官的奏章，韩琦派遣两个宦官去说服太后，这篇奏章也没有讲他们具体说了什么。见李焘《续资治通鉴长编》卷 207，第 5035 页。

根据欧阳修自己的记录，太后在没有预先通知欧阳修及其他高官的情况下自己发布了命令。见《全宋文》第 18 册卷 744，第 181 页。可是在濮议开始时，太后驳斥过高官们提出的"皇考"一称，我们很难相信她在六个月后会自动发起一个相似的提议。鉴于欧阳修记录濮议之事在部分程度上旨在为自己辩护，那么否认自己和同事在个中的幕后交易也是可以理解的。

已故的刘子健教授写道，折中方案是英宗尊濮王为"皇"，而非"皇考"，见氏著《欧阳修：11 世纪的新式儒家》（Ou-yang Hsiu: An Eleventh Century Neo-Confucianist，斯坦福：斯坦福大学出版社，1967 年），第 78 页。他为福赫伯编《宋代人物传》（Sung Biographies，威斯巴登：弗朗茨·施泰纳出版社股份有限公司，1976 年，第 814 页）

写的"欧阳修"词条。刘先生在这个细节上偶有智者千虑之失。英宗为回应太后，在他的手诏中写道："称亲之礼，谨遵慈训；追崇之典，岂易克当。"这句话表明英宗的本意是称呼濮王为"亲"，而非追尊他为皇帝。而且据我所见的史书记载，濮王被尊为"王"，没有皇帝的意思，参见李焘《续资治通鉴长编》卷207，第5030页。徐松辑《宋会要辑稿》卷32（北京：中华书局，1957年），第1374页。参见卡尼·费舍尔（Carney Fisher）《宋英宗的礼仪之争》（The Ritual Dispute of Sung Ying-tsung），收录于《远东历史论文集》（Papers on Far Eastern History）第36期，1987年9月，第125页。刘子健早年在关于欧阳修的中文书中对这一细节的表述是正确的。见氏著《欧阳修的治学与从政》（香港：新亚研究所，1963年），第235页。

【78】《全宋文》第28册卷1192，第69页。

【79】李焘《续资治通鉴长编》卷207，第5030~5036页。

【80】李焘《续资治通鉴长编》卷207，第5037页。

【81】李焘《续资治通鉴长编》卷207，第5037页。

【82】《全宋文》第28册卷1192，第70~71页。

【83】《全宋文》第28册卷1192，第72~74页。苏轼的《司马温公行状》证实了司马光的说法，据苏轼所言，司马光当年写的草稿在苏轼写行状的时候还在。《苏轼文集》卷16，第481页。

【84】宋衍申已经在他的《司马光传》中指出了这一点，见第117页。

【85】哪怕在英宗决定贬谪这些台谏之后，他仍说处罚不宜太严。见李焘《续资治通鉴长编》卷207，第5037页。

【86】刘子健《欧阳修：十一世纪的新式儒家》，第59~61页。

【87】同前，第79页。

【88】《全宋文》第18册卷744，第182~183页。

【89】李焘《续资治通鉴长编》卷206，第5003页。李焘把这一任命放在治平二年（1065）的十月。两个现代的司马光集整理本把他的第一篇和此任命有关的奏疏放在十月初六，见《全宋文》第28册卷1192，第64页，以及《司马文正公传家集》卷36，第479页。日本新近发现的宋本没有对司马光的相关奏疏编定日期。见佐竹靖彦、李裕民编《增广司马温公全集》卷83（东京：汲古书院，1993年），第267页。顾栋高将此置于七月初六。见马峦、顾栋高编著《司马光年谱》，第97页。但他可能犯了一个常见的错误，在研究时把"十"抄成了"七"。

【90】李焘《续资治通鉴长编》卷206，第5003~5004页；亦见《全宋文》

第 28 册卷 1192，第 64~66 页。

【91】《苏轼文集》卷 17，第 512 页。

【92】《苏轼文集》卷 16，第 481 页。

【93】李焘《续资治通鉴长编》卷 207，第 5033 页。

【94】《全宋文》第 18 册卷 744，第 178~183 页。

【95】《全宋文》第 18 册卷 744，第 180 页。

【96】邓广铭《宋朝的家法和北宋的政治改革运动》，收于氏著《邓广铭治史丛稿》（北京：北京大学出版社，1997 年），第 129 页。其中所引用的真宗之语，亦见于李焘《续资治通鉴长编》卷 213，第 5169 页。

【97】刘子健《欧阳修：十一世纪的新式儒家》，第 63~64 页。

【98】李焘《续资治通鉴长编》卷 207，第 5043 页。

【99】李焘《续资治通鉴长编》卷 207，第 5040 页。

【100】《全宋文》第 28 册卷 1192，第 71 页；亦见于李焘《续资治通鉴长编》卷 207，第 5040~5041 页。

【101】很难确定英宗的行为在多大程度上受到司马光的影响。不过我们可以确定，皇帝加强自身权力的举动与司马光的皇权观是一致的。

【102】脱脱等《宋史》卷 13，第 259 页。

【103】李焘《续资治通鉴长编》卷 208，第 5067~5068 页。

第六章　神宗朝初期的政治过渡

【1】李焘《续资治通鉴长编》卷 199，第 4837~4838 页。

【2】李焘《续资治通鉴长编》卷 208，第 5068 页。

【3】神宗作为英宗长子的地位，参见脱脱等《宋史》卷 14，第 263 页。

【4】神宗出生于庆历八年（1048）四月，参见脱脱等《宋史》卷 14，第 263 页。

【5】见第四章的相关讨论。

【6】脱脱等《宋史》卷 14，第 263 页。

【7】见李焘《续资治通鉴长编》卷 202，第 4893 页。

【8】李焘《续资治通鉴长编》卷 199，第 4840 页。

【9】神宗的封号从淮阳郡王改封为颍王发生在治平元年（1064）六月。见脱脱等《宋史》卷 14，第 263 页；及李焘《续资治通鉴长编》卷 202，第 4889 页。

【10】李焘《续资治通鉴长编》卷 208，第 5068 页。

【11】李焘《续资治通鉴长编》卷 17，第 380~381 页。

【12】这句话有一点可能被误解，因为"大"可以是"最年长"的意思，也可能指个头大小或者地位高低。

【13】 李焘《续资治通鉴长编》卷 208，第 5068 页。

【14】 李焘《续资治通鉴长编》卷 208，第 5069 页。

【15】 李焘《续资治通鉴长编》卷 208，第 5077 页。

【16】 《孟子·滕文公上》第 2 章。

【17】 杜希德教授在讲唐代的课程中经常强调年龄差在宫廷政治中的重要性：当一个年轻的皇帝被年龄数倍于他的重臣环绕时，维护皇权不是一件容易的事。

【18】 正如本章后面要详细展开的，司马光理解这种状况，并且试图加强皇帝的权力。南宋吕祖谦（1137~1181）同意司马光的观点——当时统治者太弱而宰执的权力太大，见《类编皇朝大事讲义》卷 16（台北：文海出版社，出版年月未知，第 3 叶 a）。

【19】 脱脱等《宋史》卷 329，第 10611 页。

【20】 指的是太皇太后曹氏（仁宗遗孀）和皇太后高氏（英宗遗孀、神宗的母亲）不和。

【21】 众所周知，神宗还是皇子时就听说过王安石的才华。他即位之后不久就开始任用王安石。见叶坦《大变法：宋神宗与十一世纪的改革运动》，第 46~48 页。

【22】 李焘《续资治通鉴长编》卷 209，第 5078 页。

【23】 李焘《续资治通鉴长编》卷 209，第 5078 页。

【24】 根据刘子健教授的研究，"欧阳修的妻子持家严格，与他家关系近的人都能佐证，即便欧阳修的人格可疑，所谓乱伦也几乎不可能发生"。见刘子健《欧阳修：十一世纪的新式儒家》，第 81 页。我认为没有理由怀疑刘教授的判断，特别是鉴于薛良孺对欧阳修有刻骨怨恨。值得注意的是司马光也不相信蒋之奇对欧阳修的指控，见杨仲良《续资治通鉴长编纪事本末》卷 58，第 9 叶 b，遗憾的是《续资治通鉴长编纪事本末》中的段落没有说明司马光不信的理由。

刘教授在描述导致欧阳修离朝的事件时写道："薛良孺指望欧阳修在他受弹劾时伸出援手，但欧阳修拒绝私谊影响公正。"见上引。但根据李焘《续资治通鉴长编》卷 209，第 5078 页，事实恰恰相反：欧阳修使得薛良孺不能够从普惠万民的大赦中获益。大赦见李焘《续资治通鉴长编》卷 209，第 5073 页。

【25】 李焘《续资治通鉴长编》卷 207，第 5024 页。

【26】 李焘《续资治通鉴长编》卷 209，第 5078~5079 页。

【27】 李焘《续资治通鉴长编》卷 209，第 5079 页。

【28】 李焘《续资治通鉴长编》卷 209，第 5080 页。

【29】李焘《续资治通鉴长编》卷 209，第 5082~5083 页。

【30】李焘《续资治通鉴长编》卷 209，第 5082 页。亳州毗邻欧阳修的产业这一事实在刘子健《欧阳修：十一世纪的新式儒家》一书中已指出，见第 82 页。

【31】李焘《续资治通鉴长编》卷 197，第 4769~4771 页。

【32】李焘《续资治通鉴长编》卷 202，第 4892~4893 页。

【33】杨仲良《续资治通鉴长编纪事本末》卷 57，第 11 叶 a。

【34】李焘《续资治通鉴长编》卷 209，第 5076 页。

【35】李焘《续资治通鉴长编》卷 209，第 5078 页。

【36】李焘《续资治通鉴长编》卷 209，第 5085 页。

【37】脱脱等《宋史》卷 329，第 10611 页。

【38】杨仲良《续资治通鉴长编纪事本末》卷 57，第 1 叶 a。

【39】脱脱等《宋史》卷 329，第 10611 页。毕沅《续资治通鉴》卷 65（北京：中华书局，1957 年），第 1597 页。

【40】杨仲良《续资治通鉴长编纪事本末》卷 57，第 1 叶 a 及第 8 叶 b。

【41】杨仲良《续资治通鉴长编纪事本末》卷 57，第 1 叶 b。众所周知，谋反有时会被灭族。

【42】杨仲良《续资治通鉴长编纪事本末》卷 57，第 6 叶 b。

【43】杨仲良《续资治通鉴长编纪事本末》卷 57，第 1 叶 b。

【44】杨仲良《续资治通鉴长编纪事本末》卷 57，第 1 叶 b。

【45】杨仲良《续资治通鉴长编纪事本末》卷 57，第 2 叶 a。

【46】杨仲良《续资治通鉴长编纪事本末》卷 57，第 2 叶 a。司马光被任命为翰林学士亦见本书第四章。

【47】杨仲良《续资治通鉴长编纪事本末》卷 57，第 2 叶 a、b。

【48】杨仲良《续资治通鉴长编纪事本末》卷 57，第 2 叶 b~第 3 叶 b。

【49】杨仲良《续资治通鉴长编纪事本末》卷 57，第 5 叶 a、b。

【50】杨仲良《续资治通鉴长编纪事本末》卷 57，第 6 叶 a。

【51】杨仲良《续资治通鉴长编纪事本末》卷 57，第 6 叶 b。

【52】杨仲良《续资治通鉴长编纪事本末》卷 57，第 5 叶 a、b 及第 7 叶 a。

【53】如前文所述，王陶之前的御史中丞因控告欧阳修通奸而被贬。

【54】杨仲良《续资治通鉴长编纪事本末》卷 57，第 7 叶 a。

【55】杨仲良《续资治通鉴长编纪事本末》卷 57，第 7 叶 b。

【56】杨仲良《续资治通鉴长编纪事本末》卷 57，第 11 叶 a。

【57】杨仲良《续资治通鉴长编纪事本末》卷 57，第 11 叶 a~第 12 叶 a。上书亦见于《全宋文》所收司马光文（《全宋文》第 28 册卷 1193，

第 90 页）。两书文字稍有出入，引文从《全宋文》。

【58】李焘《续资治通鉴长编》卷 209，第 5074 页。

【59】《全宋文》他的部分保留了他递交的要求致仕的上书中的这四项理
由，见《全宋文》第 20 册卷 838，第 115～117 页。他拒绝到任，见
脱脱等《宋史》卷 312，第 10226 页。

【60】事实上，韩琦自己作为宰执的致仕是后来宋代宰执此类举动的先例。
到了南宋，这成为一种惯例。见余英时《朱熹的历史世界——宋代士
大夫政治文化的研究》第 2 册，第 138 页。

【61】《全宋文》第 20 册卷 838，第 115 页。

【62】韩琦的第四封求致仕上书，见《全宋文》第 20 册卷 838，第 117 页。

【63】脱脱等《宋史》卷 312，第 10226 页。

【64】脱脱等《宋史》卷 312，第 10226 页。

【65】脱脱等《宋史》卷 312，第 10226 页。

【66】脱脱等《宋史》卷 312，第 10227 页。

第七章　神宗的大战略与异论的作用

【1】余英时《朱熹的历史世界——宋代士大夫政治文化的研究》第 1 册，
第 435 页。

【2】邓嗣禹（Ssu-yü Teng）《王安石改革新见》刊于《刘子健博士颂寿纪
念宋史研究论集》，第 546～547 页。

【3】王铚《默记》，第 20 页。

【4】刘子健《以财持国的宋代》，《历史月刊》第 32 号，1990 年 9 月，第
130 页。

【5】李焘《续资治通鉴长编》卷 6，第 152 页。

【6】李焘《续资治通鉴长编》卷 11，第 252 页。

【7】脱脱等《宋史》卷 165，第 3908 页。

【8】根据富弼在治平四年（1067）十月给神宗的密奏，可知一些官员告诉富
弼神宗希望任命他为相，因为神宗打算全面撤换宰执班子。见《全宋
文》第 14 册卷 604，第 695 页。神宗自己的行为表明这是错误的传言。
不过传言证明了一些官员希望富弼能够制衡韩琦及其同事。换言之，他
们认为神宗即将提拔富弼，作为增强皇帝对政府控制的一种努力。

【9】《苏轼文集》卷 18，第 534 页。

【10】叶坦《大变法：宋神宗与十一世纪的改革运动》，第 43 页。

【11】李沆自咸平元年（998）十月起担任同中书门下平章事，直至景德元年
（1004）七月逝世为止。见脱脱等《宋史》卷 210，第 5434～5437 页。

【12】脱脱等《宋史》卷 282，第 9539 页。

【13】脱脱等《宋史》卷 282，第 9539 页。

【14】见富弼《论河北流民奏》，《全宋文》第 14 册卷 605，第 703~705 页。

【15】《苏轼文集》卷 18，第 534 页。富弼的长篇奏议见《全宋文》第 14 册卷 605，第 705~710 页。富弼在熙宁二年（1069）二月上呈此奏，在三月又上了一封简短的奏议重申这一论调。见《全宋文》第 14 册卷 605，第 711 页。

【16】叶坦《大变法：宋神宗与十一世纪的改革运动》，第 56~61 页。这场辩论的详细叙述可参见杨仲良《续资治通鉴长编纪事本末》卷 57，第 12 叶 b 至第 15 叶 a。

【17】《全宋文》第 28 册卷 1196，第 124 页。

【18】《全宋文》第 28 册卷 1196，第 124 页。

【19】保罗·J. 史密斯（Paul J. Smith）《征税于天府之国：1074~1224 年马匹、官僚和四川茶业的衰落》（*Taxing Heaven's Storehouse：Horses，Bureaucrats，and the Destruction of the Sichuan Tea Industry，1074-1224*，剑桥：哈佛大学东亚研究理事会，1991 年），第 113 页。

【20】对内藏库在北宋政府财政中作用的更详细分析，参见拙文《北宋积贫新解——试论"国用不足"与王安石新法之争》，收于周质平、裴德生编《国史浮海开新录——余英时教授荣退论文集》，第 283~300 页。亦见程民生《论北宋财政的特点与积贫的假象》，刊于《中国史研究》1984 年第 3 期，第 26~40 页。感谢保罗·史密斯示我以程民生之文。

【21】叶坦《大变法：宋神宗与十一世纪的改革运动》，第 47 页。

【22】同上，第 75 页。

【23】刘子健将这个部门的名字译作"财政计划部门"，参见刘子健《宋代中国的改革：王安石及其新政》，第 4 页。刘子健的译法优点在于比我简练得多，而我的译法则更忠实于原文的准确含义。

【24】漆侠《王安石变法》（增订本），第 97 页。

【25】脱脱等《宋史》卷 211，第 5485~5490 页。

【26】叶坦《大变法：宋神宗与十一世纪的改革运动》，第 62~63 页。

【27】这是曾公亮在熙宁三年（1070），迫于王安石的压力，屡屡请求致仕前不久说的。见李焘《续资治通鉴长编》卷 215，第 5238 页。

【28】叶坦《大变法：宋神宗与十一世纪的改革运动》，第 76~77 页。叶坦的概述在营利性方面并不是很清楚。而《宋史》对此表达很明确。见脱脱等《宋史》卷 186，第 4556~4557 页。

【29】叶坦《大变法：宋神宗与十一世纪的改革运动》，第 76~82 页。

【30】据漆侠和何忠礼所论，王安石从庆历新政中吸取了重要的教训：当缩减政府规模威胁到很多官员的生计时，利益受损的官员会拼尽全力阻碍改革。见漆侠《王安石变法》（增订本），第 99 页；何忠礼《也论王安石变法的失败原因——纪念王安石（1021～1086）逝世九百周年》，《杭州大学学报》（哲学社会科学版）1986 年第 2 期，第 103 页。

【31】脱脱等《宋史》卷 328，第 10568 页。

【32】叶坦《大变法：宋神宗与十一世纪的改革运动》，第 96～98 页。

【33】《苏轼文集》卷 16，第 485 页。

【34】值得注意的是苏轼给司马光写的传记（《司马温公行状》）和《宋史·司马光传》（后者似乎在很大程度上来自苏轼所作的传记）都列出了这两条理由，作为反对王安石变法的主要论据。《苏轼文集》卷 16，第 485～486 页；《宋史》卷 336，第 10764～10765 页。

【35】要了解为什么保守主义者会认为继续财政赤字反而比王安石的解决方案好，请参阅我的《北宋积贫新解——试论"国用不足"与王安石新法之争》，收于周质平、裴德生编《国史浮海开新录——余英时教授荣退论文集》，第 293～300 页。

【36】《全宋文》第 28 册卷 1211，第 371 页。

【37】《全宋文》第 28 册卷 1211，第 372、377、378 页。

【38】这是指设立制置三司条例司是从三司手中攘夺权力。

【39】介甫是王安石的字。虽在给王安石写信争论是非，司马光还是称其表字，而非以尔汝相呼，目的是表示礼貌。

【40】这是指青苗法。据司马光说，地方官常常强迫农民借贷，以靠利息增收。见《全宋文》第 28 册卷 1211，第 378 页。

【41】《全宋文》第 28 册卷 1211，第 372 页。

【42】王安石《临川先生文集》卷 73（北京：中华书局，1959 年），第 773 页。

【43】《苏轼文集》卷 16，第 486～487 页。

【44】李焘《续资治通鉴长编》卷 182，第 4396 页；卷 198，第 4792 页。

【45】李焘《续资治通鉴长编》卷 298，第 7242 页。周煇《清波杂志校注》卷 12（刘永翔校注，北京：中华书局，1994 年），第 512 页。

【46】李焘《续资治通鉴长编》卷 298，第 7242 页。周煇《清波杂志校注》卷 12，第 512 页。

【47】见《宋史·王珪传》，脱脱等《宋史》卷 312，第 10241～10243 页。王珪做参知政事和同中书门下平章事任内的事迹，见脱脱等《宋史》卷 211，第 5487～5495 页。

【48】元丰六年（1083），王珪试图阻止司马光回朝，见脱脱等《宋史》卷312，第10242页。

【49】叶坦《大变法：宋神宗与十一世纪的改革运动》，第140~141页。罗家祥称，在个人层面上，神宗感到旧党反而比改革派更值得信任。他于是将这些旧党留在高位直到他们自己请辞，他将他们作为对新党的一种制衡手段。见罗家祥《北宋党争研究》（台北：文津出版社，1993年），第102~108页。在神宗想要用旧党限制新党权力的层面上，罗家祥是正确的。但他忽视了很大一批旧党被贬谪。事实上，贬谪这些旧党和提拔另外一批旧党对于保持神宗的权力一样重要。皇帝为了能够如他所愿地推进改革计划，需要展现自己处罚反对者的能力与愿望；同时为了让新党依赖于他的保护，他需要确保他们总是受到政敌的威胁。

【50】马峦、顾栋高编著《司马光年谱》，第122~123页。《苏轼文集》卷16，第483页。

【51】毕沅《续资治通鉴》卷66，第1631页；马峦、顾栋高编著《司马光年谱》，第126页。典出班固《汉书》卷50（北京：中华书局，1957年），第2319页。

【52】班固《汉书》卷50，第2317页；亦见司马光《资治通鉴》卷17，第576页。

【53】见李裕民校注《司马光日记校注》，第98~100页；李焘《续资治通鉴长编》卷210，第5112~5113页及第5115页。当然此时《资治通鉴》远未完成，司马光只能讲那些已经写完的部分。

【54】见李裕民校注《司马光日记校注》，第113~115页。

【55】《全宋文》第28册卷1197，第145页。

【56】李焘《续资治通鉴长编》卷210，第5114页。

【57】《苏轼文集》卷17，第514页。

【58】邓广铭已经指出，神宗任命司马光为枢密副使的用意包括确保新党改革者没有垄断所有的政府部门。见邓广铭《宋朝的家法和北宋的政治改革运动》，收于氏著《邓广铭治史丛稿》，第129页。这一点启发我进一步思考神宗朝枢密使一职所有人事任命的重要意义。结果见下页所示。

【59】脱脱等《宋史》卷336，第10765页。"立赤帜"一语指的是汉高祖三年（公元前204），汉军的指挥韩信引诱敌军（赵军）出营，在激战中，韩信的士兵潜入赵军军营，拔下赵军的旗帜，换上代表汉军的红旗。结果赵军丧失了斗志被击败。见司马迁《史记》卷92（北京：

中华书局，1959 年），第 2616 页；司马光《资治通鉴》卷 10，第
326 页。

【60】《全宋文》第 20 册卷 846，第 233~236 页；卷 847，第 245~253 页。

【61】脱脱等《宋史》卷 327，第 10545 页。

【62】脱脱等《宋史》卷 336，第 10765~10766 页。毕沅《续资治通鉴》卷
67，第 1670 页；卷 68，第 1689 页。马峦、顾栋高编著《司马光年
谱》，第 142、143~144、149、158 页。司马光上书解释拒绝这一任命
的理由，参见《全宋文》第 28 册卷 1197，第 149~152 页及卷 1198，
第 157~160 页。

【63】脱脱等《宋史》卷 162，第 3800 页。

【64】邓广铭《宋朝的家法和北宋的政治改革运动》，收于氏著《邓广铭治
史丛稿》第 141~142 页。

【65】如果枢密院的长官资历够深，他将被称为枢密使，副手将被称为枢密
副使。如果居长官之位的官员资历不够，会被称为知枢密院事，副手
称同知枢密院事。长官和副手均可同时由一人以上担任。

【66】这段总结中的所有信息来自脱脱等《宋史》卷 211《宰辅表》和《宋
史》中相关人物的本传。本传页码信息会在注释中给出。

【67】脱脱等《宋史》卷 313，第 10261~10262 页及卷 311，第 10213~
10214 页。

【68】脱脱等《宋史》卷 312，第 10239 页。

【69】脱脱等《宋史》卷 336，第 10773~10774 页及卷 341，第 10874~
10875 页。

【70】脱脱等《宋史》卷 328，第 10565~10566 页。徐自明《宰辅编年》卷
8，第 503 页。

【71】见韩琦给文彦博的信函，收于《全宋文》第 20 册卷 852，第 329 页；
亦见于马峦、顾栋高编著《司马光年谱》，第 149 页。

【72】《全宋文》第 20 册卷 852，第 328 页。

【73】李焘《续资治通鉴长编》卷 338，第 8149 页；亦见于邵伯温《邵氏
闻见后录》卷 24，第 190 页。

【74】李焘《续资治通鉴长编》卷 215，第 5247 页。

【75】他要求得到辖区豁免的上书，见《全宋文》第 28 册卷 1198，第
160~161 页。他的获准，见《苏轼文集》卷 16，第 486 页。

【76】李焘《续资治通鉴长编》卷 220，第 5340 页。

【77】这里指的是免役法。事实上，几乎所有家庭都要被征收免役钱。

【78】《全宋文》第 28 册卷 1200，第 182~189 页。《苏轼文集》卷 16，第

487 页。李焘《续资治通鉴长编》卷 252，第 6160~6168 页。

【79】《全宋文》第 27 册卷 1175，第 512 页。

【80】伪造的事例，见李焘《续资治通鉴长编》卷 210，第 5135~5136 页。
此外，邓小南认定另一篇之前被引作司马光弹劾王安石上书的文章是
伪作，这篇文章依然被收录于《全宋文》第 27 册卷 1175，第 521~522
页（《奏弹王安石表》）。邓小南认为它是伪作，因为这封号称写于熙
宁三年（1070）的奏疏开头，司马光称自己的官衔是 "御史中丞"。但
邓小南说，司马光治平四年（1067）后就不再担任御史中丞了。见邓
小南《司马光〈奏弹王安石表〉辨伪》，《北京大学学报》（哲学社会
科学版）1980 年第 4 期，第 73~76 页。这封上书被伪造出来的实际时
间不太明确。因为它上面标注的日期是熙宁三年（1070），显然不可能
在那一年前被伪造出来。由于伪造者在司马光的官衔上犯了错误，看
来他很可能是在司马光退休几年后写的，那时人们对熙宁三年发生的
事情可能已经记忆模糊了。另外，如果伪造者是与中央政府没有直接
关系的人，可以想象，他甚至在熙宁三年也可能犯这个错误。

【81】《全宋文》第 20 册卷 852，第 328 页。

【82】不清楚哪个官员这样说的。王安石和神宗都记得吕公著是发出如此威
胁的人。神宗甚至以此贬谪了吕。但吕公著否认自己说过。司马光也
认为说这话不符合吕公著的性格，他猜测可能是孙觉（1028~1090）
说的。在我看来，神宗似乎不可能真的记不确切是谁说了这么令人震
惊的话，不过我的观点也不过是一种有根据的学术猜测。见李焘《续
资治通鉴长编》卷 210，第 5095~5099、5112~5113 页。

【83】李焘《续资治通鉴长编》卷 210，第 5116 页。韩琦上书要求移知徐
州，见《全宋文》第 20 册卷 840，第 134~137 页。他更早的要求转
去相州的奏疏，见《全宋文》第 20 册卷 839，第 122~129 页。

【84】在他的这些上书中就有。《全宋文》第 20 册卷 839，第 122 页及卷
840，第 150 页。

【85】苏轼反对变法，可参见艾朗诺（Ronald C. Egan）《苏轼的言象行》
（Word, Image, and Deed in the Life of Su Shih）（剑桥：哈佛大学出版
社，1994 年），第 27~53 页。

【86】《全宋文》第 28 册卷 1224，第 584 页。根据韩文彬（Robert Harrist）
的研究，司马光的园林是洛阳城最小、最质朴的。见韩文彬《独乐园
的场地名称及其意义》（Site Names and Their Meanings in the Garden of
Solitary Enjoyment），《园林史杂志》（Journal of Garden History）1993 年
第 13 期，第 207 页。

【87】《苏轼诗集》卷 15（北京：中华书局，1982 年），第 733 页。

【88】同上卷 15，第 734 页；亦见于朋九万《乌台诗案》，收于四川大学中
　　　文系唐宋文学研究室编《苏轼资料汇编》（北京：中华书局，1994
　　　年），第 600～601 页。

【89】王辟之、欧阳修《渑水燕谈录》卷 2（与欧阳修《归田录》合为一
　　　册，上海：上海书店出版社，1990），第 7 叶 a。青州在今天的山
　　　东省。

【90】对苏轼审判中涉及人员的名单，见朋九万《乌台诗案》，《苏轼资料
　　　汇编》，第 608 页。对于苏轼审判的结果，参见艾朗诺《苏轼的言象
　　　行》，第 52 页。关于这场审判更详细的分析，见蔡涵墨（Charles
　　　Hartman）《1079 年的诗歌与政治：苏轼的乌台诗案新论》（Poetry
　　　and Politics in 1079：The Crow Terrace Poetry Case of Su Shih），《中国
　　　文学》（Chinese Literature：Essays，Articles，Reviews）1990 年第 12 期，
　　　第 15～44 页。

【91】《全宋文》第 28 册卷 1223，第 569 页。邵伯温《邵氏闻见录》卷 10，
　　　第 104～105 页。

【92】邵伯温《邵氏闻见录》卷 10，第 105 页。

【93】叶坦《大变法：宋神宗与十一世纪的改革运动》，第 139～141、
　　　203 页。

【94】李焘《续资治通鉴长编》卷 350，第 8390 页。

【95】同前。亦见于司马光自己的记录，《全宋文》第 28 册卷 1200，第
　　　191 页。

【96】李焘《续资治通鉴长编》卷 350，第 8390 页。

【97】叶坦《大变法：宋神宗与十一世纪的改革运动》第 179、188、
　　　208 页。

【98】李焘《续资治通鉴长编》卷 213，第 5169 页。金日磾，见班固《汉
　　　书》卷 68，第 2958～2962 页。

【99】哲宗出生于熙宁九年（1076）最后一个月。虽然神宗到元丰八年
　　　（1085）在王珪的敦促下，才正式立他为太子，但神宗早自元丰五年
　　　起，就为这一正式的任命做了系统性的准备。元丰五年神宗任命哲宗
　　　为延安郡王、开府仪同三司。元丰七年他正式介绍哲宗给他的官员
　　　们。见脱脱等《宋史》卷 17，第 317 页。

【100】脱脱等《宋史》卷 471，第 13699～13700 页；亦见脱脱等《宋史》
　　　　卷 211，第 5493 页。

第八章　胜利的悲剧——司马光的最后 18 个月

【1】李焘《续资治通鉴长编》卷 353，第 8356 页。脱脱等《宋史》卷 17，第 317 页。

【2】神宗还在世时，高太后就表达过她对于王安石新政的反对。见李焘《续资治通鉴长编》卷 252，第 6169 页。

【3】脱脱等《宋史》卷 471，第 13699~13700 页。亦见于脱脱等《宋史》卷 211，第 5493 页。

【4】《全宋文》第 28 册卷 1200，第 192~193 页。

【5】李焘《续资治通鉴长编》卷 353，第 8465 页。

【6】李焘《续资治通鉴长编》卷 353，第 8464 页。《苏轼文集》卷 16，第 488 页。张淏《云谷杂记》（北京：中华书局，1958 年），第 87 页。

【7】本章接下来会谈及，他在这时其实并不十分健康。

【8】《苏轼文集》卷 16，第 488 页。李焘《续资治通鉴长编》卷 353，第 8465~8467 页。《全宋文》第 28 册卷 1201，第 195~196 页。

【9】《全宋文》第 28 册卷 1201，第 195~196 页。

【10】《全宋文》第 28 册卷 1202，第 215~216 页。

【11】《苏轼文集》卷 16，第 488 页。

【12】文彦博在世时间为 1006~1097 年，司马光在世时间为 1019~1086 年。

【13】马端临《文献通考》卷 193，第 1633~1634 页。宋衍申《司马光传》（北京：北京出版社，1995 年），第 248 页。

【14】《全宋文》第 27 册卷 1175，第 518 页。

【15】司马光在上呈给神宗之前，编辑了上表的终稿，见《全宋文》第 27 册卷 1175，第 518 页。

【16】《全宋文》第 28 册卷 1209，第 353 页。

【17】在我的论文中，我写了"大约 15 年"。参拙作《保守主义和北宋政治：司马光的思想与生平（1019~1086）》（普林斯顿大学博士学位论文，1998 年），第 297 页。这一估计并不离谱，因为司马光的退休开始于熙宁四年（1071），结束于元丰八年（1085）。而如果我们计算出准确的月份，"大约 14 年"更准确。

【18】司马光给范纯仁的信，参见《全宋文》第 28 册卷 1209，第 353 页。

【19】前文指出，司马光退隐期间从未忘记反对新政，只是极少表达。

【20】《中国历史大辞典·宋史卷》，第 70 页。

【21】参见司马光推荐文彦博的一封上疏，《全宋文》第 28 册卷 1208，第 328 页。甚至一些旧党也害怕文彦博。王觌，在此期间曾激烈攻击新党官员，也反对给予文彦博权力。王觌说，如果文彦博在行政决策中

有错，与之争执可能会显得对这位德高望众的政治家不敬。而太后对文彦博表示尊重很重要，因此最好不要给予他犯错误的机会。见李焘《续资治通鉴长编》卷 375，第 9109 页。王岘传记，见脱脱等《宋史》卷 344，第 10941~10945 页。其他一些旧党官员反对给予文彦博日常行政的权力，参见李焘《续资治通鉴长编》卷 376，第 9140~9142 页。

【22】《全宋文》第 28 册卷 1201，第 196~198 页。他基本上重申了关于统治者所需要践行的美德，以及统治者关注人事管理的需要。他向他的所有皇帝都表达过同样的理念。关于司马光统治思想的具体分析见第三章。

【23】司马光在此期间的上疏，见《全宋文》第 28 册卷 1201，第 195 页至卷 1202，第 216 页。

【24】《全宋文》第 28 册卷 1202，第 217 页。

【25】《全宋文》第 28 册卷 1205，第 261 页及卷 1205，第 263 页。苏轼的回忆也证实了他的说法，见《苏轼文集》卷 16，第 490 页。

【26】元丰八年（1085）五月，王珪去世。见脱脱等《宋史》卷 211，第 5494 页。

【27】废除新政将在下一部分进行讨论。

【28】李焘《续资治通鉴长编》卷 364，第 8730 页。

【29】李焘《续资治通鉴长编》卷 364，第 8729~8730 页。

【30】《全宋文》第 28 册卷 1203，第 232~233 页。李焘《续资治通鉴长编》卷 361，第 8638~8649 页。这些上书在元丰八年十月被上呈。

【31】李焘《续资治通鉴长编》卷 368，第 8849~8854 页。脱脱等《宋史》卷 16，第 5501 页。

【32】李焘《续资治通鉴长编》卷 368，第 8854 页。

【33】《全宋文》第 28 册卷 1205，第 264~266 页。李焘《续资治通鉴长编》卷 368，第 8854~8855 页。

【34】李焘《续资治通鉴长编》卷 377，第 9148~9149 页。

【35】《全宋文》第 28 册卷 1206，第 282 页。李焘《续资治通鉴长编》卷 377，第 9149 页。

【36】李焘《续资治通鉴长编》卷 377，第 9154~9155 页。《苏轼文集》卷 16，第 490 页。

【37】脱脱等《宋史》卷 212，第 5501~5502 页。

【38】李焘《续资治通鉴长编》卷 377，第 9147~9148 页。李焘《续资治通鉴长编》卷 376，第 9140~9142 页。

【39】《苏轼文集》卷16，第491页。

【40】《苏轼文集》卷16，第491页。

【41】《全宋文》第28册卷1208，第314页。

【42】高太皇太后摄政伊始，就停止修缮开封城墙。她告诉官员们要避免向百姓横征暴敛，也将保马法期限改得宽松了。见《苏轼文集》卷16，第488页。

【43】《全宋文》第28册卷1202，第214页。

【44】这一论点当然是错的。如果神宗在这八年（元丰年间）真的不再支持新政，很难解释他为何没有自己废除新政。

【45】《苏轼文集》卷16，第489页。

【46】《苏轼文集》卷16，第490页。邓广铭《王安石》（北京：人民出版社，1979年），第193页。

【47】《苏轼文集》卷16，第490页。

【48】李焘《续资治通鉴长编》卷382，第9299页；亦见于苏辙（1039～1112）的《苏辙集》卷22（北京：中华书局，1990年），第1121页。

【49】《全宋文》第28册卷1203，第242页。李焘《续资治通鉴长编》卷365，第8765页。

【50】《全宋文》第28册卷1204，第256页。李焘《续资治通鉴长编》卷366，第8797页。

【51】《全宋文》第28册卷1204，第256页。李焘《续资治通鉴长编》卷366，第8797页。

【52】脱脱等《宋史》卷176，第4288页。

【53】脱脱等《宋史》卷176，第4288～4289页。

【54】《苏轼文集》卷16，第490页。邓广铭《王安石》，第193页。

【55】李焘《续资治通鉴长编》卷382，第9313页。邓广铭《王安石》，第193～196页。

【56】汪圣铎《两宋财政史》（北京：中华书局，1995年），第82～84页。李焘《续资治通鉴长编》卷461，第11015～11016页和卷473，第11289～11290页。亦见冀小斌《北宋积贫新解——试论"国用不足"与王安石新法之争》，收于周质平、裴德生编《国史浮海开新录——余英时教授荣退论文集》，第297～299页。

【57】李焘《续资治通鉴长编》卷505，第12043～12044页。冀小斌《北宋积贫新解——试论"国用不足"与王安石新法之争》，收于周质平、裴德生编《国史浮海开新录——余英时教授荣退论文集》，第299～300页。

【58】李焘《续资治通鉴长编》卷 382，第 9301~9302 页。《全宋文》第 28 册卷 1206，第 294~296 页。

【59】邓小南《宋代文官选任制度诸层面》（石家庄：河北教育出版社，1993 年），第 142 页。

【60】《苏轼文集》卷 17，第 512 页。苏轼行程的具体时间，见施宿《东坡先生年谱》，收于《苏轼资料汇编》，第 1681~1682 页。

【61】《苏轼文集》卷 16，第 491 页。李焘《续资治通鉴长编》卷 387，第 9415 页。张淏《云谷杂记》，第 87 页。

参考文献

中文文献

《百衲本二十四史》,《四部丛刊》版。

白文固《宋代祠禄制度述略》,《中国史研究》1987 年第 1 期。

包伟民《宋代地方财政史研究》,上海:上海古籍出版社,2001 年。

柏杨《柏杨版资治通鉴》72 卷,台北:远流出版社,1983~1993 年。

毕沅《续资治通鉴》,北京:中华书局,1957 年。

蔡崇榜《宋代修史制度研究》,台北:文津出版社,1991 年。

曹小华《宋代荐举制度初探》,《中国史研究》1989 年第 2 期。

《岑仲勉史学论文集》,北京:中华书局,1990 年。

岑仲勉《通鉴隋唐纪比事质疑》,香港:香港中华书局,1977 年。

柴德赓《资治通鉴介绍》,北京:求实出版社,1981 年。

陈栋《北宋国情与熙宁变法》,《晋阳学刊》1990 年第 6 期。

陈宏谋《宋司马文正公年谱》,台北:台湾商务印书馆,1978 年。

陈克明《司马光学述》,武汉:湖北人民出版社,1990 年。

陈瑞民《论司马光易学思想的两个支点》,《山西大学学报》1992 年第 4 期。

陈寅恪《唐代政治史述论稿》,《陈寅恪先生论集》,台北:"中央研究院"历史语言研究所,1971 年。

陈垣《通鉴胡注表微》，香港：广角镜出版社，1978年。

陈智超《解开宋会要之谜》，北京：社会科学文献出版社，1995年。

程光裕《北宋台谏之争与濮议》，《宋史研究集》第2期。

程民生《论北宋财政的特点与积贫的假象》，《中国史研究》1984年第3期。

程民生《宋代地域经济》，台北：云龙出版社，1995年。

程应镠《读宋史札记》，《上海师范学院学报》1981年第2期。

程应镠《司马光新传》，上海：上海人民出版社，1991年。

邓广铭《北宋政治改革家王安石》，北京：人民出版社，1997年。

《邓广铭学术论著自选集》，北京：首都师范大学出版社，1994年。

《邓广铭治史丛稿》，北京：北京大学出版社，1997年。

邓广铭《试破宋太宗即位大赦诏书之谜》，《历史研究》1992年第1期。

邓广铭《王安石》，北京：人民出版社，1979年。

中国历史大辞典·宋史卷编纂委员会编《中国历史大辞典·宋史卷》，上海：上海辞书出版社，1984年。

邓小南《司马光弹奏王安石辨伪》，《北京大学学报》1980年第4期。

邓小南《宋代文官差遣除受制度研究》，《中国史研究》1989年第4期。

邓小南《宋代文官选任诸层面》，石家庄：河北教育出版社，1993年。

董根洪《司马光哲学思想述评》，太原：山西人民出版社，1993年。

董根洪《司马光的义利统一观》，《晋阳学刊》1993年第3期。

方豪《宋史》，台北：中华文化出版事业委员会，1954年。

冯惠民《通鉴严补辑要》，济南：齐鲁书社，1983年。

傅乐焕《辽史丛考》，北京：中华书局，1984 年。

高聪明《宋代货币与货币流通研究》，石家庄：河北大学出版社，2000 年。

高纪春《攻瑕批缪意在求全——评司马光日记校注》，《历史研究》1997 年第 4 期。

高纪春《论朱熹对王安石的批判》，《晋阳学刊》1994 年第 5 期。

龚延明《宋史职官志补正》，杭州：浙江古籍出版社，1991 年。

龚延明《宋代官制辞典》，北京：中华书局，1997 年。

龚延明《宋代中书省机构及其演变考述》，《杭州大学学报》1990 年第 3 期。

顾潮编著《顾颉刚年谱》，北京：中国社会科学出版社，1993 年。

顾吉辰《宋史比事质疑》，北京：书目文献出版社，1987 年。

顾吉辰《宋史考证》，上海：华东理工大学出版社，1994 年。

顾吉辰、吴以宁《宋代事始考录》，合肥：黄山书社，1994 年。

顾全芳《评王安石变法期间的顽固派》，《学术月刊》第 205 期，1986 年。

汉白《论司马光史学在世界史学史上的地位》，《山西大学学报》1991 年第 4 期。

《汉书》，北京：中华书局，1962 年。

何忠礼《宋史选举志补正》，杭州：浙江古籍出版社，1992 年。

何忠礼《也论王安石变法的失败原因》，《杭州大学学报》1986 年第 2 期。

《后汉书》，北京：中华书局，1965 年。

胡建华《宋代城市房地产管理浅论》，《中国史研究》1989 年第 4 期。

黄宽重《海峡两岸宋史研究动向》，《新史学》第 3 卷第 1 期，1992 年。

黄汝成集释《日知录集释》，长沙：岳麓书社，1994 年。

黄宗羲《宋元学案》，北京：中华书局，1986 年。

季盛清《宋代台谏合一考述》，《杭州大学学报》1992 年第 2 期。

冀小斌《北宋积贫新解——试论"国用不足"与王安石新法之争》，周质平、裴德生编《国史浮海开新录——余英时教授荣退论文集》，台北：联经出版社，2002 年。

贾玉英《宋代谏官制度述论》，《中国史研究》1981 年第 2 期。

江灏、钱宗武译注《今古文尚书全译》，贵阳：贵州人民出版社，1990 年。

江西省纪念王安石逝世九百周年筹备委员会编《王安石研究论文集》，南昌：江西省历史学会，1986 年。

《晋书》，北京：中华书局，1974 年。

《旧唐书》，北京：中华书局，1975 年。

《旧五代史》，北京：中华书局，1976 年。

孔繁敏编《包拯年谱》，合肥：黄山书社，1986 年。

雷家宏《宋代弓手述论》，《晋阳学刊》1993 年第 4 期。

《辽史》，北京：中华书局，1974 年。

李立《通鉴目录浅谈》，《晋阳学刊》1992 年第 6 期。

李焘《宋版续资治通鉴长编》，北京：中华全国图书文献微缩复制中心，1995 年。

李焘《续资治通鉴长编》，北京：中华书局，1979~1995 年。

李焘《续资治通鉴长编》，上海：上海古籍出版社，1985 年。

李郁《五代枢密使和枢密院初探》，《晋阳学刊》1990 年第 1 期。

李豫《司马光集版本渊源考》，《山西大学学报》1991 年第 4 期。

李裕民《揭开斧声烛影之谜》，《山西大学学报》1988 年第 3 期。

李裕民《司马池的一生及其对司马光的影响》，《山西师大学报》1986 年司马光逝世 800 周年特辑。

李裕民《通鉴隋唐史记时订误》，《山西大学学报》1992 年第 4 期。

李裕民《赵匡胤是怎样夺取政权和巩固政权的》，《山西大学学报》1991 年第 1 期。

李裕民校注《司马光日记校注》，北京：中国社会科学出版社，1994 年。

吕祖谦《类编皇朝大事记讲义》，台北：文海出版社。

吕祖谦编《宋文鉴》，北京：中华书局，1992 年。

梁庚尧《宋代社会经济史论集》，台北：允晨文化，1997 年。

梁太济、包伟民《宋史食货志补正》，杭州：杭州大学出版社，1994 年。

梁天锡《论宋宰辅互兼制度》，《新亚学报》第 8 期，1968 年。

梁天锡《北宋宰辅带衔编修校释考》，《宋史研究集》第 23 卷，宋史座谈会，台北：台湾编译馆，1995 年。

林瑞翰《宋代政治史》，台北：正中书局，1989 年。

刘洪涛《从赵宋宗室的家族病释烛影斧声之谜》，《南开学报》1989 年第 6 期。

刘乃和、宋衍申编《司马光与〈资治通鉴〉》，长春：吉林人民出版社，1986 年。

刘旭《司马光的民本思想浅探——纪念司马光逝世 900 周年》，《山西大学学报》1986 年第 3 期。

刘子健《两宋史研究汇编》，台北：联经出版社，1987 年。

刘子健《欧阳修的治学与从政》，香港：新亚研究所，1963 年。

刘子健《宋太宗与宋初两次篡位》，《中国史研究》1990 年第 1 期。

刘子健《以财持国的宋代》，《历史月刊》第 32 号，1990 年 9 月。

陆键东《陈寅恪的最后二十年》，北京：三联书店，1995 年。

罗家祥《北宋党争研究》，台北：文津出版社，1993 年。

罗家祥《朋党之争与北宋政治》，武汉：华中师范大学出版社，2002年。

罗家祥《元祐新旧党争与北宋后期政治》，《中国史研究》1989年第1期。

马端临《文献通考》，北京：中华书局，1986年。

马峦、顾栋高编著《司马光年谱》，北京：中华书局，1990年。

苗书梅《宋代官员选任和管理制度》，开封：河南大学出版社，1996年。

倪士毅《宋代宰相出身和任期的研究》，《杭州大学学报》1986年第2期。

牛致功《唐代的史学与通鉴》，西安：陕西师范大学出版社，1989。

朋九万《乌台诗案》，四川大学中文系唐宋文学研究室编《苏轼资料汇编》，北京：中华书局，1994年。

漆侠《宋太宗与守内虚外》，田余庆主编《庆祝邓广铭教授九十华诞论文集》，石家庄：河北教育出版社，1997年。

漆侠《宋代经济史》，北京：人民出版社，1987年。

漆侠《王安石变法》，上海：上海人民出版社，1959年。

漆侠《王安石变法》（增订本），石家庄：河北人民出版社，2001年出版，2002年印刷。

漆侠、郭东旭《关于王安石变法研究中的几个问题》，《中国史研究》1989年第4期。

钱穆《国史大纲》，香港：香港商务印书馆，1989年。

钱穆《论宋代相权》，《宋史研究集》第1册，台北：中华丛书委员会，1958年。

钱穆《宋明理学概述》，台北：学生书局，1977年。

钱穆《中国历代政治得失》，九龙：人生出版社。

钱穆《中国学术思想史论丛》第5卷，台北：东大，1978年。

曲家源《论司马光的吏治思想》，《山西大学学报》1989 年第 3 期。

《全宋文》，成都：巴蜀书社，1988~1994 年。

阮元校刻《十三经注释》，北京：中华书局，1979 年。

邵博《邵氏闻见后录》，北京：中华书局，1983 年。

邵伯温《邵氏闻见录》，北京：中华书局，1983 年。

沈松勤《北宋文人与党争——中国士大夫群体研究之一》，北京：人民出版社，1998 年。

《史记》，北京：中华书局，1959 年。

石训等《中国宋代哲学》，郑州：河南人民出版社，1992 年。

首都图书馆编《通鉴史料别裁》，北京：学苑出版社，1998 年。

四川大学中文系唐宋文学研究室编《苏轼资料汇编》，北京：中华书局，1994 年。

四库全书研究所整理《钦定四库全书总目》，北京：中华书局，1997 年。

司马光《古文孝经集解》，四库全书版。

司马光《稽古录》，北京：北京师范大学出版社，1988 年。

司马光《集注太玄》，四部备要版。

司马光《历年图》，四部丛刊版。

司马光《潜虚》，四部丛刊版。

《司马光奏议》，王根林点校，太原：山西人民出版社，1986 年。

司马光《司马文正公传家集》，国学基本丛书版。

司马光《涑水纪闻》，邓广铭、张希清点校，北京：中华书局，1989。

司马光《易说》，四库全书版。

司马光《资治通鉴》，北京：中华书局，1957 年。

宋柏年《欧阳修研究》，成都：巴蜀书社，1995 年。

《宋史》，北京：中华书局，1977 年。

《宋史》，武英殿版。

宋小庄《读〈读通鉴论〉》，昆明：云南人民出版社，1991年。

宋衍申《司马光评传——忠心为资治，鸿篇传千古》，南宁：广西教育出版社，1995年。

宋衍申《司马光传》，北京：北京出版社，1990年。

《苏轼诗集》，北京：中华书局，1982年。

《苏轼文集》，北京：中华书局，1986年。

《苏辙集》，北京：中华书局，1990年。

唐兆梅《评杜太后与金匮之盟》，《学术月刊》第7期，1991年。

陶晋生《北宋士族：家族·婚姻·生活》，台北："中央研究院"历史语言研究所，2001年。

陶懋炳《司马光史论探微》，长沙：湖南师范大学出版社，1989年。

陶绪《宋代吏人招募考试制度初探》，《中国史研究》1989年第2期。

田浩《史学与文化思想：司马光对诸葛亮故事的重建》，《"中央研究院"历史语言研究所集刊》第73集第1分册，2002年。

田余庆主编《庆祝邓广铭教授九十华诞论文集》，石家庄：河北教育出版社，1997年。

王安石《临川先生文集》，北京：中华书局，1959年。

王才中《司马光与濮议》，《晋阳学刊》1988年第5期。

王夫之《读通鉴论》，北京：中华书局，1975年。

王夫之《宋论》，北京：中华书局，1964年。

王菡《司马光论因循与变革》，《晋阳学刊》1989年第2期。

王利器校注《盐铁论校注》，天津：天津古籍出版社，1983年。

王辟之、欧阳修《渑水燕谈录》（与欧阳修《归田录》合为一册），上海：上海书店出版社，1990年。

王瑞来校补《宋宰辅编年录校补》，北京：中华书局，1986年。

王瑞来《烛影斧声事件新解》，《中国史研究》1991 年第 2 期。

汪圣铎《两宋财政史》，北京：中华书局，1995 年。

汪圣铎《宋代财政岁出与户部月支》，《文史》1983 年第 18 期。

王树民校证《廿二史札记校证》，北京：中华书局，1984 年。

王先谦集解《荀子集解》，北京：中华书局，1988 年。

王云海《宋代司法制度》，开封：河南大学出版社，1992 年。

王曾瑜《宋朝兵制初探》，北京：中华书局，1983 年。

王曾瑜《宋朝阶级结构》，石家庄：河北教育出版社，1996 年。

王曾瑜《宋史研究的回顾和展望》，《历史研究》1997 年第 4 期。

王曾瑜《王安石变法简论》，《中国社会科学》1980 年第 3 期。

王铚《默记》，北京：中华书局，1981 年。

吴玉贵《资治通鉴疑年录》，北京：中国社会科学出版社，1994 年。

萧公权《中国政治思想史》，台北：中国文化大学出版部，1980 年。

《新唐书》，北京：中华书局，1975 年。

《新五代史》，北京：中华书局，1974 年。

徐松辑《宋会要辑稿》，北京：中华书局，1957 年。

阎若璩《尚书古文疏证》，上海：上海古籍出版社，1987 年。

杨洪杰、吴麦黄《司马光传》，太原：山西人民出版社，1997 年。

杨联陞《中国历史上的女主》，《食货月刊》第 1 卷第 11 期，1972 年。

杨师群《两宋榷酒结构模式之演变》，《中国史研究》1989 年第 3 期。

杨渭生《关于司马光文集的几个问题》，《文史》1994 年第

38 期。

杨远《北宋宰辅人物的地理分布》，《香港中文大学学报》第 13 期，1982 年。

杨正基《通鉴的提纲和通鉴的编纂程序》，《中国史研究》1982 年第 1 期。

杨仲良《续资治通鉴长编纪事本末》，台北：文海出版社，1967 年。（该书书名页和版权页将书名错印为"资治通鉴长编纪事本末"，但前言中注明了正确的书名）

姚瀛艇编《宋代文化史》，台北：云龙出版社，1995。

叶梦得《石林燕语》，宇文绍奕考异，北京：中华书局，1984 年。

叶坦《传统经济观大论争——司马光与王安石之比较》，北京：北京大学出版社，1990 年。

叶坦《大变法：宋神宗与十一世纪的改革运动》，北京：三联书店，1996 年。

叶坦《民不益富而国用饶辨析》，《晋阳学刊》1990 年第 4 期。

叶坦《评宋神宗的改革理想与实践》，《晋阳学刊》1991 年第 2 期。

余英时《历史与思想》，台北：联经出版事业公司，1976 年。

余英时《朱熹的历史世界——宋代士大夫政治文化的研究》，台北：允晨文化，2003 年。

俞宗宪《宋初官制改革概述》，《上海师范学院学报》1982 年第 1 期。

袁枢《通鉴纪事本末》，北京：中华书局，1964 年。

詹大和等《王安石年谱三种》，北京：中华书局，1994 年。

张邦炜《宋代皇亲与政治》，成都：四川人民出版社，1993 年。

张复华《神宗元丰改制之研究》，台北："中央研究院"，1977 年。

张淏《云谷杂记》，北京：中华书局，1958 年。

张其凡《宋初政治探研》，广州：暨南大学出版社，1995 年。

张谦《资治通鉴与中国政治文化》，北京：中国广播电视出版社，1993 年。

张煦侯《通鉴学》，合肥：安徽教育出版社，1982 年。

张荫麟《北宋的外患与变法》，《张荫麟文集》，台北：台湾书店，1956 年。

张元《从王安石的先王观念看他与神宗的关系》，《宋史研究集》第 23 辑，台北：台湾编译馆，1995 年。

张元《读田浩教授〈史学与文化思想：司马光对诸葛亮故事的重建〉一文》，《"中央研究院"历史语言研究所集刊》第 73 集第 1 分册，2002 年。

张元《司马光对东汉曹魏历史的理解》，《宋史研究集》第 24 辑，台北：台湾编译馆，1996 年。

赵汝愚编《宋朝诸臣奏议》，上海：上海古籍出版社，1999 年。

郑学檬编《中国赋役制度史》，厦门：厦门大学出版社，1994 年。

周辉著，刘永翔校注《清波杂志校注》，北京：中华书局，1994 年。

《朱熹集》，成都：四川教育出版社，1996 年。

朱熹《朱子文集》，台北：允晨文化，2000 年。

朱熹《朱子语类》，北京：中华书局，1986 年。

朱熹《资治通鉴纲目》，四库全书版。

朱锡光《宋代学士院翰林学士初探》，《杭州大学学报》1988 年第 2 期。

诸葛忆兵《宋代宰辅制度研究》，北京：中国社会科学出版社，2000 年。

日文文献

东一夫《王安石事典》，东京：国书刊行会，1980 年。

东一夫《王安石新法研究》，东京：风间书房，1970 年。

东一夫《王安石与司马光》，东京：冲积舍，1992 年。

木田知生《司马光及其时代》，东京：白帝舍，1994 年。

宫崎市定《王安石的吏士合一政策——以创法为中心》，《亚洲史研究》第 1 册，京都：东洋史研究会，1957 年。

佐伯富《王安石》，东京：中央公论社，1992。

佐竹靖彦、李裕民编《增广司马温公全集》，东京：汲古书院，1993 年。

英文文献

Balazs, Etienne. *Chinese Civilization and Bureaucracy*. New Haven: Yale University Press, 1964.

Beasley, W. G. and E. G. Pulleyblank, eds. *Historians of China and Japan*. London: Oxford University Press, 1961.

Bishop, J. L., ed. *Studies of Government Institutions in Chinese History*. Cambridge: Harvard University Press, 1968.

Bol, Peter K. "Government, Society, and State: On the Political Visions of Ssu-ma Kuang and Wang An-shih." In *Ordering the World: Approaches to State and Society in Sung Dynasty China*, edited by Robert P. Hymes and Conrad Schirokauer, pp. 128–192. Berkeley: University of California Press, 1993.

_____. *"This Culture of Ours": Intellectual Transitions in T'ang and Sung China*. Stanford: Stanford University Press, 1992.

Chaffee, John W. *Branches of Heaven: A History of the Imperial Clan of Sung China*. Cambridge, MA: Harvard University Asia Center, distributed by Harvard University Press, 1999.

_____. *The Thorny Gates of Learning in Sung Times: A Social History of Examinations*. Cambridge: Cambridge University Press, 1985.

Chan, Ming K. "The Historiography of the *Tzu-chih t'ung-chien*: A Survey." *Monumenta Serica*, 16 (1974–75), pp. 2–38.

Chan, Wing-tsit. *A Source Book in Chinese Philosophy*. Princeton: Princeton University Press, 1963.

Ebrey, Patricia Buckley. "Concept of the Family in the Sung Dynasty." *Journal of Asian Studies*, 43 (1984), pp. 219–45.

Egan, Ronald C. *Word, Image, and Deed in the Life of Su Shih*. Cambridge: Harvard University Press, 1994.

Fairbank, John K., ed. *Chinese Thought and Institutions*. Chicago: University of Chicago Press, 1957.

Faitler, Demerie Paula. "Confucian Historiography and the Thought of Ssu-ma Kuang." Ph.D. dissertation, University of Michigan, 1991.

Fang, Achilles, trans. *The Chronicle of the Three Kingdoms (220–265), Chapters 69–78 from the Tzu chih t'ung chien of Ssu-ma Kuang (1019–1086).* Edited by Glen W. Baxter. Cambridge: Harvard University Press, 1952.

Fisher, Carney. "The Ritual Dispute of Sung Ying-tsung." *Papers on Far Eastern History*, 36 (September, 1987), pp. 109–138.

Franke, Herbert, ed. *Sung Biographies.* Wiesbaden: Steiner, 1976.

Freeman, Michael Denis. "Loyang and the Opposition to Wang An-shih: The Rise of Confucian Conservatism, 1068–86." Ph.D. dissertation, Yale University, 1973.

Gale, Esson M. *Discourses on Salt and Iron, A Debate on State Control of Commerce and Industry in Ancient China, Chapters I–XIX, Translated from the Chinese of Huan K'uan with Introduction and Notes.* Leyden: Brill, 1931.

Gardner, Charles S. *Chinese Traditional Historiography.* Cambridge: Harvard University Press, 1970.

Golas, Peter J. "Rural China in the Sung." *Journal of Asian Studies*, 39.2 (1980), pp. 291–325.

Graham, A. C. *Two Chinese Philosophers, Ch'eng Ming-tao and Ch'eng Yi-ch'uan.* London: Lund Humphries, 1958.

Haeger, John W., ed. *Crisis and Prosperity in Sung China.* Tuscan: University of Arizona Press, 1975.

Harrist, Robert E. "Site Names and Their Meanings in the Garden of Solitary Enjoyment." *Journal of Garden History*, 13 (1993), pp. 199–212.

Hartman, Charles. "Poetry and Politics in 1079: The Crow Terrace Poetry Case of Su Shih." *Chinese Literature: Essays, Articles, Reviews*, 12 (1990), pp. 15–44.

Hartwell, Robert. "Historical Analogism, Public Policy, and Social Science in Eleventh- and Twelfth-Century China." *American Historical Review*, 76.3 (June 1971), pp. 690–727.

_____. "The Imperial Treasuries: Finance and Power in Song China." *Bulletin of Sung-Yuan Studies*, 20 (1988), pp. 18–89.

_____. "Financial Expertise, Examinations, and the Formulation of Economic Policy in Northern Sung China." *Journal of Asian Studies*, 30 (1971), pp. 281–314.

Hatch, George. "The Thought of Su Hsün 1009–1066: An Essay on the Social Meaning of Intellectual Pluralism in the Northern Sung." Ph.D. Dissertation, University of Washington, 1972.

Hervouet, Yves. *A Sung Bibliography.* Hong Kong: Chinese University Press, 1978.

Huang K'uan-ch'ung. "Trends in Sung Historical Research in Taiwan and

Mainland China." Translated by David C. Wright. *Journal of Sung-Yuan Studies*, 25 (1995), pp. 265–302.

Hucker, Charles. *A Dictionary of Official Titles in Imperial China*. Stanford: Stanford University Press, 1985.

Ji, Xiao-bin. "Conservatism and Court Politics in Northern Sung China: The Thought and Career of Ssu-ma Kuang (1019–1086)." Ph.D. dissertation, Princeton University, 1998.

_____. "Mirror for Government: Ssu-ma Kuang's Thought on Politics and Government in *Tzu-chih t'ung-ch'ien*." In *The New and the Multiple: Sung Senses of the Past*, edited by Thomas H. C. Lee, pp. 1–31. Hong Kong: The Chinese University Press, 2004.

_____. "*Sung Biographies*, Supplementary Biography, 3: Sima Guang (1019–1086)." *Journal of Sung-Yuan Studies* 28 (1998), pp. 201–211.

Kasoff, Ira E. *The Thought of Chang Tsai (1020–1077)*. Cambridge: Cambridge University Press, 1984.

Kirk, Russell. *The Conservative Mind: From Burke to Eliot*. 7th Revised Edition. Washington, D.C.: Regnery Publishing, Inc., 1995.

Kracke, E. A., Jr. *Civil Service in Early Sung China*. Cambridge: Harvard University Press, 1953.

Lau, D. C. *Analects*. New York: Penguin Books, 1979.

Lee, Thomas. *Government Education and Examination in Sung China*. Hong Kong: The Chinese University Press, 1985.

Lin Yutang. *The Gay Genius: The Life and Times of Su Tungpo*. New York: John Gay Co., 1947.

Liu, James T. C. "An Administrative Cycle in Chinese History," 21.3 (1962), pp. 137–152. *Journal of Asian Studies* 21.3 (1962): 137–152.

_____. "An Early Sung Reformer: Fan Chung-yen." In *Chinese Thought and Institutions*, edited by John K. Fairbank, pp. 105–131. Chicago: University of Chicago Press, 1957.

_____. *China Turning Inward: Intellectual-Political Changes in the Early Twelfth Century*. Cambridge: Harvard University Press, 1988.

_____. *Ou-yang Hsiu: An Eleventh Century Neo-Confucianist*. Stanford: Stanford University Press, 1967.

_____. *Reform in Sung China: Wang An-shih (1021–1086)*. Cambridge: Harvard University Press, 1959.

_____ and Peter J. Golas, eds. *Change in Sung China: Innovation or Renovation?* Boston: D. C. Heath, 1969.

Lo, Winston Wan. *An Introduction to the Civil Service of Sung China*. Honolulu: University of Hawaii Press, 1987.

Meskill, John, ed. *Wang An-shih: Practical Reformer?* Boston: D. C. Heath and Co., 1963.

Nivision, David and Arthur F. Wright, eds. *Confucianism in Action*. Stanford: Stanford University Press, 1959.

Peterson, Willard and Andrew Plaks, eds. *The Power of Culture: Studies in Chinese Cultural History*. Hong Kong: The Chinese University Press, 1994.

Pulleyblank, E. G. "Chinese Historical Criticism: Liu Chih-chi and Ssu-ma Kuang." In *Historians of China and Japan*, edited by W. G. Beasley and E. G. Pulleyblank, pp. 135–166. London: Oxford University Press, 1963.

Sariti, Anthony. "The Political Thought of Ssu-ma Kuang: Bureaucratic Absolutism in the Northern Sung." Ph.D. dissertation, Georgetown University, 1970.

_____. "Monarchy, Bureaucracy, and Absolutism in the Political Thought of Ssu-ma Kuang." *Journal of Asian Studies*, 32.1 (November, 1972), pp. 53–76.

Shiba Yoshinobu. *Commerce and Society in Sung China*. Translated by Mark Elvin. Ann Arbor: Center for Chinese Studies, the University of Michigan, 1970.

Smith, Kidder Jr., et al., eds. *Sung Dynasty Use of the I Ching*. Princeton: Princeton University Press, 1990.

Smith, Paul J. *Taxing Heaven's Storehouse: Horses, Bureaucrats, and the Destruction of the Sichuan Teach Industry, 1074–1224*. Cambridge: Council on East Asian Studies, Harvard University, 1991.

Teng, Ssu-yü. "A Fresh Look at Wang An-shih's Reform Movement." In *Liu Zijian boshi songshou jinian Song shi yanjiu lun ji*. 劉子健博士頌壽紀念宋史研究論集, edited by *Liu Zijian boshi songshou jinian Song shi yanjiu lun ji kanxing hui* 劉子健博士頌壽紀念宋史研究論集刊行會, pp. 545–66. Tokyo: Dohosha, 1989.

Tillman, Hoyt Cleveland. "The Development of Tension between Virtue and Achievement in Early Confucianism: Attitude Towards Kuan Chung and Hegemon (*Pa*) as Conceptual Symbols." *Philosophy East and West*, 31.1 (1981), pp. 17–28.

_____. "Textual Liberties and Restraints in Rewriting China's Histories: The Case of Ssu-ma Kuang's Re-construction of Chu-ko Liang's Story." In *The New and the Multiple: Sung Senses of the Past*, edited by Thomas H. C. Lee, pp. 61–106. Hong Kong: The Chinese University Press, 2004.

Twitchett, Denis. "The T'ang Imperial Family." *Asia Major* 3rd Series, 7.2 (1994), pp. 1–61.

_____. *The Writing of Official History under the T'ang*. Cambridge: Cambridge University Press, 1992.

Von Glahn, Richard. *Fountains of Fortune: Money and Monetary Policy in China, 1000–1700*. Berkeley and Los Angeles: University of California Press, 1996.

Wang Gung-wu. "Feng Tao: An Essay on Confucian Loyalty." In *Confucian*

Personalities, edited by Arthur F. Wright and Denis Twitchett, pp. 123–145. Stanford: Stanford University Press, 1962.

Williamson, H. R. *Wang An-shih, Chinese Statesman and Educationalist of the Sung Dynasty.* 2 Vols. London: Arthur Probsthain, 1935–1937.

Wright, Arthur F and Denis Twitchett, eds. *Confucian Personalities.* Stanford: Stanford University Press, 1962.

Yang, Lien-sheng. *Excursions in Sinology.* Cambridge: Harvard University Press, 1969.

_____. *Studies in Chinese Institutional History.* Cambridge: Harvard University Press, 1961.

索　引

图书在版编目（CIP）数据

北宋政治与保守主义：司马光的从政与思想：1019-
1086 / 冀小斌著；彭华译 . --北京：社会科学文献出
版社，2024.10
　　书名原文：Politics and Conservatism in
Northern Song China：The Career and Thought of
Sima Guang（1019-1086）
　　ISBN 978-7-5228-3175-6

　　Ⅰ.①北…　Ⅱ.①冀…②彭…　Ⅲ.①司马光（
1019-1086）-思想评论　Ⅳ.①B244.99

　　中国国家版本馆 CIP 数据核字（2024）第 023706 号

北宋政治与保守主义：司马光的从政与思想（1019~1086）

著　　者 / 冀小斌
译　　者 / 彭　华

出 版 人 / 冀祥德
组稿编辑 / 段其刚
责任编辑 / 周方茹
文稿编辑 / 梅怡萍
责任印制 / 王京美

出　　版 / 社会科学文献出版社·教育分社（010）59367151
　　　　　　地址：北京市北三环中路甲 29 号院华龙大厦　邮编：100029
　　　　　　网址：www. ssap. com . cn
发　　行 / 社会科学文献出版社（010）59367028
印　　装 / 南京爱德印刷有限公司

规　　格 / 开本：889mm×1194mm　1/32
　　　　　　印张：7.25　字数：193 千字
版　　次 / 2024 年 10 月第 1 版　2024 年 10 月第 1 次印刷
书　　号 / ISBN 978-7-5228-3175-6
著作权合同
登记号 　 / 图字 01-2024-4244 号
定　　价 / 69.00 元

读者服务电话：4008918866